ヴァンダビルト大学　コール・レクチャー

Winning the World for Christ-A Study in Dynamics

キリストに従う道

ミッションの動態

ウォルター・R・ランバス［著］

山内一郎［訳］

関西学院大学出版会

ウォルター・ラッセル・ランバス

1854. 11. 10 ～ 1921. 9. 26

ヴァンダビルト大学　コール・レクチャー

キリストに従う道

——ミッションの動態——

ウォルター・R・ランバス
山内一郎　訳

刊行に寄せて

このたび、長きにわたって本学神学部教授をつとめられた山内一郎名誉教授（関西学院理事長）の翻訳による関西学院の創立者ウォルター・R・ランバスの『キリストに従う道―ミッションの動態―』が、ランバス生誕一五〇周年記念改訂版として公刊されますことを心から喜んでいます。

本書の「訳者あとがき」にも記されているように、山内先生は、すでに翻訳出版された『ランバス資料』やランバスの神学思想に関する論考を通して、あるいはまた本年一月に上梓されたばかりの著書『メソジズムの源流―ウェスレー生誕三〇〇年を記念して』などによって関西学院創立の源流をたどり、神学思想の側から学院の礎を固めようと努めてこられたのではなかったかと思われます。

この訳書からは、地上の世界を救う神の国の働きと力の強力であることを信じる非常に進歩的で積極的なランバスの息吹が伝わってくるのを感じます。このたびの記念出版にあたり、訳者山内一郎先生の長年にわたるご努力に対し、厚く感謝の意を表します。

二〇〇四年十月二日

関西学院
院長　畑　道　也

序

このたび、山内一郎教授の翻訳になるW・R・ランバス著『世界をキリストへ』が「関西学院キリスト教教育史資料Ⅷ」として公刊されることを、心から喜びたいと思います。

すでにこの資料Ⅲ・Ⅴ・Ⅵにおいて「ウォルター・ラッセル・ランバス資料」の(1)(2)(3)が出版されていますので、本書はこのランバス資料(4)に当るものであります。これまでの資料(1)~(3)は、われわれが収集した未発表原稿に基いたもので、本国米国でもまだ出版されていませんが、本書は訳者の「あとがき」にもあるように、「コール・レクチャー」として講演され、さらに出版されたものであります。

山内教授は、本書の内容についてすでに本研究室年報に発表されていますので、本訳書とあいまって、われわれはランバスの深い思想にじかに接することができることを幸いとするものであります。山内教授は、ランバスに関する歴史と思想を研究しておられ、その資料収集にも尽力しておられることはご承知の通りと思います。

本年は関西学院創立百周年に当り、記念事業の一環として学院の百年史「図録・略史」が本年秋には出版され、さらに正史も数年後の出版を目指して準備が進められています。このような記念すべき年に当り、学院関係者を中心としてランバスの業績と思想とが顧みられ、その精神が継承されることを望んでやみません。

一九八九年一月

関西学院キリスト教主義教育研究室
室長　小林信雄

わが妻へ

彼女の理解ある協力と勇気ある自己献身、そして揺がぬ神信仰こそ、国の内外における私の伝道者のつとめに対する絶えざる霊力（インスピレーション）の源泉であったことをここに表明する。

目次

序

本講座は、たんに国内外の伝道活動を論評することを企図していない。確かに今、伝道の成果を問い、未開拓の地域を調査し、目下危急のニーズを明らかにする試みは必要ではあるが、ここでの中心課題とはしない。また本書の内容は、いわゆるミッションの理論や方策の観点からする専門的議論でもない。むしろわれわれは、伝道活動を支える霊的生命と力の源泉を探究することによって、いささかでもミッションの動態（dynamics）を闡明することを目指すのである。

従来とも、伝道の第一線に立つ指導者たちが、未だ福音にふれていない無数の人びとのニーズと伝道課題の緊急性、あるいは曽てない現下の好機とキリストに属する教会への委託、すなわち「出で行け」という復活のキリストの伝道命令〔マタイ二八・一九―二〇参照〕に大きな強調を置いたことは正しい。また現在、海外伝道の場を拡張する要請が高まっていることも否まれない。しかし、実はいまもっと必要なことがある。それは国内にあるわれわれ自身の内なる確信が深化されることである。すなわち、われわれは今こそ神の新しい実在感を帯し、み国の内在的な力を体験するとともに、執り成しの祈りの役割と重要性、聖霊の人格的働きとその力、勇気ある奉仕と献身の必要性、教会の本質的使命（ミッション）、そしてすべてのものの唯一のかしらなるキリストの主権について正しい理解を回復しなくてはならないのである。

これらの事柄について、われわれが真実にして確乎たる認識をもち、また教会が神自身に由来するミッションに正しく目覚めるなら、必ずやあの「み国を来らせ給え」というイエス・キリストの祈りを通してわれわれの前に掲げられた究極の目標に向って、新しい一歩が踏み出されるに相違ない。

カリフォルニア州オークデールにて

ウォルター・R・ランバス

第一講　神の国

「神の国」は、イエス・キリストの「福音」を指す重要なキーワードであるが、ランバスはここで旧・新約聖書を貫流する壮大な「救済史」の一線に即して、先ず神、人間、倫理、ミッションの諸問題を総論的に解き明かしている。

神の約束

み国に関する神の目的は、神の啓示の歴史を貫く一筋の金糸の如く鮮やかである。主なる神はアダムを前にして「女のすえ〔から生まれるキリスト〕はへびのかしら〔なる罪悪〕を砕くであろう」〔創世三・一五参照〕と言われ、アブラハムを呼んで「あなたを豊かに祝福し、……地上の諸国民はすべて、あなたの子孫によって祝福を得る」と約束された〔同二二・一七以下。他に同一七・一―二一も参照〕。この約束の言葉の中にはもろもろの国民に対する神の選びの民とみ子の使命（ミッション）が隠されていた。しかし幾世紀もの間、その意味は自覚されず、覆われたままであった。そしてこの神の約束の言葉を正しく継承し、イスラエルこそ世界伝道の希望であることを宣明したのはいにしえの預言者イザヤであった。「国々はあなたを照す光に向かい、王たちは射し出でるその輝きに向かって歩む」〔イザヤ六〇・三〕。

選びの器

「高い山に登れ、良い知らせをシオンに伝える者よ」〔イザヤ四〇・九〕と呼ばわるこの伝道的預言者の口に上せられるほめうたは、何と麗しいことだろう。シオンこそ神が真理の基を置きその摂理を現わされた所、また異邦人に対する神の目的たるよき音信を伝える選びの器、神のあわれみとすべて信ずる者のあがないの可能性と確かさの担い手に他ならない。それゆえに、シオンの民は、この霊の特権という高き山に登り、気宇広大な幻、近き神の実在感、強靱な信仰を体得し、かつ神の意志を行うことをねがうすべての者に不可欠な清冽な大志を抱かなくてはならない〔イザヤ一四・三一、二八・一六、四六・一三、五二・一―八、五九・二〇、六二・一一他参照〕。

良い羊飼

イエスがその死と復活に先立って唇に上せた「わたしは、イスラエルの家の失われた羊のところにしか遣わされていない」〔マタイ一五・二四〕という言辞は、あるいは民族主義的な伝道プログラムを含意するかも知れない。がしかし、後に語られた一層驚くべき告知は、伝道に本質的な境界線のないことを指示している。すなわち「そして、御国のこの福音はあらゆる民への証しとして、全世界に宣べ伝えられる。それから、終りが来る」〔同二四・一四〕と宣明される。さらに加えて、偉大な良き羊飼〔イエス〕は、国や人種の分け隔てを知らず、その熱望するところはあわれみにみちている。「わたしには、この囲いに入っていないほかの羊もいる。その羊をも導びかなければならない。その羊もわたしの声を聞き分ける。こうして、羊は一人の羊飼いに導びかれ、一つの群れになる」〔ヨハネ一〇・一六〕。

使徒たちの証言

復活の後、キリストの目的はより決定的な表現をとり、ついに教会への一大伝道命令が下る。「だから、あなたがたは行って、すべての民をわたしの弟子にしなさい」〔マタイ二八・一九〕。しかるに〔英国〕イーリ（Ely）地区のメソジスト教会監督《ビショップ》の言葉を借りて言えば、「使徒たちは、もっぱらエルサレムにおける伝道活動に心を奪われていたために、すべての国民を弟子とせよ、という主の言葉を暫し忘却していたようである。……が間もなく、前進の第一歩が踏み出された。それは使徒たちの側

かかわる大いなるしるしであった」。むしろ神ご自身の意志による諸々の出来事の結果であり、確かな真理にの自覚と意志というよりは、むしろ神ご自身の意志による諸々の出来事の結果であり、確かな真理にかかわる大いなるしるしであった」。

やがて、ステパノの宣教と殉教に続いて〔原始エルサレム教団における〕迫害が起こり、信徒たちはエルサレムから後退を余儀なくされた。かくて使徒たちの歴史は第二期に突入し、教会の伝道は「ユダヤとサマリヤ」を越え、異邦人の地におよぶ。弟子たちは、もはや固定した伝道方策のわくに縛られることなく、み霊の導きによって、自由に、何処にでも出かけた。否むしろ押し出されていった。いまや教会を立て、動かす真の主体は聖霊であり、聖霊自身がミッショナリー・ムーヴメントの推進役を担ったのである。そうでなければ、教会は伝道の第三期に不幸な揺り戻しの辛酸をなめたかも知れない。しかるに、聖霊は倦むことなく、弟子を志すものを探し求め、彼らを力づけ、伝道のわざのために呼び出し、世に遣わし、復活のイエスによって宣明されたごとく「エルサレム、ユダヤとサマリヤの全土、さらに地の果てまで」〔行伝一・八〕神の委託に応えて生きつづける証人として立てたのである。

われわれは、あまりにもしばしば、真理を定義づけることに急で、却ってその意味を曖昧にしてきた。事柄を見極めようとして、却って惑わされる結果となった。しかし、イエスが、彼の福音としての神の国を宣べ伝えたとき、その意味するところは全く明白であった。イエスは、聞き手が一定の教義内容を理解することではなく、むしろ語り手であるイエス自身を受け入れるべきことを呼びかける。何故なら福音は、ひたすら罪から救われ、あがなわれた人間（redeemed personality）を求めてやまないからである。聞く者が、救われた人間の価値とその可能性についてひとたび開眼を与えられ、さらにそのさい、人間をとりまく自然の救済が同時に含意されていることを知るならば、地上に積まれた富がどれほど莫大であっても、それら一切にまさる〔天上の〕宝のゆえに、彼らは非常な歓喜に溢れるであろう。イエス自身「何よりもまず、神の国と神の義とを求めなさい。そうすれば、これらのものはみな加えて与えられる」〔マタイ六・三三〕と呼びかける。神の国は生命《いのち》の国、み国の福音は、まことの生命を与える救い主の福音である。キリスト（救い主）なるイエスは、多くの人のあがないとして十字架にかけられただけでなく、人々がより豊かな人生を生き、その生涯をキリストに倣い、隣人に仕える生涯として受容することができるように、死から甦えらされたのである。

神の意思

イエスがご自身に課した地上のつとめは、人々が父としての神の真実を正しく理解し、これを受け入れ、神の計画に心を開き、ひたすらみ国の到来を祈りつつ、神の意志に従って自らの生活を整えるように促し励ますことであった。その意図は何か。それは人々が、イエスの教えと生涯の全体を通して、父としての神の意志を行なうこと、これこそ彼らが神の子とされる唯一の可能な道であることを知るにいたることである。このような、子としてのキリストの、そして子らとしての人間の従順をぬきにして、父としての神の啓示や真の人間性の回復、また人間相互の仕え合いは成り立たないからである。まことに「キリストは御子であるにもかかわらず、多くの苦しみによって従順を学ばれました。そして完全な者とされたので、御自分に従順であるすべての人々に対して、永遠の救いの源となられたのである」〔ヘブライ五・八、九〕。

神の賜物

神に向って絶対服従の精神を発動し、自らをあけ渡すものに対して、神もまた自らの本性とその意図するところ、否ご自身をさえ完全に現わされるのである。それゆえ、完全な啓示には服従が先行する。不敬虔な態度と愛なき心に、神聖と愛の開示は無縁である。仮に可能だとしても、結局は無駄に等しい。しかも神はけっしてその賜物を無駄にはしない。神は恵みに富み、われらの求めるところはすべて充たされる。がしかし、神の賜物の目的は、われわれが各々賜物を与えられることにとどまらず、むしろ各人が与えられた賜物によって、神ご自身にとらえられることである。

それ故、神の国においては「服従」が常に中心的かつ根本的であり、ここに力の秘密の鍵がある。何故なら柔軟な服従の精神こそ知識への手引きであり、知は力だからである。かくて聖書は「服従」の態度を霊的な洞察に不可欠の条件と見做している。「わたしはあらゆる師にまさって目覚めた者です。あなたの定めに心を砕いているからです」〔詩一一九・九九〕とダビデが語るとき、このイスラエルの王は、その哲学と教育の原理においてともに健全な内的姿勢を保持していたのである。何故なら哲学者であれ、科学者であれ、およそ法則への従順を無視して前進することは能わぬゆえに、知における真の達成には、心に深く銘記され、かつ事柄と分かち難く結合した、法則の尊重が不可欠となる。

人間の服従

何れにせよ、われわれがこれまで科学や文化や宗教において達し得たところは、これから得ようとしているところに比べればとるに足りない。それゆえ、すでに達し得たところに安住することなく、目標を目指して奮闘する前進の過程こそ肝要なのである。事態は個人のみならず社会集団にも当てはまる。われわれの成長はまさしく神の国の成長の一部にほかならない。神の国の圧倒的な力がわれわれの生命のうちに宿るからである。敢えて自覚的な不服従の態度をとらぬかぎり、われわれはもはや神の支配から離れてはあり得ないのである。そのかぎり、神の国とは、われわれの奮闘努力によってではなく、むしろわれわれ自身を神の国へ向けて成長するように全くあけ渡すことによって成就されるものである。ここにキリスト教の秘密の力が隠されている。それゆえ、神の国の進展にとって、われわれの奉仕活動や献金にもまして尊いのは、われわれ自身の生涯を神によろこばれる生ける供え物としてささげることである〔ロマ一二・一以下参照〕。われわれがたといどんなに熱心に祈っても、われわれの生涯を通して、もし神ご自身の目的が遂行されることを心底から願い、これに喜んで従わないならば一切は無益である。

前進の過程

ジョン・ウェスレー〔John Wesley, 1703-1791英国におけるメソジスト運動の創始者〕に関説して、フィツェッ

ジョン・ウェスレー

トが次のように言うところは正しい。「一体、あのように多彩な活動に挺身したウェスレーの生涯全体を統合した驚くべき力は何であったのか。焼きを入れ、打ちたたいた鋼のような抵抗力のある意志、一見ひ弱そうなウェスレーがあのように強靱で高貴な生涯を生きぬいた拠り所は何か。秘密は彼の霊的領域のなかに隠されている。ウェスレーは、まさしくキリスト教の奥義を体得していた。彼は力を尽くして生き、働き、説教し、著述し、あらゆる艱難辛苦に耐えたが、その根底には高貴なる動機を支える不動の主権、生ける神の力が脈打っていた」（W. H. Fitchett, *Wesley and His Century-A Study in Spiritual Forces*, Abingdon, p.203）。

ケアンズ校長

かつてケアンズ校長〔John Cairnes, 1818-1892 スコットランド長老教会の代表的指導者。そのすぐれた人格と学殖により、エディンバラ合同神学校の校長にあげられた〕が問いかつ語った。「福音とは端的に言って、人間の祈りに対する歴史上最良の応答である、という以外に何であろうか。また新約聖書の根本目的が永遠の生命であり、その中心的使信がわれらの主の復活であるということは、偶然にすぎないのであろうか」。

福音と世界

われわれは、新約聖書の主題としての「イエス・キリスト」とのかかわりで、自然について、人間について、超自然的実在について探求することにより、福音と世界を照し出し、その真相を明らかにする新しい光を見出す。自然は人間によって管理され、人間は神によってあがなわれる。そして自然と超自然の力がともに、世界をあがない救う神と共働すべく人間の自由に委ねられている。かくて福音が、人間の自由と生命の尊厳、そして神との交わりを求める絶えざる祈りに対する唯一の答えであることについて、もはや疑いの余地はないのである。

新約聖書には、〔人間が〕神の子とされ、その相続人となり、常に神との交わりを与えられることについて数多くの証言がある。しかしわれわれは、必ずしもその豊かな含蓄を吸み取り、その本義を理解し得ていない。ここには更新された生活、神の賜物、そして神ご自身の救いの計画に与《あずか》る気高い共働者としての交わりの世界が開かれている。人間の本性が贖《あがな》われ、魂が変革され、霊的照明が神の力と結合されているからである。これこそ人間が生きる道の再発見であり、いっさいの人間的営為の革新である。人はこの神との共働の場に参入し、初めはなお幼な子のようであるが、やがて神が定めた法に従いゆく正しい態度を学び、必要な手立てや方法を身につけ、理念を確立し、意志を集中することによって、ついに自らも世界と歴史の形成者としての資格を得て、熟練した働き人〔第一コリ三・九―一一参照〕となるのである。

神との共働

およそ物質的事業において大きな役割を担うべく鍛えられた国家というものは、その精神的力においても卓越していると言えないであろうか。われわれは、〔人間の〕「力に依存する無神論」と言われるような危険な傾向に無知であってはならない。問題はわれわれの究極の主人が誰であり、われわれが誰に仕えているか、である。たとえば人間が、高貴な企てに役立てるために自然の力を活用するならば、それは目的に適った手段の選択であり、そこに高次のものが低次のものを支配し、精神が物質に優先する、そのような地平が拓かれる。

精神と物質

知は力であり、金銭もまた有用である。知識も富も、もし間違った考えや卑しい動機から解放され、正しく適用されるならば、驚くほど可能性にみち、人類に限りなき祝福をもたらすにちがいない。すべての力は神から来るゆえに、神に信頼し、その意志に適う仕方で役立てられるならば、知識と富は人類に殆ど測り知れない益をもたらすであろう。

知識と富

しかし、われわれが知識と富の奴隷にならないで、むしろ主人として、これを自由に活用するためには、われわれの神観（God-idea）が、たとえば商業上の発展、公民権の保障、科学・技術の進歩、政治的施策など様々な人間的営為とのかかわりのなかで、しかもそれらからの自由において深化され、成熟しなければならない。われらの神観が、これらすべてのものに先行しなくてはならない。時としてわれわれは、偏狭な神観によって神の国を矮小化しかねない。それ故肝要なのは無制約的な遍在の神であり、キリスト教が証示し、時代が求めている神もかかる実在の神である。われらの神は、大いなる神である。神の国は実に人間の生活と働きの全領域に関与している。人間に対する神の国の要求は絶対的、普遍的であり、すべてのものを包含している。そこにはもはや聖も俗もない。いっさいは神の所有だからである。

実在の神

われわれは、ありのまま言って、自己自身を神の偉大な目的と同定するよりは、むしろ己れの小さな計画の方に合わせることを欲する。また神の意志を求めるよりは、あまりにしばしば人間の哲学に心を奪われる。だがしかし、真に必要なことは、神が何を求められるかを見出し、神の思いに従って己の思いを整えること、そして、神が創造的に働く方向を見定めて、彼と共に新しく歩み出すことを究極の関心事とすることである。かつてエイブラハム・リンカーン〔1809-1865 アメリカ第16代大統領〕が南北戦争の苛烈な状況下で、シカゴの牧師団による支援の会に出席し、全能の神が必ずリンカーンの側に味方するという激励を受けたとき、この偉大な大統領は即座にこう語った。「皆さん、私は神が私の味方をして下さるかどうかほんとうは知らないのです。ただ私は、私自身が全能者に頼るほかはない、そのことだけを確信しています」。

エイブラハム・リンカーン

世界をキリストへと導くために、われわれがなすべきことは、キリストご自身を世界に向って証しすることである。われわれはあまりに無力である。それ故ひとりキリストのみを人々の前に証し、かつわれわれ自身を空しくして人々のために献げる、この方途しかない。文明は無力である。文化も無力である。教育も、教会もすべて無力である。一方で、キリストとその生涯について解釈することはあるいは可能であろう。が他方、われわれがキリストの精神と心を全く誤って伝えることもあり得る

キリストの証人

ことなのである。キリストご自身が世界を導く手段は、彼の苦難と死、そして復活という恵みの出来事であり、それ故「わたしは地上から上げられるとき、すべての人を自分のもとに引き寄せよう」〔ヨハネ一二・三二〕と言われる。

キリストの導き

世界はいま、人類の最も深刻な危機を救済することのできるキリストを求めている。すなわち、世界と人間を罪の縄目から解放し、人びとの魂の渇きをいやし、彼らを新しい希望によって鼓舞し、神の意志の実現という究極目的を生み出すキリストの導きを求めている。われわれは何よりも先ず、この大いなるキリスト〔救主〕を見出し、このキリストを世に証示し、われわれ自身を捧げ切ることによって神の国の実現に参与するのである。キリストの地上における使命は、神の国の真実を人々の間に実現することであった。われわれの使命は、このキリストの神の国を、今の時代に、信仰をもって受け入れ、祈りと勇気ある奉仕によって、そして何よりも聖霊の力とキリストの主権によりたのむことによって、これを少しでも実現することである。

神の国とは

では、神の国とは、人間にとって何を意味するのか。イエスは生前これを概念的に定義づけようとはしなかった。むしろ彼はしばしば「譬」で神の国を語ったが〔マルコ四章、マタイ一三章他参照〕、その意味するところは分明である。すなわち神の国は、神の支配と人間の信従、父と子、福音と律法、生活と奉仕、祈りと交わりという生きた相関の真理を含意している。あるいは地上の器に盛られた天上の恵み、そして人間の努力の成果ではなく、み霊の働きの実としての兄弟の交わり、愛の奉仕、無償の赦し、雄々しい大志、高潔な人格などを指すと言ってもよい。

世界伝道とは

世界伝道とは、最も簡潔に言えば、人類の救い主であるイエス・キリストのよろこばしき音信《おとずれ》をたずさえつつ、すべての被造物の間にこの神の国を実現することに他ならない。そのためには、宣教と教育、個人の証しと愛の奉仕、あるいはイエスの生涯と活動、その死と復活の意義を神学的に解明することを含めて、あらゆる方法がとられて然るべきであろう。

聖霊の力

宣教のメッセージは、誰でもわかる平易な用語で簡明に、しかもその内容は割引きなしに語られなくてはならない。すべての人びとが、イエス・キリストを知り、彼を唯一の救済者また「主」として信ずるためである。福音はまた、知性と信仰と愛によって、そしてとりわけ聖霊の力によって伝達されなくてはならない。われわれが罪の自覚、霊の覚醒、生活の変革を促されるのは聖霊の働きによるからである〔Iテサ一・五参照〕。

ところで、聖書の中にも、福音を聞く者がすべてこれを受け入れるという保証は示されていない。それどころか、イエスご自身の愛の伝道においても、多くの者が彼を受け入れなかった。ある者はイエスの故郷（ナザレ）で彼を拒んだ〔マル六・一―六参照〕。しかし、伝道のわざは決して後退することはなかった。確かにイエスの魂は疼いたが、それゆえにいよいよ神の伝道に邁進した。そしてわれわれにとっては、全世界に出で行き、すべての人びとに福音を宣べ伝えることが主イエスの命令である。たとい福音を受け入れないものがいても、そのことのゆえにわれわれの責任が解かれるというものではない。それどころか責任は一層重くなる。もとより、結果は神のみ手に委ねるべきである。われわれの責任は、福音のメッセージを可能なかぎり明瞭で、行き届いた、力強い言葉で語ること、そしてわれわれが招き入れようとする人びとに聖霊ご自身が働きつづけることを熱心に求めることである。

神の愛

神の愛は、海原の寄せくる大波にもたとえられよう。人びとを〔キリストへ〕導く伝道のわざは、この究めがたく測り知れない豊かな愛の、圧倒的な、不断の要請に他ならない。偉大な救霊の伝道者たちは、みな絶えずこのことを体験した。彼らはキリストの福音こそ極みまで人を救い、弱いものを強くし、貧しいものを富ませ、卑しいものを気高くする力であることを信じて疑わない。

イエスは、神の国を実現するために世に来た。ここに「受肉」の目的と意味がある。イエスの受難と死、彼の復活の意味もここにある。さらに言えば、イエスが人類のためにいまも執りなしのわざを行い、なかんずく聖霊の働きによって世界のただ中に生きつづけているという事実が、神の国の証示に他ならない。神の国の実現のために来臨したイエスは、世界が創造される前から予め定められていた神の永遠の目的を遂行したのである。それゆえ、受肉してわれわれの間に宿ったのは、神の唯一の言《ことば》、永遠の生命の言《ことば》であり、人びとが見た栄光は、すなわち神の独り子の栄光であった〔ヨハ一・一四参照〕。

受肉のイエス

イエスが実現せんとした神の国は、彼が福音の提示にさいして根源的な事柄と目した中心的真理を盛っている。それはイエスが「山上の説教」において神の国の諸原理を規定した場合にも、あるいはおよそ人間の救済にかかわるすべての教えの中で常に中心的位置を占めるものであり、第一は「神が父である」という真理、第二は「人間はみな兄弟姉妹である」というもう一つの真理である。

「受肉のイエスに関する夥しい陳述はみなそれぞれに真理を湛えている。しかし、イエスに関するすべての陳述は、けっきょく、神が父であるという事実を人間の知識にもたらし、これを人間の生を支配する力の中心に向けて正しく回復するためにイエスが来臨した、という点に収斂する。神の言がイエスにおいて不思議な仕方で肉体となった。彼は人間のからだと魂に対して驚くべき奇跡を行ない、人間の罪を鋭く直視し確認した。イエスは苦難の救い主であるが、これらすべての背後に、人びとを父なる神に結びつける贖い主としての働きがある」（Phillips Brooks〔1835-1893 アメリカ聖公会マサチューセッツ主教。現行讃美歌115番、讃美歌21二六七番の作者〕*The Influence of Jesus*, 1883, p.12）。

父―子関係

われわれは福音が内包するこの二つの偉大な真理、すなわちイエス・キリストがみ子であり救い主であること、そして神が父であり、人間はみな兄弟姉妹であるという真理を人々の前に宣明しなくてはならない。これこそ万人の福音であり、われわれが目ざす世界伝道の意味するところである。人びとに福音を語りかける上で、父―子の関係にまさる比喩はない。父―子関係には、人格的な近さと暖かさが含蓄され、力と愛が充満している。人間関係の深みが感得され、父の側の権威ある主張と子の側の服従の義務があわせ含まれる。がしかし、この父―子関係がたんに人間的比喩に止まっているなら、真にアピールする力をもち得ず、不十分である。むしろこの父―子関係の比喩が、神―人関係にまで遡源される必要がある。が、何としても先ず父としての神の実在感覚が回復されなくてはならない。そしてこのような神感覚が欠如しているところでは、これを新たに植えつけることこそ焦眉の急である。

以前、私が日本伝道に従事していた頃、小さな沿岸汽船で瀬戸内海を航行中、一人の船客と話しこんだことがある。海はかなり荒れており、われわれはデッキに赤い毛布をひろげその上に座って語り合ったのだが、私が種々キリスト教について話すことはことごとく巧みにかわされてしまった。しかし、話が父―子関係に及ぶと彼は膝を乗り出して同意し、父の権威や子の義務についてもよき理解を示した。ただこの人は儒教の立場であったために、あの五倫〔人のよるべき君臣の義、父子の親、夫婦の別、長功の序、朋友の信〕の道に厳格に固執して譲らなかった。そこで私はアピールの内容を変え、個人や民族を越えた全人類の父としての神の問題を提示し、この神の配慮と愛の高さ、大きさ、広さを語り、すべてのものにかかわるみ父の遍在について証した。こうしてようやく新しい覚醒が芽生えたのである。

ところで、神の国の本質は、いわば〔神―人呼応の〕相関の原理（reciprocity）に深く根差している。ここには倫理的必然と神の摂理的必然が同時的に存在し、神の意志はそのままで神の律法であり、人を激しく動かさずにはおかないゆえに、とがを受けずにこれを破ったり、無視することはできない。何れにせよ、人間の知的活動や精神的営みとその成長にとって、人格的な呼応・相関の関係は不可欠

人格的な同化作用

な要件である。ラスキン〔John Ruskin, 1819-1900 イギリスの美術評論家〕が言うように、「一つの画法を会得したいとねがう者は、自己をまずその対象にあけ開かなくてはならない」。対象との同化作用は必ず表現を生み出す。対象への自己同化がなければ、対象を引き出しこれを描き出す過程は妨げられる。その意味で、得ることは失うことであり、人は何かを保有し拡大するために、ひとたび自分のものを捨てなくてはならない〔ルカ九・二四参照〕。イエスの思想にとって、文化のための文化は無縁のものであり、いわゆる主知主義の行き方も肯んじられない。実際、イエスはおよそ哲学するこころみをいっさい拒み、新しい祭儀を設けることもしなかった。彼は自分の生命を与えるために世に来た。そしてこの偉大な師と同様、人は与えつづけることによって、かえって豊かに増し加えられるのである。それゆえまた、ピーボディー学長〔Andrew Preston Peabody, 1811-1893 アメリカのユニテリアン派牧師。***Moral Philosophy***『道徳哲学』他の著書により、キリスト教倫理学の発展に貢献し、ハーバード大学学長もつとめた〕が次のように述べるところは正しい。「創造的な表現のみがよく学者の考えを明示し検証する。貿易事業も、表面だけを見るとたんなる利己的な奪い合いにすぎない。がその全体行為において経済活動というものが、周期的干満のある広範な生産と分配の過程であり、投資による増殖、消費がもたらす需要の増大など様々な要素を包含することが疑われない。財を貯蔵するだけでは利益の損失を招くのである」。

神の同労者

神には世界救済という計画がある。そして人間はこれを見出し、自らの姿勢を整えて、神の計画のなかに位置づけることを求められている。それゆえ、神の目的に思いをいたし、これに捉えられて、自らもてる力をすべて神の意志を実現するために活用しなくてはならない。人間が神の同労者としての資格を得るみちはこれであり、他にはない。使徒パウロはこの「神の同労者」〔第一コリント三・九、第二コリント六・一他参照〕という人間理解を得て、想像力をかきたてられ、自分の計画に閃きを与えられ、その思いを新しい地平に飛躍させることができた。いまや彼は神の力と人間の尊厳、神の恵みと使徒の責任について新しい認識をもつに到った。そして彼のうちに、真の意味における服従の精神、奉仕への希求、宣教の熱意が増し加えられ、艱難をも喜んで受け入れ、イエス・キリストにおける神の目的を前向きに実現するためによろこんで自分の生命をささげる心構えが備えられたのである。われわれの先達たち、コーク〔Thomas Coke, 1747-1814 メソジスト派最初の監督。1784年ウェスレーによってバルティモアに派遣され、アメリカ・メソジスト教会創設。海外宣教活動にも尽力した〕やケアリ〔Mathew Carey, 1760-1839 アメリカの神学書、信仰書の出版事業家でロマ・カトリック教徒〕、モリスン〔Robert Morison, 1782-1834 イギリスのプロテスタント中国宣教師。W・ミルンと共に聖書の中国訳を完成するなど、開拓者として多方面にわたり活躍。息子J・R・モリスンも、中国宣教師となる〕やミルン〔William Milne, 1785-1822 イギリスのプロテスタント中国宣教師。後にマラッカ伝道にも挺身〕、モファット〔Robert Moffatt, 1795-1883 イギリスの宣教師。南アフリカ伝道の開拓者。1857年アフリカ最初の全訳聖書を刊行〕やリヴィングストン〔David Livingstone, 1813-1873 スコットランド出身の宣教師、探検家。はじめ中国伝道を志したが、岳父となるJ・R・モファットに勧められ、南アフリカに赴き、新しい伝道拠点の開拓、地理的発見の上で貢献多大〕らを導いてキリストのみ国へと凱旋せしめたのも同様の想念であった。

神の国実現にかかわるいま一つの大きな課題は、人々をして事の真相を正視せしめることである。あるいはむしろ、本ものを見る目をひらくという言い方がより適切かも知れない。神を正しく見知って、信頼に足る証人となることが求められている。やはりラスキン〔前出〕が次のように言うところは正しい。「この世で人間の魂がいとなむ最も偉大なことは、内なる目をもって見ること、そして実際に見抜いたことを平明に語り告げることである。ものごとを一応考えることのできる人々を目して語るものもけっして少なくない。しかしものごとをほんとうに見抜くことのできる人々を相手に語ることのできるものの数ははるかに多いはずである。本ものを見るということは、言ってみれば詩と予言と宗教のそれぞれの立場を統合し洞察することに他ならないからである」。

イエスの招き

イエスが、自分のところにガリラヤ出身の謙虚で心貧しきものの群れを呼び寄せた理由もそこにあったのではないか。彼らはみな本ものを見る目を与えられ、その目を明け開かれた人たちであった。これら自然の子ら、働き人の群れは、ガリラヤの湖上であるいは青空の下で、イエス来臨の時のために備えられていた。そして彼らを召し出した師主は、伝統を打ち破り、人々の虚飾の生活を見抜き、ありのままの現実と見せかけの振舞いの間の裂け目を通して、彼らが、たとい「本当のものを見ようと求めても、それを見出すことはできない。何故なら真実はむしろそれらすべての背後にある」からだ、ということを学び知ることを促すのである。

希望の根拠

イエスの弟子たちは、いわば途上にある使徒であった。同様に初期のキリスト者たちも途上にある聖徒であった。最大の奇跡は、自然に関するものではなく、人間にかかわる奇跡である。聖霊の変革する力によって、人は罪の縄目から解き放たれ、恵みのみ座に導かれ、み国における地の塩、世の光としてのつとめを与えられる。エルサレムとカペナウムの人びとは、漁師や取税人たちがキリストの使徒となったのを見て驚いた。イエスが彼らになしたことは、「人間誰でも、若し聖霊の導きに全身を委ねるなら、そこに思いもかけない新しい可能性がひらかれることの確証」であり、これこそ、いつの時代にも、すべてのものに福音宣教の使徒たる資格が与えられるという希望の根拠である、と言えないだろうか。

人格の変革

神の国は、不可思議な機械仕掛けによってではなく、霊的な力によって実現される。神の国は組織ではなく、人間の生命にかかわり、制度の強化ではなく人格の変革をもたらす。その内実は、神が父であり、人間はみな兄弟姉妹であるという原関係の回復に加えて、真理と聖潔、生命と愛、罪からの救いと奉仕への自由を包含する。そして「わたしについて来なさい」〔マルコ一・一七〕と呼びかけられ、「わたしに学びなさい」〔マタイ一一・二九〕と教えられ、「父がわたしをお遣わしになったように、わたしもあなたがたを遣わす」〔ヨハネ二〇・二一〕と促され、押し出されるイエスの弟子たちによって神の国は実現されてゆく。

弟子たちの召命

イエス自身が至上の使命を遂行したゆえに、弟子たちも高貴な使命に召し出された。イエスが神から遣わされたのと同様に、彼らも遣わされたのである。弟子たちにとって、キリストによって遣わされることが、イエスの神による派遣に似ているということは非常な感激であったに相違ない。師と弟子が同一の高潔な目的と実践へと促される動機、すなわち失われたものを探し求め、救い出そうとする純乎たる愛のわざにおいて一致したのである〔マルコ三・一三―一九、六・七―一三参照〕。本国でも外国でも、神によって遣わされる伝道者はみなこの同じ派遣の特権を与えられている。しかし神ご自身による呼びかけと迫り来る愛を体験しないかぎり、伝道者は自力で世に出でゆく資格をもたないのである。

民族主義の障害

ところで、原使徒たちの間にはなお偏狭な郷党心や民族的反感があり、福音をローマ帝国全土に遍く伝達する上で越えがたい障害となっていたようである。彼らにとって、異邦人の世界は全く暗黒で絶望的なまで腐敗し、かつ忌まわしい世界であるゆえに「いかなる霊的照明によっても救い難い」対象であった。従って、ヨッパでペトロが見た幻とこれにつづくカイザリアの百卒長コルネリウスの家における体験は使徒集団にとってまことに深遠かつ強烈な印象を与えずにはおかない出来事であった〔行伝一〇章参照〕。だからペトロは口を開いてこう叫ばざるを得なかった。「神は人を分け隔てなさらないことがよく分りました。どんな国の人でも神を畏れて正しいことを行う人は、神に受け入れられるのです」〔行伝一〇・三四〕。だがしかし、ペトロや他のエルサレムの原使徒たちにとってガリラヤの地で養われ、彼らの血肉となっていた民族主義的な求心力は何としても抗し難いものであった。それ故、いまや世界伝道が開始されるために、もう一人の使徒が必要であった。彼は、力強い信仰に加えて壮大な幻と深い愛、そして世界に開かれたキリストの精神と心をあわせもっていた。使徒パウロがその人である。

パウロの幻

パウロは、同時代の、いなあらゆる時代を通してもっとも卓越せる伝道者であった。彼は神が与えるミッション（使命）の意味を正しく掴み、自らを全くキリストに委ね、壮大な幻を抱き、堅く信仰に立って、一方で忠実にこの世のつとめに身を挺しつつ、他方では世界の力の源としての福音に固執した。パウロにとって、イエス・キリストの福音は人類の唯一の希望、キリストは見えざる神の像《かたち》であって、すべての被造物の初子として人びとの間で栄光に輝いている。

使命感と神感覚

およそ人間の使命感は、その人の神感覚と直結している。すなわち神との関係が、隔てなく直接的であり、リアルで身近な神の鮮やかな実在体験を与えられたものは、その神に仕えるべく自分をささげるほかはない。さもないと、その人は自らの確信に不誠実であり、自身を欺くことになる。そしてここでの逃避、不誠実、過誤は結局その後の人生における精神の衰弱と力の喪失を招来するのである。私はある牧師が、晩年悲しげに語った言葉を思い起こす。「かつて若い頃、心のうちにきいた外国伝道への召命に、もし私が誠実に応答していたなら、その後の生涯は、はるかにすばらしいものであったにちがいない」。

生ける神ご自身が人間を呼び出す召命の背後に立ち、倫理的力の保証として働く。神の現臨が伝道者の自覚を促し、各人が責任を果すための幻を鮮明にする。神の意志は、彼の幻に正しい方向づけを与え、前に向って押し出す力として働くとともに、神に一切を委ねたものの喜びを深め、み霊に満たされた生命の力を増し加えるのである。イザヤは高くあげられた主を仰ぎ見て、遣わされる者の自覚

使徒職

を明確にするに到った〔イザヤ六・一―八参照〕。パウロはダマスコ途上でイエスに出会い、それ以後彼の「主」（Master）となったキリストのみ前に屈服し、いっさいを彼に委ねたのである。パウロは常に「召されて使徒となったパウロ」と自己証示するが〔第一コリント一・一、ロマ一・一他参照〕、イエス・キリストの使徒また僕《しもべ》として、彼はキリストを中点とする広範な世界伝道圏を描き出し、何時でも何処にでも喜んで遣わされた。「使徒職」（apostleship）こそパウロの神聖な資格証明であり、彼はまさしく自由意志によって「主」にとらえられた「仕え人」であった。

「神の国」証言

異邦人への偉大な使徒〔パウロ〕は、イエス・キリストにおいて生ける神を知った。彼は自分の生涯に働きかける神の主権と意志を受け入れ、その期待に自らをささげ切ることによって内的確信を得たのである。それからというものは確固不動の基いがすえられ、いまや宇宙の秩序は分明となり、人間の歴史と神の摂理が意味深く関係づけられた。それゆえに彼は宣明する「神の国は飲み食いではなく、聖霊によって与えられる義と平和と喜びなのです」〔ロマ一四・一七〕。このような、イエス・キリストとキリストの偉大な使徒によるみ国の証言を通して、神が父であることの意味がはじめて十全的に理解され、また人間がみな兄弟姉妹であることの真実が正しい解釈を獲得した、と言える。人は一方で自らをキリストの神と結びつけ、あふれるばかりの恵みと真《まこと》を与えられ〔ヨハネ一・一八参照〕、他方また自らを隣人・兄弟姉妹と結びつけ、全く無償で受けた神の賜物をまた無償で与えるのである〔マタイ一〇・八参照〕。

宗教とは何か

宗教は人間と神を結び合わせるたんに形式的な絆ではなく、むしろ神の本質に即して言えば、人をして神を求めるべく促してやまない力である。あるいはまた人間の現実からすれば、社会的、霊的次元の深みから〔人間が〕交わりや共感や愛を求める魂の叫びであると言ってもよい。が、より根本的には、宗教を神の本質や人間に対する神の行為についてたんにこちら側から理解することとして規定はできない。そもそも人間をこえた向う側からの啓示なしにいかにして事の真相が知られ得るであろうか。人間はみな何処に向うべきかをほんとうは知らないゆえに、〔神の啓導がなければ〕、自らの内に蔓延した如何ともし難い無力感から脱け出ることはできない。だがしかし、実は神ご自身が、人間を求めてやまないお方なのである。だからこう証しされる。「わたしたちが愛するのは、神がまずわたしたちを愛して下さったからです」〔第一ヨハネ四・七―二一参照〕。意識するにせよ、しないにせよ、ここに宣教の根源的なモチーフがあり、これこそ世界の諸力の源泉に他ならない。まことの光が到来し、世にあるすべてのものを照らすごとく、神のまことの愛が人々をゆり動かし、神にすべてを委ねることを得させるのである。

宣教の力

宣教の大きな力は、人びとの内によろこんで神の意志を行うねがいをおこさせるところにある。人間の意志が神の意志に適う方向に動き出し、全くこれに服従し、これに捉えられる。かくて人間は神に自らを委ね切ることによって、神と一体となり、ついにそのみ心がわれわれのうちに、われわれを通して実現し、あまつさえ、われらの主イエス・キリストによる人類の贖罪という神の究極の目的がわれわれの間に成就する体験をもつにいたるのである。このような宗教の唯一の動因・目的は愛である。われわれを促してやまない力は神を求める願望の中で働くが、同時にわれわれをほかならぬキリストの愛へと促してやまない無限に大きな力が働いている。それはわれわれから出たキリストへの愛ではない。われわれの愛はあまりに弱く無力である。そうではなく、キリストの愛がわれわれのうちに働いている。あらゆる秘義にみちた受肉の真理、罪のあがないのいっさいの可能性がこの愛のなかにかくされている。イエスのあらゆる苦難と罪人のための十字架の死、永遠の生命を与える救いの力また希望としてのイエスの復活の意味もこれである。

今日ほど真の意味におけるクリスチャン・リーダーシップが求められている時代はない。十九世紀

クリスチャン・リーダーシップ

におけるミッションは、いわば堅固に身を守る異教の城壁下に坑道を掘って漸進するという類の戦術を主眼とするものであった。宣教師は各々自分の持場でつるはしやすきを使って道を拓き、現地の同労者と殆どかかわりをもつこともなかった。その道程は長く、艱難辛苦にみち、我慢と堅忍を強いるものであった。そこではある種の英雄的資質が要請され、強烈な個性が発揚される一方で、しばしば新しく視界を拓き、同労者互いの協力を得ることに失敗した。しかし今や状況は大きく変化した。異教の壁は徐々に取り除かれ、様々な障害ものり越えられつつある。インド、中国その他の非キリスト教国において、何万人もの人びとが因習的な信仰を捨て、キリスト教の真理に心を開き、複雑な世界の動きの中で正しい方向を見失っているような現状から何とかして脱け出ようとしている。従ってすぐれた道案内、愛のリーダーシップによって、これからは東洋諸国をキリスト教の真理に導き入れることも不可能ではないと思われる。

中国の資格試験

過去四半世紀の間に、中国における教育の制度や方法に関してみとめられる大きな変革の波は、人間の心情のなかに起こるすばらしい変化の最良の例証である。たとえば、北京のわれわれの住居にすぐ近い所に、一八八六年、儒教の寺院が建立されたが、ここには中国全土の各地から集まる大勢の学徒を収容するために九千もの個室が設けられ、三年毎にここで儒学者の階位を判定する資格試験が実施されるのである。試験初日の夜明け前、希望にあふれた多数の志願者たちが寺院の門前に集結した。なかには徒歩で千マイル以上旅してやってくる者もいる。齢七十を越えた老人も数名いたが、彼らは実に五十年間にわたってこの試験に挑戦しているという。今まで何回も不成功に終ったのであるが、皇帝はその堅忍ぶりに報いて、彼らが壮麗な金色の衣を身につけて受験することを許可したのである。志願者はみな小さな寝具の包みを携帯し、筆記用具は寺院側で用意された。いったん個室に入ると扉は差し錠を下して閉ざされ、付添人は食事と湯茶を運び入れることだけを認められた。こうして三日三晩を一期とする三期、つまり九日間の孤独な奮闘を終えて、志願者たちはやっと解放されるのである。

一方、われわれのYMCA学院〔ランバスは一八八四年北京に中国最初のYMCAを創立〕では、赤い表紙で美しく装幀したキリスト教の基本文庫一巻を用意し、これを学力試験のために集まるすべての学徒に提供した。そのなかには「キリストの生涯」、「ルカによる福音書」の他キリスト教の基本線を記したトラクトが数冊含まれていた。また半年に一回、その間に提出されたキリスト教に関するエッセーのなかから最優秀三作品に対して奨励賞が出ることになっていた。ところで、先の寺院で実施される試験期間が終了する第九日目の夜半、大太鼓のとどろきを合図に、各室の扉が一斉に開放され、なかに閉じこめられていた学徒の群れが、百本に近い松明の火がゆらめくなか、どっと外にあふれ出てくる光景はまことに驚嘆すべきもので奇異の感に打たれる。彼らは何日も徹夜し、食事もとらずに受験に没頭した後だけに、顔色は青白く、眼はくぼみ、全身が衰弱し、急いで前に進もうとしても足どりさえおぼつかない状態なのである。極度の疲労のため、地面に倒れるものがあり、九日間の監禁中に死亡者が出たこともあった。出口の外と道路わきには、長い鞭をもった官吏〔lictor〕が立つ。試験のため憔悴して出てきた学徒たちを食い物にし、彼らが肩に背負っている寝具などを強奪するという強欲な不心得者を捕えるため特命をうけ、見張るのである。ある時、私の足もとに一人の受験生がくずれるように倒れた。すると突然二人の男が襲いかかったので、私は驚いて飛び出し、この学徒を助け出そうとしたのであるが、その時やはりこの二人を逮捕しようとしてやってきた官吏が、誤って私のくびのあたりを、革ひもを固く巻きつけた特製のむちで二回打ってしまったのである。とにかく、これらの驚嘆すべき学徒たちは、資格学位を取得するために苛烈な試練に耐えて精進をつづけるのであるが、しかも七千人の志願者のうち、試験に合格して誉れある的を射止めるのはわずか二百人足らずにすぎないのである。

教育改革

しかし、いまここに述べたことはすでに過去の時代に属する。ヴァーミリオン・ペンシル（Vermilion Pencil）の投じた一石が効を奏し、教育改革が行われ、現在では資格試験の中身が儒教の古典的方法に基づいた論文、詩歌の創作、暗記力や漢字力にたよる行き方を変更し、むしろ歴史、経済、数学、国際法など西欧の諸科学に通暁することが求められるようになった。国公立の学校が組織的に建設され、大学も設立されて、学徒たちは新しいより広範な学問への厳しさを帯し、熱意に燃え、いまや中国全土に学統を重んじ、国を愛する志が充溢している。

宣教師の指導性

そこで今われわれにもとめられているのは、伝道地に動いている新しい力と気流を適切に調整し統合する健全かつ建設的なキリスト教の政治行政手腕である。一人の働き人が以前に比べてはるかに貴重で、かつて伝道のために献げられたドルの価値が状況の好転によって十年前の十倍以上にもなっている現時点では、伝道の経費や成果についても十分検討し、とにかく一人の宣教師が二人分の成果をあげることができるのであるから、無駄なく実をあげ、上からの導きによって開かれている伝道地をくまなく開拓できるように急ぎ計画を進めることが肝要である。

母国におけるリーダーシップが、外国の伝道フィールドにおけると同様に重要なことは言を俟たない。今日ほど信仰の労苦と果敢な冒険が求められている時代はないし、世界伝道という目的を達成するために強力な指導性が不可欠だからである。われわれは健全なリーダーシップの下で、神の言（the Word of God）の信仰的、建徳的理解を深め、執り成しの精神を錬磨し、真のミッショナリーとしての良心的自覚を確立するべく努め、魂の救済のために必要な情熱を燃やすことを強く促されている。さらに加えて、ミッショナリーの教職としての身分の制定、待遇の組織的かつ妥当な中身の保障、われわれの関係機関における奉仕への召命に応える若い男子・女子の働き人の確保が急がれる。また神の霊のリーダーシップの下に教会のあらゆる力を糾合し、すべての人に福音を宣べ伝えるという究極の目標を一日も早く実現することに努力を傾注しなくてはならない。従って、伝道のプログラムは、子どもの遊戯のようなものではなく、直ちに根底から信仰がためされ、同時にもっとも高次の政治的手腕があわせ問われる性質のものである。

前進への時

世界の伝道地を見渡すことによって、今や偉大な前進への時が熟していることを確信するように促される。聖霊が多くの国々のなかに働き、蒔かれた福音の種を祝福して実を結ばせ、収穫をもたらす。中国、インド、そしてアフリカの各地において人口が爆発し、伝道団は殆ど数え切れない程多くの村々町々で熱烈に歓迎され、クリスチャンの教師や伝道者を求める要望がひきもきらない状態である。収穫の時の切迫性についてはどんなに強調しても過ぎることはない。過去十年間に、教会が十字架の福音の大きな勝利を経験したことは事実である。しかし今、さらに大きな収穫の時が到来しつつある。問題はしたがって非キリスト教国の側ではなく、キリスト教国の側の態度と姿勢にある。彼地において、人びとは彼らの唯一の希望としてのキリストに立ち返りつつある。ひるがえってわれわれは、近代文明をもってキリスト教の生命に代え、信仰の確かな根拠から離反して、揺れ動く便宜主義と懐疑の流砂のなかにずり落ちる危険に晒されている。

原始教会の使徒たち

原始教会の使徒たちは、伝道の第一世紀を通して、近代的な機器や物的資源をいっさいもたないで世界伝道に邁進し、すばらしい奮闘をした。これを可能ならしめた秘密はすべて、その信仰に基づくリーダーシップと情熱のなかに隠されている。彼らの信仰は「祈りの学校」(the School of Prayer)における神からでている。リーダーシップの真の主体は聖霊であり、彼らの伝道の情熱は生けるキリストの鮮やかな臨在感を源泉とする。こうして原始キリスト教会は伝道を支える最後の力を獲得したのである。

今日の課題

今日の世界にキリストを伝えるためには、その状況・課題に即応した周到な計画がたてられなくてはならない。われわれの課題は、その規模、要求度、責任の中身において、過去十年間に驚くほど重く大きくなった。すなわち、民族主義の抬頭、国際的な力関係の動と反動、諸宗教の信仰復興、人口増加に伴う不安、急速な経済成長と社会的諸問題の激増、そして世界中の教育機関にみられる学生、教授たちの自由で開かれた態度など、いずれも伝道方策の改革を迫る無視できない要因のわずか数例にすぎない。どの問題をとってみても、生涯をかけて取り組むに価するものばかりであり、従ってこれらの問題群を全体として捉え、現に動いている事態のさまざまな潮流や力を統合して、すべて福音の光の下におき見通しをたてるということは、それこそ卓越せる手腕と指導力をそなえた大器を要請する大事業であるにちがいない。

人種問題

ところで今日、われわれが直面している人種問題は、世界史を通してかつてない程尖鋭化している。すなわち、急激な人口の増加、商業、経済機構の拡大、民族主義の抬頭などが競合と紛争を惹起し、何らかの再調整を必要としている一方で、弱者の立場や彼らの権利を知ることを妨げているという事情がある。それゆえわれわれは、今こそキリストの世界主義《コスモポリタン》の精神と理念を帯し、兄弟の愛と交わりを実践し、神の国が人種や民族の境界線をこえてすべてのものに神の賜物を自由に分ち与える約束であることを人びとが正しく認識するに到るよう助力し、促さなくてはならない。

高次のリーダーシップ

今や高次のリーダーシップの下で、それぞれの状況が抱えている際立った困難を注意深く見極め、あらゆる力を結集して、もっとも必要度の高いところにこれを投入するべく配慮する現実的な対応が求められている。これを実行にうつすためには、開かれた態度、使命感に基づく勇猛心、自己犠牲の精神、そして道徳的、社会的、宗教的にもっとも重要な諸問題に関する的確な洞察力、わけても信仰と聖霊にみちた指導力が必要なのである。

この世と人のいのち

イエスはこの世を愛した。世を正しく用いることを教え、これを悪用することを戒めた。イエスが世を愛したのは、世が彼によってできたからである。イエスは世にあって、世と共に生きかつ働いた。弟子たちが見出され招かれたのもこの世の生活の直中においてであった。イエスはけっして弟子たちを世から隔離しないで、むしろ世にある弟子として各々のつとめに遣わした。イエスは時としてこの世の外的、可視的な自己開示の場から退き、密かに祈ったが、それはいわば内的、不可視的な次元から再びこの世に立ち帰り、彼を受け入れるもののところへなら何時でも、何処へでも赴くためであった。

永遠の視座

イエスが「人はたとえ全世界を手に入れても、自分の命を失ったら、何の得があろうか。自分の命を買い戻すのに、どんな代価を支払えようか」〔マルコ八・三六―三七〕と呼びかけるとき、何よりも人の生命の尊さが強調されていることが疑われない。ここには永遠の視座からする命《いのち》の評価がある。キリストの死は、この尊い命のあがないのためであった。一方人間は、いまある信仰や道徳や人間の尊厳など一切を恰もせり売り台の上にのせて競売に付し、自分の将来をも抵当に入れてひたすらこの世界を手に入れようとするかのようである。しかしそうすることによって人は真に価高きものを安価なものと交換し、スープ一杯を手に入れる代償として長子の相続権を放棄するような倒錯に陥るのである〔創世二七章参照〕。価値あるものは失われ、価値なきものはさながら晩秋の落葉のように萎び枯れ、霊のみ国を打ち建て、永遠の命を約束するしるしは微塵も残されないまま一切が消滅するのである。

「十戒」と新しい律法

ある人々が考えるように、イエスの神の国の新しい律法によって、十戒が廃棄されたということは決してない。むしろイエスの倫理的教えは「十戒をより大きな、より深い決定的な律法全体のなかに包摂する」ことによって、これを凌駕したのである。十戒は時として悪しき伝統主義と結合し、死せる文字と化する。しかしイエスの教え、否むしろ彼の全生涯を通して、「十戒」は生きた人格的意義を獲得した。ゴアー主教〔Charles Gore, 1853-1932 英国教会の神学者。霊性の深化を強調するとともに、カトリック的視点から社会問題に取り組んだ〕が言うように「新しいみ国の倫理的律法は、まず個人の良心によって承認かつ受容され、その結果として新しい社会秩序を打ちたてることになる」のである。すなわち、律法を十全的に力強く生気づけるのはすぐれて人格的な働きを通してである。そしてこのような人格的働きは究極においてあのナザレのイエスに帰せられる。「律法はモーセを通して与えられたが恵みと真理はイエス・キリストを通して現れた」〔ヨハネ一・一七〕からである。アウグスティヌス〔Augustinus, 354～430 ヒッポの司教、古代最大の教父、神学者〕は「律法は、人がめぐみを求めるために与えられた」と言い、また「めぐみは律法が成就されるために与えられた」とつづける。実際、人間は自分からすんでめぐみを求めようとはしない。それゆえキリストご自身が恵みにより人びとを探し求めるために、その無償の愛の供えものとして天から降りて来なくてはならなかった。かくして律法は成就された〔ロマ一〇・四参照〕。愛は律法全体の成就だからである。それゆえ、人々がこのキリストの愛の出来事を正視し、体得するように、すなわち彼らがキリストを受け入れ、その結果喜んで「キリストの律法」〔ガラテヤ六・二〕を生きるものとなるように促しつづけなくてはならない。

いま世界は、観念としての神ではなく、むしろ神が父として生き働いている実在感を正しく回復することを何よりも必要としている。すなわちこの父なる神において、この父を通して、イエスがこの世に自らを啓示したということへの開眼である。それはたんなる宣言にとどまらず、顕現そのものであり、言葉によるメッセージをこえて、生命の出来事となる。確かに唯一神の信仰は、諸々の多神教の立場をこえるイスラエルのすぐれた特質であった。しかし、ユダヤ教における父なる唯一神はなお個人的、人格的であるよりは、むしろ国家的、民族的であった。「わたしはイスラエルの父であり、エフライムはわたしの長子である」〔創世四八・一四―二〇参照〕と言われる通りである。

民族主義的な神観念は、個人の魂が切望してやまない交わりの世界を実現するにはなお不十分である。またたんなる有神論の立場はいかに高潔かつ雄大であろうとも、倫理的性格を堅持し、愛の服従と喜ばしい交わりの生活という目的を成就することはできない。それゆえ父としての神の啓示が不可欠であり、これによってはじめて神の無限の近さ、その柔和と愛が人間の体験の中で実現可能となる

イエス・キリスト

のであるが、その究極的な啓示がイエス・キリストにおいて成就された。彼を通してわれわれがみ父を知り、かく啓示されたみ父を知ることによって、また父が遣したイエス・キリストを知るに到るのである。

人間の魂の叫び

神を求める人間の魂の叫びは、人類の歴史とともに始まり、いつまでも止むことはない。「どうか、彼を尋ねてどこで会えるかを知り、そのみ座に至ることができるように。……わたしは、わたしに答えられるみ言葉を知り、わたしに言われる所を悟ろう」と言明したのはあのヨブであり〔ヨブ二三・三・五〕、夜の暗闇と魂の深奥から光と神を求めてやまない叫びである。英国国教会のホール監督〔Joseph Hall, 1574-1656ノーリジ主教。高教会主義とピューリタニズムをともに排し、司牧者としての主教を強調し、スコットランドへの主教制導入を可能にした〕は言う。「もしキリストの神が『あなたがたいま飢えている人たちはさいわいだ』〔ルカ六・二一〕と語られなかったとしたら、弱いクリスチャンが絶望の渕に沈みゆく窮状を支える力を他のどこに求めるべきか、私は知らない。私にできることは、いつも私がみ父を必要としていること、何とかして彼のみ手に支えられることをひたすらねがい訴えることである」。

一首長の証言

アフリカ大陸の心臓部、南アフリカの一首長の証言もまさしく同様の響きをもっている。ある日の午後おそく、われわれ伝道団の一行はこの首長の村に到着した。村は小高い丘の上に位置し、眼下には広い帯状の原生林がひろがり、緑と銀色の輝きが織りなす川の流れがこれを囲み、さらにその前方には、かん木や疎林が金色の平原となってつづき、西の空を染める真赤な雲のかなたにまで達する、

美しくも恍然たる風景である。私はこの首長に問いかけた。「あなたは神の存在を信じますか」。答えはこうだった。「もちろんです。わたしたちの間でンツァンベ〔Nzambe〕の神を信じないものは一人もいないでしょう。わたしたちの先祖はみなこの神によって造られ、これらの地もまた神の賜物だからです」。次いで「では何故その神を礼拝しないのですか」とたずねると、この偉大な部族の首長は悲しげな表情で答えた。「神はもはやここにはおられないのです。ここを立ち去り何処へ行かれたのかわかりません。だからわたしたちは誰に向って祈りをささげたらよいのかわからないのです。もちろん神を慕い求める願望は昔も今も変わりません。しかし祈り求めるにしても、神がわたしたちの祈りを確かに聞かれるということを私たちがどうして知り得ましょう」。

幻の有無

偉大な生涯は幻を抱くことなしに全うされることはないし、世界的な大事業を始めるときも同様である。霊魂は人間の本性を見極める主体ではない。それを敢えてこころみるなら、有限性の自覚という、人間にとってもっとも重要な精神的機能を妨げる結果となる。それゆえ霊魂はむしろ神ご自身が定めるつとめを求めるべきである。けだし人間の魂にとって不可能性への挑戦を通して見出す不思議な喜びにまさるものは他にないからである。

真相を見極める力

ことの真相を見極める力というものが、われわれを根底から突き動かさないであろうか。意志の薄弱な人間にとっては、単なる空想にすぎず、欲望を刺激するだけのものであっても、剛毅な精神の持ち主にとっては、この洞察力こそ他ならぬ清冽な幻であり、醜悪な欲望は高潔な目的に変えられ、洞察力の可能性がそのままことを起こす実行力と結合するのである。真に事態を見通すことのできる賜物が確かであれば、実現への道は遠くない。

幻を見る

今日、「幻《ビジョン》」という言葉がいくらか氾濫気味であることも否まれない。しかしわれわれが問うのはその事実と意味内容である。神と人間とのかかわりにおける生ける幻の事例がいたるところに見出され、到底看過され得ないのである。モーセと燃える柴の故事〔出エジプト三・二〕、パウロとマケドニヤ人の出会い〔行伝一六・九―一二〕、ウェスレーと彼の「世界教区」の理念（world-parish）などはそのごく二、三の例証であるが、これらの人々はみな神の国の測り知れぬ可能性を洞見する確かな目を与えられていた、と言えないであろうか。

もし人生の若き日に幻を見るなら、その人はさいわいである。老人たちは夢をみる、と言われるからである〔ヨエル二・二八、行伝二・一七参照〕。しかし、たとい若き日に幻を見なくても、年老いてから盛んに見ればよい。霊魂の年齢は時間の長短によって測られるものではなく、むしろその目ざす真理によって決められるからである。若者であれ、老人であれ、真理はたえずわれわれをはるかに超えて高く掲げられねばならない。われわれは、地上にあってついにこれに到達することはないであろう。しかもけっしてこの真理から目をそらすことがあってはならない。真理を見失うことにくらべるなら、肉の生命を損することはとるに足りない。

精神の高所

「われわれの肉眼が捉え得る小さな真理を越え、はるか高所に心を向け、躍り出よう」と言ったのはたしかメーテルリンクであったと思う。そのような精神の高所がある。そこでは生ける神が働き、ことの真相を見抜く賜物の発動が期待される。以前伝道の途次、われわれ一行が乗りこんだ大陸横断列車は、荒涼たる大原野をひた走っていた。砂丘とやまよもぎが陰気で暗い遠景のすべてであった。が、突然車窓の彼方に、陽光に輝く白雪の連山が映し出されたかと思うと、見るまに空一面が真青に晴れわたった。その瞬間、高く清らかな力にみちた神の実在感がわれわれを襲った。まさしく大いなる真理、高邁な理想、むしろ神ご自身の啓示にふれ、これを見出した魂の怖れとおののきの体験である。これこそ国の内外を問わず、長い待望と遅々とした精神的格闘の歩みの果てに、多くの宣教師たちの生涯に訪れる閃きの瞬間である。突如として新しい地平が拓かれる。暗黒の谷間に光が照り、山々の頂《いただき》は希望に輝き、生ける神の遍在が体験される。

正しい服従

「偉大な生涯にとって第一の要件は、幻《ビジョン》の有無である」〔The Rev. Chas. H. Brent, 1862-1929 米国聖公会主教。一九一〇年、ランバスが議長をつとめたエディンバラ世界宣教会議に出席。*Adventure for God* p. 3〕といわれるところが真実であれば、この「幻」に直結すべきものはわれわれの側における正しい「服従」（obedience）である。神の意志の啓示に呼応して、み国の成就のために、即座の、遅疑なき服従が求められる。その生き証人は異邦人への使徒として召し出されたパウロである。彼は天の幻に従順であり、ひとたび神の意志が知らされた以上、その絶大な価値のゆえにすべてを擲つことも辞さなかった。むろんパウロは無定見の人ではなかった。彼の魂の炎は常に一定の方向に集中し燃えていたに相違ない。しかもそのもてる力をすべてキリストに捧げ切るためには、なお彼が上からの力強い覚醒によって人間の現実と神の要求に開眼し、迫り来る神の霊を体験することが不可欠の要件であった。

責任ある自己

人間は大抵の場合、河の屈曲した部分にぶつかるまでは、退屈な流れに身をまかせ、生命の危険やこぎ手としての自分の任務について無頓着のままやり過す。が、突如急流のなかに巻きこまれ、川底の盛り上がった隆起が航行を妨げるにおよんで驚き、行動を開始する。目前に危険な暗礁が立ちはだかる。が、その先には美しく輝く展望がひらかれている。こぎ手は、難所をきり抜けるための格闘の姿勢、男らしい強い責任感へと目覚め、渾身の力をふりしぼってオールをにぎる。こうして彼の小舟は勢いを得、一気に岸へと直進する。いまやこぎ手は、責任ある自己のつとめを取りもどし、力と使命の自覚を回復するのである。

証人の群像

預言者イザヤも、時代の安易な楽天主義のなかを彷徨していた。だが彼は神殿で、いと高きみくらに座し、しかも同時に驚くほど近く在す生ける主に出会った。その日から、イザヤは、使信をたずさえた預言者として新しく生きはじめたのである。このような例はいくつもあげられる。偉大な医者の息子オースティン・フリント（Austin Flint,Jr.）は、すぐれた生理学者であるが、長い間自分のすばらしい才能をまったく意識しないまま無為に時を過していた。が、一人の信仰の友によって激しく動かされ人生のつとめと責任へと押し出された。あるいは、ウガンダの窮状を訴えたスタンレー〔Henry Morton Stanley, 1840-1904 アメリカのアフリカ探険家〕の呼びかけに、若者の一団が献身し、彼らの何人かは殉教の死をとげたが、そこからまた技師宣教師マッカイ〔Alexander Murdoch Mackay,1849-1890 スコットランドの宣教師。ウガンダでスワヒリ語に聖書を翻訳、製図技師としても活躍した〕が出て、伝道活動の驚くべき可能性が拓かれたと言われる。これらすべての背後に啓示的な出会いの出来事が横たわっていることが疑われない。さらにまたアフリカのキリスト者バガンダ（Baganda）は伝道の豊かな実の証人であるが、彼はその能力にふさわしい大きな課題とその課題を担う力の源としての信仰を与えられ、キリストゆえに幻を見つめて歩んだその生涯は、アフリカの救いの歴史を通して燦然と輝く巨星の一つに数えられる。

霊の父

イエス・キリストによる父なる神の啓示は、人間に正しい神観を教えるだけではなく、同時に人間自身の霊的力について至当な理解をひらくものである。聖書にも霊の父への感覚を伴った新しい魂の誕生をしきりに求める言葉が見出される。例えば、コリントの人々に「キリストに導く養育係があなたがたに一万人いたとしても、父親が大勢いるわけではない。福音を通し、キリスト・イエスにおいてわたしがあなたがたをもうけたのです」（第一コリント四・一五）と語るパウロのうちにはイエス・キリストにある唯一の霊の父への感覚が生きて動いていたにちがいない。

霊の子孫

使徒パウロはフィレモンへの手紙のなかでもこの点にふれ、彼の伝道によって回心した奴隷オネシモに代って「捕われの身で産んだわたしの子供オネシモについて、あなたにお願いする」〔フィレ一〇〕と言い、霊の子孫についてしきりに訴えている。すなわちここには霊の父について深い内的な解釈に到達した偉大な魂が、失われたものを求めて労苦する愛の具体的な在り様が垣間見えるのである。

ヘンリー・マーティン〔Henry Martyn, 1781-1812 英国教会の宣教師。インドで最初のヒンドゥー、イスラム両教徒伝道に入ったイギリス人〕がカルカッタで心の痛みをおぼえながら語った以下の言辞にも、どこかパウロと響き合うものがある。「私にとっては、血の罪意識が非常な重荷であった。私はキリストの血潮による罪の赦しを信じて疑わないが、しかも私の導きによって救いに入れられた人々が地上ではみな迫害され滅ぼされるのだと思うと恐ろしくてたまらない」。あるいはまた、デイヴィド・ブレィナード〔David Brainerd, 1718-1747 アメリカの原住民伝道者。その伝道活動をJ・エドワーズが高く称揚した〕が、ニュー・イングランド松の下につもった雪の上にひざを曲げ、自分の愛するアメリカ原住民のために泣き、叫び、執り成しの祈りをささげた場合も事態は同様であった。

われわれは、ヘブライ民族によって、唯一の真実にして生ける神、自然を支配し人間を治める主の実在という歴史の根源的事実に開眼せしめられた。この点は否まれない。しかし、もう一つの、より重大で決定的な真理がある。すなわち、救主としてのイエス・キリストにおける神の現在、人格的な出会いと信仰によって一人びとりの自覚のなかにまで迫り来る神の働きである。ヘブライ人たちがこのイエス・キリストにおける神を拒み、なお見失ったままでいることは悲劇というほかはない。他宗教においては、過去に存在し生きた神が崇められる。無論、キリスト教もそのことを否定はしない。しかし、主であり救い主である方が、世の光として今ここに現在し、観念の相においてではなく、信じるもの一人びとりの自覚のなかに生きて働き、ご自身を啓示することを確信し宣明するのはキリスト教だけである。それゆえ、それぞれの時代を通して、啓示の奇跡がくり返し生起し、霊感によって書かれた言葉だけではなく、むしろ聖霊によって人間の心の板にキリストの神が印せられるのである。

かつて、コウルリッジ〔Samuel Taylor Coleridge, 1772-1834 イギリスの詩人、思想家。科学と信仰の調和を弁証」は次のように語った。「キリスト教の論証を私に期待しないでほしい。むしろ全身的に求め、自分で確かめよ。キリスト教は一八〇〇年にわたって生きつづけている。そしてこれまで自ら真剣に求めた人で徒労に終ったものはいない」。化学者は、実験助手が新しい化合の可能性を議論しはじめると、「それなら実験で確かめよ」と叫ぶ。数学の教授は学生が定理の新しい証明を提案すると「では実際に解いてみよ」と要求する。こうしたテストを実施する科学的理由についてあえて否定するものはいないであろう。だとすれば、詩篇の作者が「味わい、見よ、主の恵み深さを」〔詩三四・九〕と語るところにあえて異議を唱えることは不見識の譏りを免れ得ないであろう。あるいは、使徒パウロをはじめ無数の人びとが、イエス・キリストに全身的にぶつかり、確証を得て「私は自分が信じているお方を知っている」と宣明するのをきいて疑いをはさむこともないであろう。

詩篇三四・九

今は、人間の感覚がかつてない程に洗練され力をもっていることが認識されている時代である。そして人々の健全な感覚は、世界の人間はみな兄弟姉妹であるという意識によって一層高められ豊かにされる。現にいま、歴史上最悪の戦時下〔第一次世界大戦〕にあって、われわれの間に国際的な感覚がまた新しく芽生えつつあることも事実である。もはや誰も孤立した別世界のなかに逃避することはできない。むしろわれわれはみな、罪と恥辱、そしてあらゆる悲劇的な結果を共有し、深いところで連帯している。換言すれば、真のナショナリズムが抬頭しつつある。すなわち、根源的な統一が目ざされ、国際的な協調の義務が強調されている現今の状況の変化の背後に、「人間性は国民性をはるかに凌駕し」、市民の権利に対して、兄弟の交わりがより根源的であるという新しい認識が生まれつつあることが疑われないのである。

人間はみな兄弟姉妹

われわれはいま、固定した教義（dogma）ではなく健全な教理（doctrine）を強調し、偏狭な信条（creed）の文言をこえて広い普遍性（catholicity）の立場を志向するのであるが、しかもそのさい決し

普遍性の立場

て真理の本質を見失わないことが要請されている。今や人間の理性が唯一の真理と結合し、人間の精神が人類の福祉と共鳴し、人間の魂が神の意志と調和するような一大交響楽《シンフォニー》が全地に鳴り響く、新しい時代が到来しつつある。そのかぎりわれわれは、稀有な機会に際会し、かつて先例のない重大責任を担うものである。一方で善なるものを生み出す諸力が個人の生活を変革し、国家の進路を新しい形態、新しい秩序へと方向づけている。が他方で、悪に向けられた諸力が、われわれの社会と文明自体を根底から脅かしている。人類は、一方で覚醒され、他方で震撼せしめられている。よっていまわれわれは、時代の認識と互いの使命《ミッション》の自覚によって立ち上がり、新しい一歩をふみ出すことを促されるのである。しかも同時に、われわれは危機感と責任感をあわせもつことによってついには謙虚に跪座し、祈ることへと導かれるほかはない。

いまこの関連でアルプス登山家のジョージ・アダム・スミス〔George Adam Smith〕のエピソードを思い起すことができる。激しい苦闘のすえ、彼はツェルマットの渓谷にそそり立つヴァイスホルンを征服し、頂上までわずか二、三フィートを残すのみとなった。スミスは、アルプス登頂に成功したものだけが味わう興奮と歓喜に酔い、最後の渾身の力をふりしぼって、ついに頂点に躍り立った。頭上には真青な大空がひろがり、霊妙なる精気が全身を包んだ。林立するアルプス連山の峰々を眼下に見下す喜びの瞬間である。が、そのとき彼の忠実なガイドが大声で叫んだ。「ひざを折って! どうか、ひざをついて下さい。頂上で直立することはものすごく危険です。ひざまずく姿勢をとれば安全です」。

われわれの行く手には、人間わざでは到底不可能と思われる困難な課題が横たわっている。それゆえ、われわれは今こそ確かな展望を得ることを要請されている。物質の力に依存し、人間を過信するこの世界を、キリストへと導かなくてはならない。キリストにあっては、聖俗の区別はない。むしろ、すべてのものが聖であり、いっさいがわれらの父なる神の国につながっている。それゆえ人はみな誰

「み国を来らせ給え」

でもこのみ国にあずかることができる。われわれは恭しくかつ思いと力をつくして「み国を来らせ給え」〔マタイ六・一〇〕と祈る。そして現に神の支配は静かに、しかし力強く始動している。この神ご自身の隠れた創造的なみわざに参与することのできるわれらの働きの領域は、いたるところにひらかれている。自然と恵みによって、人間が遂行し達成し得るさまざまな可能性が足下にひらかれ、その道は地平線の彼方にまで伸びているかのようである。そして、たんなる気負いや使命感ではなく、むしろ血沸き肉躍るがごとき内発的な歓喜がわれわれを襲う。が、果してわれわれはいまここに自分の足で立ちつづけることができるであろうか。否、それは危険である。われわれはそこでまず跪き、祈ることを求められている。それは祈りをきかれる大いなる別の人格(another personality)の力がわれわれの人格の内に注がれることを求める祈りである。何にもましてキリストの執り成しが必要である。キリストは、霊の世界を突き抜けて、高きみ座よりわれらのもとに到来した神の受肉者なのである。彼が神として崇められるのは、苦難と死の谷にくだり、われわれを導いて、失われた罪人の救いのわざにあずかることを得させるからである。キリストなしには、われわれの文明も、伝道も、否キリスト教そのものもいっさいは絶望に終る。しかしもし、キリストがわれらと偕に在すならば、勝ち得て余りある。キリストが来臨し、あなたやわたしのうちに宿られるなら、そこに神の国が始まるからである。

第二講　聖霊――人間を探ね求める神

「人間を探ね求める神」という副題の第二講は、神とみ子と並ぶ「聖霊」を取り上げ、三位一体の神学的意味を明らかにする。その際、とくに聖霊の働きの人格性、思想の根源を成す「真理の霊」としての本質を強調し、ランバスがウエスレイアンであることを表明する。

神が人間を探ね求める

聖霊によって働く神が、人間を探ね求めている。神は、ご自身の真理を告げ知らせる相手、またその真理に共感し、これを力強く宣べ伝えることを信頼して委ねるに足る人間を必要としている。もとよりこのことは、神が人間の知恵や人間の力に依存することを意味していない。現に、召し出された者のうち、人間的には知恵のある者は多くはなく、むしろこの世で身分の低い者や弱い者が選ばれたということが明言されている〔第一コリント一・二六―二九参照〕。神は、心底から喜んで信ずるもの、すなわち、信仰の受容力に富んだ人びとを求めてやまない。人びとの信仰の相違は、たとえて言えば、対物レンズ六インチの望遠鏡と六〇インチのそれとの相違に似ている。そこには当然天体を探り、宇宙の暗黒と測り知れぬ深奥から光の軌道を浮び上がらせる性能において差異がみられる。エリヤ〔前八六九―八四五頃、北イスラエルで活動した旧約の預言者〕やパウロ〔前出〕、ルター〔一四八三―一五四六、ドイツの宗教改革者。新約聖書ドイツ語訳完成〕やウェスレー〔前出〕といった先達たちを神の霊が探ね求めて彼らに力強く働いたことは疑われない。だとすれば、われわれもまた、世界をキリストへ導く奮闘のなかで、何よりも思慮深くみ霊の働きに参与し、われわれの同労者、すなわち真剣に神を慕い求め、神を待ち望み、その意志を行う備えある人びとを探ね求め、獲得すべきではなかろうか。このように、み霊の働きに自己をあけ開き、霊の人たり得てはじめて、これからの時代に向けてみ国の道を拓くにふさわしい者となるのである。

「あなたはどこにいるのか」

「思弁的な哲学の歴史は、人間の長い神探究の跡を物語る。が、聖書の啓示は、逆に神の側からの長い人間探求の跡を証言する。神が人間を慮るという驚嘆すべき聖書物語は、主なる神の人間に対する最初の問いかけ、『あなたはどこにいるのか』〔創世三・九〕によって始まる」（Bishop E. R. Hendrix, *The Personality of the Holy Spirit*, p. 5）。

聖霊は生ける人格

聖霊は生ける人格である。そして全宇宙の創造的なエネルギー、生ける神の代理人として働く。聖霊は、伝道（ミッション）の偉大なパイオニアー、宣教師のプログラムを組み立て、これに方向を与え、かつ意味づけを行ったのも他ならぬ聖霊である。聖霊は神の意志に基づく委託を喜んで引き受け、神の力によって用いられるよき器となる者を求めつづけ、それらの人々を通して自身をあらわし、個人と民族、そして全人類に語りかける。

先立ちゆく力

聖霊はまた、み国を治め、神の目的を前向きに実現し、諸々の出来事に時宜を得させる。そして奇しき摂理によって人びとを糾合し、福音のために個々人のみならず、諸民族、諸国家の在り方を整えかつ備える。聖霊は、ミッショナリーたちに同伴するだけではなく、彼らに先立ち行く力である。

証人の群像

カレン族〔Karen ビルマ東部、南部に住む土人〕は、ミッショナリーのために摂理的に備えられた人びと、ハワイの原住民たちも、最初の宣教師たちが伝道をはじめた時、すでに因習的なタブーを廃し、

新島譲

彼らの迷信の対象である呪物、物神を破棄していた。韓国の場合は、ハーミット王国〔Hermit Kingdom 中国以外の諸外国との接触を断っていた一六三七―一八七六年頃の朝鮮につけられた名〕時代にキリスト教伝道に門戸を開放以来〔二〇世紀初頭にいたる〕信仰の大覚醒期を通して国全体の規模で聖霊の働きを経験した稀有な例証と言えよう。新島襄〔Joseph Niijima, 1843-1890 二一才の時、国外に脱出。アーモスト大学、アンドーヴァー神学校に学んだ。帰国後、一八七五年、同志社創立〕は、その若き日に故郷の日本で神に見出された。また、サムエル・クローザー〔Samuel Adjai Crowther, 1809-1891 アフリカのヨルバ族出身の英国教会最初の黒人主教。西アフリカ、アベオクタで活躍。新約聖書の一部をヨルバ語に翻訳した〕は、一連の不思議な神の導きによって奴隷の身分から解放され魔術信仰から脱け出て、キリストを信じ、奉仕のつとめを担う伝道者となったが、やはりその背後に聰明で確固たる目的をもった神の霊の働きがあった実例といえよう。

ペンテコステ

あのペンテコステの出来事、すなわち「キリスト教の真の出発点」への道を備え、その時を定めた主体も聖霊であった。聖霊によってペトロとコルネリウスは、なおユダヤ人と異邦人の間に南北の両極にも比肩しうる隔絶が認められた状況下で奇しくも結び合わされ〔行伝一〇章〕、あるいは伝道者フィリポの足はエチオピアの求道者の所、すなわちエルサレムからガザへ下る道に向けられ〔行伝八・二六〕、フィリピでは聖霊がリディアの心を開いて、パウロの語ることに耳を傾けさせたと伝えられる〔行伝一六・一四参照〕。

「助け主」

使徒たちと教会にとって、聖霊の降臨（ペンテコステ）は、彼らに委託された福音の究極的な勝利を保証するものであった。自然と悪しき諸霊との最後のたたかいに臨んで、神の力は神聖な人格のうちに集中するとともに、受肉における生のあらゆる制約を超克する手段を必要とした。ナザレのイエスが生前弟子たちに語ったパラクレートス（助け主）がそれである。「わたしが父のもとからあなたがたに遣わそうとしている弁護者（Comforter）、すなわち、父のもとから出る真理の霊が来るとき、その方がわたしについて証しをなさるはずである」〔ヨハネ一五・二六〕。

神の賜物の伝達者

かくて聖霊は、人びとの間に内在し、生命と力の源、神の賜物の伝達者として働く。イエスを直接の媒介者とする受肉の真理は、聖霊がどのようにみ子とともに、み子に代って働くかを実証し、み子と彼を信じる者たちを通して驚くべき仕方で発現する。イエスが受洗に際しみずからの神的な資格証明、すなわち神による信任を受領したのは聖霊による〔マルコ一・一〇並行〕。彼は試みられるためにみ霊によって荒野に導かれ、み霊の力によって勝利し凱旋した〔マルコ一・一二以下並行〕。すなわち、イエスはみ霊の聖別によって〔神の〕伝道を開始し、さらに弟子たちに神の戒めを与えたのも聖霊による。イエスはさらに聖霊をみ父の約束〔の助け主〕として言明し、聖霊がくだる時、使徒たちが力を受けることを確約した。この約束は、五旬節の日に成就し、十日間継続した。

第三の位格

かく聖霊は単なる自然発生物ではなく、人格的な働きとしての現実《リアリティー》である。すなわち、肉に従ってではなく、霊によって働き、霊によって意味づけられる神、また神の愛と真理、あるいは永遠の生命の源である神の力を宿し、かつこれを実現するキリストと同定されるもの、と言ってもよい。聖霊は、永遠の神という本質の、父と子と並ぶ第三の位格（ヒポスタシス）なのである。

み子の代理

「聖霊は、疑いなくもっぱらみ子の使者また代理としての役割を担い、したがって、み子を離れてあるいはその仲保者としての生涯と働きとは別個の何かを企てることはない。むしろ、み子とみ父が一つであるように、み霊とみ子は一つであり、み子がもっぱら彼を遣わしたみ父の意志を行うために世に来たのと同様に、み霊はみ子のゆえにおくられるのである。キリスト自身、真理のみ霊について

ヨハネ一六・一三以下

かく証言する。『その方は自分から語るのではなく、聞いたことを語り……わたしに栄光を与える。わたしのものを受けて、あなたがたに告げるからである』〔ヨハネ一六・一三以下参照〕。それゆえ、人間

の魂におよぶ天来の霊的感化といった曖昧な概念、すなわち明確な目的と方法を欠き、ただふさぎこみ、気力の減退したような人間の精神状態を多少とも和らげる気まぐれな夏の微風にもたとえられる霊感一般は、この厳密に規定されたキリストによる真理の霊、すなわちもっぱら神のみ子の目的とそのわざに結合した人格的な霊の働きによって、完全に退けられているのである」（Bishop Alpheus W. Wilson, *The Witness to Christ*, p.178）。

聖霊に固有な力は、たんに人びとを霊的に鼓舞し、神の啓示を与え、これを刻印するだけではなく、むしろ現実的に彼らを力づけ、ゆり動かして、神の国実現に必要な組織力や指導力の結集を促進してやまない力である。神のみ霊が、アブラハムには信仰の賜物、モーセには指導力の賜物、パウロにはキリストの心を解釈し福音伝達の道を開拓する賜物をそれぞれ賦与したとすれば、同様に、インドにおけるシュワルツ〔Ch. F. Swarz, 1726-1798 ドイツのルター派宣教師。インド伝道に多大の貢献、ヒンドゥー教への理解も深かった〕やダフ〔Alexander Duff, 1806-1878 スコットランド長老派宣教師。インド派遣宣教師としてカルカッタに渡り、教育と伝道に従事した。五〇年帰国し、宣教精神の高揚を訴えた〕、中国におけるグリフィス・ジョン〔Griffith John, 1831-1912 イギリスのプロテスタント中国宣教師。漢口を中心に伝道し、九九年博学書院を創設、中国の青年に西洋式の高等教育をおこなった〕やハドソン・テイラー〔James Hudson Taylor, 1832-1905 イギリス聖公会の中国宣教師。中国内地会を組織し女子に対する伝道も推進した〕、あるいは日本の本多庸一監督〔一八四九―一九一二旧日本メソジスト教会初代監督、藩命により横浜に留学、バラ塾に入って英学を修めJ・H・バラより受洗。横浜バンドの一員。一九〇七年メソジスト三派合同を実現した〕といった人びとをもそれぞれの時に適って召し出したことが疑われないのである。

代々のミッショナリーたちによる伝道のプログラムは未だ完了していない。それゆえ、生ける神のために喜んで献身する信仰と勇気の充満せる青年男女を見出し、彼らを育成するために今こそ熱心に求め、期待し、祈り、奮闘しなくてはならない。

およそ偉大な運動というものは、人によると神によるとを問わず、その完全な遂行のために適切なリーダーシップを必要不可欠とする。人間の企ては、たとい最高の計画が立てられても、もし偉大な指導者を欠くなら、あるいは失敗に終るであろう。が、神の計画に失敗はあり得ない。聖霊こそ神の任命による世界伝道の真のリーダーであり、その指導性は的確無比だからである。聖霊は、人間の不信仰さえ除けば、まったく制約をうけず自由に支配する。地上のイエスがみずからの人間性ゆえに背負った諸々の制約が、聖霊においてはすべて取り除かれ、もはやいかなる地理的境界線によっても限定されることなく、世界全土に新しい道が切り拓かれる。聖霊は人格的に働きかけて、障害になるすべての扉のかんぬきを抜き去り、手かせ足かせをはずし、聖徒のためにも罪人のためにも同様に行きとどいた執り成しを行い、すべて真理を求める者に神のみ旨を説き明し、神の子らとともに証言し、キリストなるイエスが唯一の救主としてそのみわざを全うし、いまもなお人びとを罪から救い出し、永遠の生命の力へと解放しつづけていることを確証するのである。

聖霊による確証

ロバート・モファット夫人

南アフリカのヒロイン、ロバート・モファット夫人〔イギリスの宣教師、南アフリカ伝道の開拓者ロバート・モファット(一七九五—一八八三)の夫人。のちに娘婿となるD・リヴィングストンにアフリカ行きを勧めた〕は、聖霊の働きがいかなる方法をとるかについて卓越した洞察を下した。熱心に聖書を学び、鋭く人間を観察することによって、彼女は、人間生活の現象面にはあらわれないところ、成果の全く見えない不毛と映る地の果てにも霊の働きが絶えることはない、という結論に達したのである。ある手紙のなかで、モファット夫人はこう記している。「神のみ前に、絶えず罪人としての自らの立場を告白せざるを得ない人びとが大勢いる。そして彼らが常にひたすら恵みの手段に浴し、もっぱらみ霊の力によって罪人の救主のもとに導かれるということは確実で、信じるに足ることです。神のみ霊はすでに始動しており、これからいつまでも働きつづけるでしょう」。

タイ辺境の村長

宣教師ハワード・アグニュー・ジョンソン（Howard Agnew Johnson）も、人間の魂に静かに働きつづけるみ霊のわざについてすばらしい報告をしている。すなわちそれは、一方に人間の真摯な神探究、他方に神ご自身の啓示をふまえたいわば神―人呼応の出来事で、シャム（タイ）辺境のひとりの村長の証言に基づいている。ジョンソン宣教師は、かねてよりこの卓越せるしかも謙虚な村長について聞き及んでいたので、できれば直接会う機会を得たいとねがい、村長のところを訪ねることにした。大邸宅の庭園に入ると、木立の間から夫人を伴いベランダに立つ人品卑しからざる老人の姿が見えた。ジョンソンら一行が歩を進めると、みんなの者が「ホサナ、ホサナ」と歓声をあげて迎え入れた。

信仰の証しというのはこうである。何年も前に遡るが、この夫妻が、当時宗教的崇拝の対象とされていた壊れた彫像を修繕していた折に、夫が人間の手のわざのすばらしさにハッと気付かされ、生命のない偶像に比べて創造的な人間の手の働きがいかに偉大であるかを沁々妻に語った。いまや二人は偶像崇拝を続けることがまったく無意味であることを悟ったので、周りの彫像をすべて外に持ち出して壊し、偶像を取り払った空虚な部屋に戻り、その後は宗教書やガイドの助けなしに、自分たちだけで宇宙のもっとも偉大な存在、すなわち人の手のわざをみちびく見えざる創造主に対する真の礼拝を始めた、というのである。爾来三十年に亙って彼らはこのような素朴で真実な礼拝生活をつづけ「きっかけはどうであれ、何とかして生けるまことの神を探し求め、これを見出したい、とねがっていた」。折りしもこの地方を、聖書普及協会から派遣された一人の呼売人が訪れ、バイブルを頒布したおかげで、彼ら夫婦にもついにたしかな「神の言《ことば》」が手渡されたのである。このカプルはあわせて数々のキリスト教文書を読破したが、ちょうど、使徒行伝におけるパウロの神々の丘での説教が記録されている箇所〔使一七・一六―三四参照〕、すなわち「知られない神」と刻まれた祭壇の前で拝んでいるアテネの人びとに向けられたアレオパゴスの説教を読んでいた時、夫は大声で叫んで言った。「私たちも過去三十年間、まるでアテネで過したようなものだ！」。村長がこうして証しをつづけているうちに、人びとが促したので、彼は自分の信仰の証言を書きとめたものを小箱から取り出し、ジョンソンら一行の前で読み上げた。「私はすべてのものの造り主、父なる神を信じます。私は神のみ子、イエス・キリストを私の救主として信じます。私は聖霊を、私の唯一の慰め主また偉大な教師として信じます」。

神はこのように、聖霊によってご自身を人間に知らすべく絶えず働き、人間を追い求めている。そして、人びとに近づき働きかけるために様々な方法がとられるが、未開の地では、教育のない人びとにもっともふさわしい方法の適用がはかられるのである。

インド洋諸島で長年に亙りアニミズム（物活論）、原始宗教の研究調査に従事したヴァルネク〔Gustav Warneck, 1834-1910 ドイツの宣教学開拓者。学問的宣教学の道を開くとともに、世界宣教会議を開き、事務局を設けることを提言するなど、多方面で活躍した〕は次のように述べている。「神はしばしば夢や幻によって異教徒たちの内的生活に感化を与え、そこにはいかなる心理学的説明をもってしても説明し切れないある種の神秘性が残る。しかも夢や幻が、当初は殆ど気づかれないにせよ、実際は福音を指さす予備的な役割を担うのである」。事実、個人や集団の夢や幻による神への回帰という現象は不断に到る処で見られ、非常に強大で、信頼に足る大勢の証人の注目するところとなっているので、これを疑ったり無視することは到底できない。たとえばバタック・ミッションにおいては、異教徒が少なからず夢によってキリスト教への関心を抱くに到ったことが知られており、〔インド南部の〕コル族（Kol）の場合は、宣教師たちの来訪を、彼らの到着以前に早くから夢で知っていたと言われる。あるいは、首狩りをするナイアス島の原住民たちがキリスト教を受け入れたのも夢のなかできいたお告げによる、という報告がある。

サンタル族

ノルウェーの宣教師が、サンタル族の一老人の経験を次のように報告している。彼は夢の中に一人の男性が現われこう言うのを聞いた。「あなたの村を出て、私が指示するところへ行きなさい。そこできっと何か目につくものを見出すでしょう。それを宣教師に手渡せば、彼がくわしく説明してくれます。それによってあなたはまことの生命を授けられ、さらにそれを他の人びとに分け与えることになるでしょう」。老人は夜の間に指示された場所に出かけ、しばらく探索ののち、何かを書き記した小さな紙片を見つけたので、早速それを宣教師のもとに届けた。そこにはひとりのクリスチャンがサンタル族の言葉で詠んだ一篇の詩が記されており、宣教師はこれを朗読して、老人に救いのメッセージを伝えるために役立てた。こうして老人は、救いを経験し、キリスト者となり、その後村人たちを福音の真理のもとに招き入れるために熱心に労し、働いたのである。

カレン族

カレン族の逸話は、神が未開地の人びとにどのように働きかけるかを物語るいま一つの興味ある例証である。彼らの間に、やはり夢にまつわる古い言い伝えがあり、それが一種の予言的意味を担っていた。すなわち、彼らが将来いつの日か必ず白人によって覚醒され、失われていた「イワァ（Ywah）（神）の言葉」を回復するというのである。そして事実、カレン族出身のひとりの謙虚な土人が、ジャドソン博士〔Adoniram Judson, 1788-1850 アメリカバプテスト派の宣教師。仏教国ビルマで宣教し、聖書をビルマ語に翻訳した〕が司るキリスト教の礼拝において回心を経験し、同族同胞のための伝道者となった。有名なコ・セイ・ブュー（Ko-thay-byu）がその人である。長い間待望していた教師の到来という喜ばしいニュースが伝えられると、その語るところを聞くために丘陵地の全村から夥しい群衆が集まり、その時キリスト教信仰を受け入れたものの数は何千人にものぼった、と言われる。

五十年前、中国沿岸、東シナ海に注ぐ揚子江の河口でジャンク船が盗賊に乗っ取られるという事件があった。船員たちは大部分殺害されるか海中に投げ込まれたが、天津の商人の息子でユーという名の青年がひとり自分で海中に飛び込み、岸に泳ぎついて上海までやってきた。煉瓦べいで囲まれた街なかで、彼は通りすがりにチャペルの扉の内側からきこえてきたJ・W・ランバス牧師〔一八三〇―一八九二ウォルター・R・ランバスの父〕の説教に心惹かれ、ついに回心にまで導かれた。五年間彼は私の父に同伴し、蘇州に近い運河沿いで、あるいは米を出荷するジャンク船に乗りこんで盛んに福音を説いたが、その後天津に帰り、有力な伝道者として活躍した。ある日彼が天津のチャペルで説教しているところへ齢を重ね威厳のある風格のひとりの中国人が入ってきた。彼は熱心に説教をきいていたが、礼拝の終りに自分のことを語り出した。彼は元来仏教徒であったが、仏像によって安らぎを得ることができず、後に儒教に転向。しかしここでも生ける神を体験し得ぬまま光を求めつづけたが、これを見出すことは容易ではなく、神を必要としながらなお何処に神を求めるべきか分らぬままであった。しかし驚くべきことに、神のほうから、彼を探し求めるみ手がさしのべられた。彼は夢で、いなむしろ幻のなかでと言ってもよいが、徒歩で何十何百マイルの長旅ではあるが、即刻天津に向け出立すべきである、とのお告げをきいた。そして天津では、真の神を語ることのできる先師にめぐり会えるという約束だったので、当地到着後すぐに街中を巡り歩き、ついにこのチャペルにたどりついた、というのである。この瞬間、彼はかつて見た夢が成就したことを知り、今こそまことの神を見出すことができる、と直感した。そして事実、真の神を見出したのである。この老人がユー氏との出会いを通して非常な喜びに溢れ、直ちにキリストを受け入れたからである。この出来事の後、ユー氏は友人と帰途につき「主が福音を宣べ伝えるためにこの老人を選び召し出しておられる」ことを互いに確かめ喜び合った。その後、天津のチャペルで救われたこの老人とその家庭を拠点として、一大伝道が展開され、信徒の輪は驚くほど拡大され、周辺の村々もこぞって福音を受け入れるにいたったのである。

ヴァルネク〔前出〕は、このような夢や幻を通して働く神の力という主題をめぐる論評のなかで次のようにコメントしている。「神は、賢明な教師のように、未開人の幼稚な考えに対し行き届いた配慮を与え、彼らがよくわかるように語りかける。さもなければ、〔福音の真理は〕到底未開人に受容され得ないであろう。実際われわれは、そこに働く神自身の大きな力を前提することなしに、こうした人びとの心のうちに起る驚くべき変化について十分説明することをなし得ない。それゆえ、このような経験を作り話として簡単に追放してはならない。無視するにはあまりに証言が有力で、いわゆるアニミスト（物活論者）の間では何処でもきまってみられる普遍的な現象だからである。ただしかし、これを過大評価することもまた慎むべきである。そこには、予備的な意味以上のものは認められず、せいぜい福音の入口にまで導くことはあっても、そこから先は望めないからである。おそらく、神から来る他の合図と同様、未開人の心のなかに起る変化というものは、しばしば無視され、あるいは誤解され、誤用もまた免れ得ないであろう。しかし、神の力によって動かされる人間の心の変化という事態については、旧・新約聖書を通して豊富な例証がみとめられ、そこにやはりわれわれは神の支配の現実を見るのである。人間の自然的な運命に神の支配のみ手が加えられ、ちょうど川の流れが変えられるように、人のハートが根源から変革されるのである」（Warneck, *The Living Christ and Dying Heathenism*, p. 182）。

クロウフォード宣教師

つづいて、ダン・クロウフォード〔Daniel Crawford, 1870-1926 スコットランド出身の中央アフリカへの宣教師。旧新約聖書をルバ語に翻訳し、多くのアフリカ人協力者を養成した〕が述べるところに聞こう。「アフリカの人びとにとって、夢は、未来からの先駆者、あるいは人間のガイダンスのために永遠の世界から聞える細いささやきの声である……夢とは言え、それがやがて正規の教理へと結晶することもある……。われわれは神について書かれた記録を求めるに熱心なあまり、それらを気味の悪い前兆と見做し、怪しげな、要するにえたいが知れない夢にすぎない、と考えがちである。しかし、実は夢で……神が人びとの耳を開いた、と宣明するのは他ならぬ神ご自身の（聖）書であるという事実が想起されなくてはならない。あるいは英国人が夢物語を真剣に受けとらないのはこの国に聖書が氾濫し、夢や幻を必要としないからかも知れない。しかし、神は、読み書きを知らない人びとにも語りかける神であることをけっして忘れてはならないのである」（Dan Crawford, *Thinking Black*, p. 57）。

宗教と知性

世界伝道は、人びとの思いを神の思いへと飛躍させることによって遂行されるべきである。宗教なき主知主義は、個人にとっても、社会にとっても、あるいは国家にとっても恐ろしい危険を孕むものである。しかしまた、知性を欠いた宗教はたちまち迷信や不道徳に堕するほかはない。人類の歴史は、道徳性や宗教なき主知主義に起因する悪の事例で充満している。他方しかし、宗教や道徳に関して言えば、数多くの未開の部族や民族のなかには、その伝統や民間伝承から推して、過去には活力にみちた立派な宗教的信仰が生きていたにも拘らず、敬虔な思想と知的な恭順の精神が欠如したために、ついに宗教的理念そのものも崩壊の止むなきに到った例が少くないのである。

思想の根源を成す聖霊

神を恐れず、神を敬わない人は、自足の原理に立ち、けっして自らを省みないゆえに、思考活動を停止したまま、しかも自分の罪から脱け出ることができないでいる。異教徒たちも熟考しない。彼らの場合はむしろ、考える力を失ったままの状態にある、と言ってもよい。しかし人間はみな、およそ考えることを放棄してほんとうは生きることのできない存在である。考えないものは、自分を失う。が、聖霊は〔真理の霊（ヨハネ一四・一七）として〕思想の根源を成すゆえに、倦まず人間に働きかけ、その衝迫力によって彼らを熟考へと導く。すなわち聖霊はその固有の力によって、隠されたものを明け開き、人びとをインスパイアーし、新しい自己理解へと促してやまない。「神のみ霊が、偉大な真理をもって人間を捉えるとき、有限な人間的思考はまったく凌駕される」。聖霊は、自然的な人間の心の土壌に蒔かれた真理の種であり、人はみ霊によって、心を熱くされ上から力を得て、ついに死から生命への覚醒に導かれる。聖霊の働きは、人びとに罪と義と審きについて正しい悟りを得させる。すなわち、人の思いを促し高めて神の思いにいたらせ、彼の良心を揺さぶり、真の悔改めを得させ、ついに魂を再生させるにいたる。その全過程が聖霊の働きと同定されるのである。

執り成しの霊

聖霊はまた偉大な執り成しの主であるゆえに、人びとを祈りの世界に参入させ、嘆願の必要を教え、かつその実践を促す。すなわち、聖霊は執り成しを必要とする対象を選び出し、あまつさえ、われわれが祈るべきことをどのように祈ったらよいか判らない時に、言葉に表わせない呻きをもってわれわれのために執り成して下さるのである〔ロマ八・二六参照〕。

神の国の主管者

聖霊は人びとを動かしてよき計画を立てさせる。聖霊自身が、神の国の主管者だからである。人間の諸々の計画は、しばしば近視眼的でいわゆる先見の明がないために、射程距離と力を欠き、目標を見失うことも稀ではない。組織・制度の拡充をはかり、事を急ぎすぎる未熟な作業により、時間と労力を空しく浪費する。だからわれわれにはむしろ時間と自由をひとたび聖霊なる主に明け渡すことが肝要なのかもしれぬ。聖霊こそ、事態の初めと終りを正しく見極めることのできる根源的主体であり、宇宙の完全な統合者として、神の国の実現にかかわるいっさいのみわざを担うものだからである。それゆえ、聖霊の働きを無視して急ぎ先走ることは向こう見ずな暴挙であり、逆に聖霊の先導に遅れをとりその働きのしるしを見失うこともまたおそろしく危険なことである。人間のつとめは何よりも神ご自身の計画を正しく学び知り、神の目的に共感して、力をつくし、支配と執り成しの主である聖霊の働きにただひたすら祈り心をもって従うことである。現に、あがなわれた人間の幸せと成長の源である霊的な力のすべては神ご自身のみ手のなかに期待と確信として委ねられており、そのことは今も後も変らない。

宣教師のジャドスン〔前出〕一家は、イギリス東インド会社によって伝道基地をインドに設けることを禁止され、止むなくビルマのラングーンに向け出帆することになったが、そこに実は彼らが全く予期し得なかった神の摂理が隠されていたのである。彼らはこの「全く見知らぬ遠隔の地、それゆえ天国以外に安住の地をもたない境遇」のなかで二年近く過したある日、米国バプテスト教会が当地に伝道の拠点をおくことに合意し、加えてジャドスン一家にその応援を依頼する決定を行ったという報せを受けたのである。このように、けっしてジャドスン家の人びとあるいは他の誰かれが調整をはかり操作したというのではなく、全く摂理的な成り行きでバプテスト伝道局（Baptist Board of Missions）が設立されたのであるから、導きの手は神自身に帰されるほかないであろう。ガメル（Gammel）教授も記すごとく「ビルマ伝道開始の栄誉は、バプテスト教派の主流やあるいは教会機関の何れかにではなく、結局教会の聖なるかしら、聖霊としてのキリストに帰されなくてはならない」。このように、教会における聖霊の働きの後代史は、篤信の信徒たちの生涯を通して連綿と刻まれる。そしてその報知は原初の使徒的教会の時代におけると同様、人びとを変革してやまない聖霊の臨在と力による驚くべき奇跡で充満している。

バプテスト伝道局

バーナバス・ショー

バーナバス・ショー（Barnabas Shaw）の場合も、伝道のパイオニアーとしての聖霊の働きを示す驚くべき例証である。彼は一八一五年、南アフリカのケープ・タウンに上陸したが、当地のオランダ人たちの非寛容さのゆえに、福音宣教の認可がおりず、止むなく二頭立ての牛荷車を購入し、わずかなこの世のたくわえを積みこんで夫人とともに奥地へ移住を始めた。どこに伝道の拠点を求めるかを知らぬまま、ただ主のガイダンスを乞いねがっての出立であった。実に三百マイルも旅をつづけた二十七日目の夜、彼らが野宿をしたとき、近くでキャンプ・ファイアーを囲む土人たちの群れが注意をひいた。彼らは南アフリカの異教徒ホッテントット人の集団で、驚いたことに、村の首長を先頭に、「偉大な神のことば」を教示してくれる宣教師を探ね求めて、いまケープタウンに向う途上にある、というのである。

「かりに、どちらか一方のパーティーが半日でも早くか遅く出発していたとすれば、おそらく一行がめぐり合うことはなかったであろう。しかし、彼らは互いに、まったくきわどい時にめぐり合ったわけで、これこそ教会の歴史のなかでもきわめて稀有な摂理的な引き合せ、まさに使徒行伝の現代版である」（**A. J. Gordon, *The Holy Spirit in Missions,* p. 96**）というほかないであろう。

神がイエス・キリストを通して諸々の霊のみ父となることを自己証示した以上、前後の働きを通してたんに非人格的な力として自己啓示することではたして満足し得ようか。もしそうだとすれば、み国の福音は再び律法の立場に逆戻りすることとなり、魂と生命なき非人格的な力の悪影響を蒙ることになる。それゆえ、神の子の受肉と顕現は何としても聖霊の人格性についての正しい認識と顕現によって継承されねばならなかった。聖霊の人格的働きなしに、使徒たちは主が約束された「これらより大いなること」〔ヨハネ一・五〇参照〕を到底なし遂げ得なかったであろうし、また聖霊の人格性を否定し、その顕現を保留することは、すべての被造物に対する福音宣教の企てをまったく破綻の危機に晒すようなことであったにちがいない。伝道の企ては、み霊の人格的働きによって決するものであり、さもなくば、いっさいは無益である。すべてを企て導く主体は、ペンテコステ〔行伝二章参照〕の日、カイザリア〔行伝一〇章参照〕で、あるいはエフェソ〔行伝一九章参照〕であらわされたあの生ける霊的人格のほかではない。世界をキリストへ導く伝道のわざに献身する老若男女の証人たちが、ひたすらその臨在を希求するかぎり、何時でも、何処でも必ず立ち現われ助力するお方はこの聖霊なる人格である。それゆえ、すべての働き人の祈りとその手のわざに、聖霊の確証が与えられなくてはならない。

使徒時代とその後

使徒たちがその証しを書き残し、働きつづけたのは「まさしくそのような上からの力の充満した雰囲気のなかであった。彼らは神が恵みによって自分たちの内に留まり、また自分たちの外で遍く生きて働いているという絶大なる確信を抱いていたのである」。彼らにとって、聖霊の働きを通して神を悟るということは、このような恵みと力の雰囲気を醸し出し、すべての人びとにこれを分かち拡げることのほかではない。言うまでもなく、この「恵み」は、万人に対する贖いの供え物としてのイエス・キリスト、そして「力」は、全世界にいのちを与えるイエス・キリストのいわれである。神の憐みと愛によって、このような恵みと力の可能性が使徒たちに約束されているかぎり、当然のこと彼らもこれに応える信仰と愛の服従によって、神と人とに仕えることができるし、また仕えねばならない。しかしもしこのような賜物を他者に正しくささげ分かち得ぬとすれば、そもそも真の兄弟愛とは何か、使徒的つとめが何を意味するかがまったく不可解となる。

われわれは、使徒時代の検討を通して、聖霊の賜物がけっしてその時代に限定さるべきものではないという結論を得るに到るのである。確かにペンテコステ（聖霊降臨）の出来事は過去に遡り、たとえて言えば、神の恵みと霊の力という広遠なる大陸を外辺で画する岬のごとく位置づけられる。聖霊の支配はペンテコステを起点とする。が、いまわれわれはその支配のただ中にある。使徒時代には、しるしと不思議が必要であった。今日その必要性はあるいは無くなったかも知れぬ。しかし神の大いなる目的そのものはいつまでも変ることがない。神の恵みは絶ゆることなく、そのみ力は衰えることがない。むしろ変革されたいのちの奇跡は、初期の使徒時代と同様、いまも顕著ですばらしいものである。聖霊の必要性は、諸国民の側での福音に対する開かれた態度、また教会の側での使命達成に必要な賜物の賦与という観点からして一層増大している。

W・アーサー（William Arthur）は次のように述べている。「歳月の流れやさまざまな出来事の進展が人びとの信仰生活や恵みの体験の衰退と結びつくという考えほど、啓示宗教たるキリスト教の精神と真髄の全体に相反するものはない。むしろすべてのことは、われわれに退歩ではなく進歩することを約束する。すなわち、キリスト教の原理と聖書の立言に従えば、この宇宙世界の全体構造が時代とともに崩壊し、いっさいが終りの日の前に消滅するといった予測はまったく正当化され得ないのである」(William Arthur, *The Tongue of Fire*, p. 112)。

先行する神の備え

聖霊が、あらゆる時代を通して、世界のすべての国々の間に、黙してしかし確実に働いているという事実は動かないが、それだけではなく、いまこの時代こそ、み霊の臨在とこれに支えられる信仰生活とその力の顕示がいよいよ増大してやまない時である。われわれは前進の約束だけではなく、神の摂理のしるしと確かな合図のみ手を与えられている。人間の祈りに先行する神の備えがある。一方に人間の神への期待がひろく充満し、他方に、生ける神の力がいたるところに発現し、聖霊が無数の導管を通して注ぎこまれているゆえに、いまこそ、汝の力の日に汝の民らは喜ぶべし、というみ言葉が成就されなくてはならない。

ピルキントン宣教師の告白

ウガンダの教会に聖霊が注ぎ込まれた物語は、霊的な力があらゆるところに浸透している数多い例証の一つである。当地に遣わされたピルキントン宣教師〔George Lawrence Pilkington, 1865-1897 アイルランド出身の宣教師。古典学者として将来を嘱望されていたが、回心を体験。九〇年英国教会宣教会によってウガンダに送られ、聖書のガンダ語訳に着手〕は、伝道の成果が皆無に等しい深刻な事態に直面して苦しみ、神からの激励と支えの必要を痛感して、ヴィクトリア・ニアンザ湖に浮ぶコーム島に退き、数日間、専心み言にきき、神に嘆願した。ピルキントンの苦悩と猛省の直接の動機は、ムーサ(Musa)という名の土着の改宗者にかかわる悲痛な経験である。この改宗者が棄教しふたたび異教にもどったことを教会に報告してほしい旨要請してきたのである。そこで、「あなたは自分の振舞いや行動が何を意味するか、わかるか」と問いただしたところ、彼の答えはこうであった。「わたしは七年間、キリスト教にふれ聖書を読んできました。それでもわたしが何も理解していないと思われるのですか。あなたがたの宗教は、わたしに何の益するところもないのです。とにかく、もはや関係は断たれたのです」。
これは胸を突き刺すようなおそろしい衝撃であった。有名なマカイ宣教師〔Alexander M. Mackay, 1849-1890 スコットランド出身。七六年アフリカに渡り、宣教の先駆的役割を果す〕の後継者たるピルキントンは、ケンブリッジ大学出身で卒業のとき「最優秀生」に推挙されるほどの逸材であった。彼はすぐれた翻訳者として、聖書を中央アフリカのウガンダ語とスワヒリ語に移したが、キリストの働き人、とりわけ宣教師の生涯にとって最も重要な秘密、すなわち、聖霊の力の秘密についてなお十分体得していなかったのである。数年後、リバプールで開催された学生の大集会で、彼はその時の体験を語り、単純かつ率直に訴えた。

「私が伝道に献身して三年を経過した頃直面したあの危機に際して、もし神ご自身が私に働きかけ、信仰によって聖霊の賜物を受け入れることを得させて下さらなかったら、私はおそらく宣教師の仕事を断念していたと思います。とにかく私はもう一歩も前に進むことができない状態でした。そのとき私はタミル人〔南インド及びセイロン島に住むドラビラ族〕伝道に挺身したデーヴィド宣教師の一書によって、私の生き方が間違っていたこと、私がまだ聖霊の力を受けていなかったことに目覚めさせられたのです。私はそれこそ何百回となく神のみ前に自己献身を誓いました。しかし、ほんとうは神ご自身の賜物を受け入れていなかったのです。いまようやく、神が私に、聖霊にみたされよ、と命じておられることが判りました。そして『祈り求めるものはすべて既に得られたと信じなさい。そうすれば、そのとおりになる』（マルコ一一・二四）というみ言葉にふれ、この約束にまったく信頼し依り頼むことによってついに聖霊を受けたのです」。

キーナー監督（Bishop Keener）の言うように、ピルキントンは「おそらく今日の世界伝道者のなかで聖霊の力に溢れた最良の証人である」と思われるが、この宣教師の霊的生活の革新は具体的にいかなる結果をもたらしたであろうか。彼は聖霊体験の後、コーム島から帰還し、自分の体験を人びとに分かち与えた。これを聞いた同労の宣教師たちはみな同じ賜物を祈求することを誓い、翌朝、ウガンダの全教会が呼び集められたのである。ピルキントンは再び立ち上り、自分の体験した窮境と魂の飢え渇き、そして聖霊を通して働く神の驚くべき助力について語った。また彼は会衆に向って、あの失望の改宗者ムーサを何とかしてキリスト教に立ち帰らせたいというねがいについても包み隠さず訴えた。伝道者として面目のないこと、また重々責任を感じていることをありのまま告白し、全教会に祈って欲しいと呼びかけたのである。その結果はまさしく電撃的であった。何百人もの村人が跪座し、罪を告白し、赦しを乞いねがった。キリストと聖霊の賜物を受け入れることによって、信仰告白に次ぐ思い切った献身が起り、集会は四時間以上続いた。それだけでなく、同じ日にもう一回、そして翌日も大集会が開かれたのである。早朝の祈祷会には五百人が参加し、そのうち二百人が残って後の特別集会に出席した。ことに主の聖日は忘れ得ぬ日となった。人びとは驚くべき大覚醒のなかで公然と自分の罪を告白し、神のみ恵みを受け入れた。それらの人びとのなかには、村の首長が数人、そしてカタキロ（Katakiro）すなわちウガンダの首相（Prime Minister）の姿が見え、かのムーサもついにキリスト信仰に立ち帰ったのである。

ウガンダの信仰復興

それは、あのペンテコステの日にペトロが語った罪の赦しを得るための悔改めであり、また彼の証しの成就であった。「悔い改めなさい。……そうすれば賜物として聖霊を受けます。この約束はあなたがたにも、あなたがたの子供にも、遠くにいるすべての人にも、つまり、わたしたちの神である主が招いてくださる者ならだれにでも与えられているものなのです」〔行伝二・三八—三九〕。エゼキエル書には、枯れた骨が満ちる谷の幻〔三七章〕に続いて、清き水の幻が証示されている。みえない聖所や神のみ霊が住む家の敷居の下から清き水が流れ出て、深く豊かな川となり、「この川が流れる所では、すべてのものが生き返る」〔エゼキエル四七・九〕と言われる。

このような霊的な生命の川をたとえるのに、旅行者の目に映る麗しいナイルの河流にまさるものはないであろう。このエジプトの大河は、見えない知られざる水源から何世紀にもわたって地を縫うように流れ出で、細長い渓谷を何百マイルも曲りくねり一衣帯水となって流下するのである。そしてこの神秘的なアフリカ大陸の奥深い心臓部には、ナイル川の水を供給する巨大な湖、無数の水源が点在する。年中乾くことのないこれらの水系から滔々と水が湧き出で、砂漠の荒野を突き切り、熱砂を潜り、寺院の遺跡や町々の廃墟の傍らを下って、ついに人びとの心をなごませ喜ばす緑の広野、花咲く園にいたる。かつての乾いた不毛の大地にいまや小麦が育ち、クローバがしげり、ぎょりゅう、いちじく、アカシヤなどの並木道に沿ってさらに何マイルも進むと洋々たる幹流がやがて多くの河口に分れ、青い大海に注ぎこむのが見える。

生命《いのち》の川、すなわち神の川の有様もかくの如きであり、「この川の流れる所では、すべてのものが生きている」と言われる通りである。上から注がれた流水がくるぶしに達し、ひざに達し、腰に達するほど深くなり「泳げるほどの水、越えがたき広大な河川」になって、力強く滔々と流下しすべてのものを清める。江流は両岸にあふれ、あらゆる水門や水路を通って渇いた大地をうるおし、河川に沿って蒔かれた種が岸辺いっぱいに豊かな実を結ばせる。われらはいま、ペンテコステの日と同様、聖霊が降臨し、いのちあふれる川のほとりに立っている。清き水が漲りさかまき、収穫の時が近づいている。信仰の勝利がかちとられ、み霊の働きの充満によって新生の力と喜びが確証される。

現にいまわれわれは、その実例としての多くの証人にかこまれている。ウィリアム・ケアリ〔William Carey, 1761-1834 インドに伝道したイギリス最初の宣教師、東洋学者。「海外伝道の父」と呼ばれる〕は鉱山の縦坑に入るとき、非常な力を必要とした。その時彼はイエスが「あなたは力を受けるであろう」と言われる声を聞き、ただ一人アンドリュー・フラー〔Andrew Fuller 1754-1815 英国バプテスト派神学者〕を伴って、救助の綱をつなぐため坑内に入り下ったのである。パティソン監督〔Bishop Pattison〕が、多くのメラネシアの原住民たちに伝道するために自分の命をささげたときも同様である。「あなたは力を受けるであろう」と語る主の力を得て、傷つき血を流した五人の仲間たちとともに彼はメラネシア族の手にかかって殉教した。あるいは若き医師ニクソン（Nixon）が、自分の専門上の大志を放棄したとき、やはり非常な力を要した。彼も偉大な「医者」としてのイエスの言葉を聞いた。「あなたは力を受けるであろう」。そして見捨てられた人びとを探し求め、彼らの救霊のために出立し、メキシコで黄熱病に倒れ、ついに天に召されたのである。ローラ・ヘイグッド（Laura Haygood）女史のような偉大な魂の持主、献身者仲間の代表的人物にとっても、人が羨むような立派な教育者の地位を棒にふることは容易なことではなく、同様に非常な力を要した。その時彼女は、もっとも偉大な「教師」としてのイエスの言葉を信じることによって上からの力を受け、残る生涯を中国の婦人と子どもたちのために捧げ切ったのである。「キリストを知らない魂のあるところ、そこがすなわち私の使命の場なのです」というのが彼女の証言であった。もう一人あげよう。少壮実業家、ウィリアム・ボーデン（William Borden）にとって、自分の全財産をイエスの足もとに献げ、彼に従うことは至難事であり、非常な力を要した。しかしここでも人類の偉大な「主」であり「教師」であるイエスの「あなたは力を受けるであろう」という言葉が力の源となる答えであった。彼は喜んで莫大な資産を投げ出し、エジプトのカイロで同労者ツウェマー（Zwemer）と力を合わせ、イスラム教徒の侵略に抗し、殉教者の隊列に加わったのである。

「主」であり「教師」であるイエス

「私たちが志をたて、この世における神の目的を実現するべく力をつくすとき、最後の支えとなる上からの力というのは、畢竟するに聖霊の力である。そのような力は、いかに驚くべき諸々の真理や超越的な事実、あるいはキリストの十字架における優しさやおそろしい厳粛さや悲哀といえども、けっしてそれ自体によるものではなく、むしろ究極においてわれわれに与えられた聖霊の力にほかならない」（R. S. Storrs, *"Addresses on Foreign Missions."*）。

使徒的教会の伝道活動にみられる顕著で独自な特徴は、すべてにわたる聖霊の人格的主導性である。伝道の指導者たちはみなそのことを肝に銘じ、み霊の人格的な導きにいっさいを委ねた。「彼らが主を礼拝し、断食していると、聖霊が告げた。『さあ、バルナバとサウロをわたしのために選び出しなさい。わたしが前もって二人に決めておいた仕事に当たらせるために』。そこでバルナバとサウロはセレウキヤに下り、そこからキプロス島に向け船出した」（行伝一三・二―四参照）。聖霊は、伝道活動の進展しているところではその行程を力強く推進したが、逆になお受け入れ態勢の整っていない地域に入るときには、適宜これを妨げもした。

伝道者たちはこのような神の定めた伝道方策によく応えた。み霊の導きは、人びとの抵抗の少ない方面に伝道の歩を進ませるというよりは、むしろ摂理によって備えられたところに導き、できるだけ交易ルートや軍用道路を活用し、伝道方策の一環として、ユダヤ人たちが集結している居留地をえらび、ミッションの拠点を当該地のシナゴーグ（会堂）に求めること、そしてそこを基地として四囲の町々や郡部一帯に伝道すべく促すことを眼目とした。

使徒行伝の報告によれば、パウロとその一行は、フリギヤ、ガラテヤ地方をとおり、ミシヤからビティニアに進んで行こうとしたところ、聖霊が彼地で伝道することを許さなかったので、トロアスに下って行った。ここでパウロは幻を見た。ひとりのマケドニア人が現われ、パウロに懇願して言った。「マケドニアに渡ってきて、わたしたちを助けて下さい」。何の躊躇もなかった。彼らは神の霊的啓導に敏感で「ただちに」マケドニアに渡った。当時はローマに対する伝道の可能性はひらかれていたものの、他の諸地域への伝道はなお未知数のことと考えられていたに相違ないが、それにもかかわらず、パウロは幻を見たとき、「マケドニア人に福音を告げ知らせるために、神がわたしたちを召されているのだと、確信するに至った」〔行伝一六・一一一〇参照〕のである。

さらに西方へ

さらに注目すべきは、こうした伝道活動の進展が、オリエントではなく西方に方向をとったことである。もとより、使徒グループの中には、東方における伝道を企図したものもいる。が、ローマ市民であったパウロは、西方伝道の指導者として神に選ばれ備えられた人物であった。聖霊の適切な啓導によってパウロはアジア大陸の諸々の祭儀や神秘主義の世界と袂を分かち、地中海沿岸諸国の大道に沿って福音伝道の歩を進めたのである。彼はより若い地域、より活気のある町々を目標にすえた。確かにそれらの地域には異教の伝統が根強く浸透していた。がしかし、こうした新興諸都市は行政や文化の中心であるだけに福音が一層急速かつ有効に宣べ伝えられる可能性を秘めているとも思われたのである。

伝道の基本方針

先にあげたピルキントンは、ウガンダにおける信仰復興の後、当地の伝道の経過とその方策について総括をこころみ次のように結論した。伝道活動の基本計画は、何よりも聖霊のリーダーシップにつき従うという意味において使徒的でなくてはならない。伝道はけっして人間が自力で手はずを決め短時日に急ぎ実施されるプログラムではない。宣教師ならびに土着の伝道者たちは、もし選択の機会があれば、福音に対して開かれた態度をもち、これに聞くことをねがう地域に向うべきであり、福音に対しまったく無関心で、敵意さえいだくような地域に何年も留まって時を浪費することは避けるのが賢明であろう。福音に敵対するところでは、おそらく伝道活動に要する貴重な時間と多大の労力が無駄となり、伝道地の教会は成長と進展に必要な霊的力を消耗することになる。しかもそういう地域での伝道はけっきょく不毛だと言って開き直れば、本国の教会も伝道報告の遅延やその成果について、失望することもないわけである。こういう言い方は母教会に関する悲しむべきコメントになるが、実情は母教会がいつも信仰の新しい冒険を避けて安易な方向に陥っているということではなかろうか。

このピルキントンの陳述が、インドにおけるミッション協会の宣教師たちに深い感動を与え、その結果、彼らは驚くべき寛容を示し、自分たちのフィールドではなく、むしろウガンダの地に強力な宣教師団を派遣することを要請したのである。それは伝道地土着の教会に働く紛う方なき神のみ霊の呼びかけに対する純乎たる応答であった。聖霊の火が祭壇に点ぜられ、これがやがて福音伝道の炎として大きく燃え上がったのである。

南メソジスト監督教会が、韓国伝道を決定し、あるいは中国内地ミッションが一部でその活動を開始した際の基本方針も、聖霊の働きに根拠をおくものであった。同様の方針がより広範な伝道地で自覚的に採用されていたなら、たんなる人間的営為をこえた霊的活動のセンターが次々と創設され、土着の人びとのリーダーシップの下で強力な伝道が展開され、自主独立の諸教会を形成する上ではるかにめざましい進展がみられたにちがいない。だがそれにもかかわらず、こうしたいわば聖霊主導型の伝道が余りに先行しすぎてはならない。たとえば、異教の伝統が根をおろし、挺子でも動かぬような地域では、むしろ開拓された既存の拠点を堅持し、その充実・強化を図ることが必要な時もある。こうした伝道戦線では、たとえて言えば、野戦砲ではなく攻城砲、騎兵隊よりも歩兵隊が要請されるとも言える。要は時宜をうかがうことである。伝道方針をたてる者は、すべてのことにおいてキリストの心を知り、聖霊に啓導されることを第一の希求としなくてはならない。

信仰が豊かな生命の源泉としての神のみ霊から離反すると、生気に満ちた経験が失われ、神の生命を死せる魂のうちに移し入れる力を奪われる。これはいつの時代にも共通してみられる真実である。生命と力を失った教会はもはや福音の導き手ではあり得ない。電流の通じない電線同様、無用の廃物

メッセージの回復

である。それゆえ、死せる教会をよみがえらせるためには、単なるリハビリテーション（状況適応）ではなく、唯一の力の源なる霊的ダイナモとの生命的関係を回復する以外に方途はない。ひとたびこの生命的関係が甦れば、キリスト教はメッセージを回復し、教会は伝道者を整え、生ける神のみ霊が力強く働いて福音伝道のみちを照らし、そのわざを促しつづけることになるであろう。

J・ウェスレー

　宗教改革の先駆者サヴォナローラの魂を覚醒し、改革者マルティン・ルターの秘められた力を発動せしめ、メソジスト教会の祖ジョン・ウェスレー〔前出〕の心のうちに新しい伝道への熱意を燃え立たせた源泉はいずれもこのような聖霊の人格的な働きかけであった。フィツェットは福音的大覚醒に先立つ英国の時代状況について次のごとく記している。「宗教はその本来の生命的諸要素、すなわち贖い主なるキリストの幻、いまとここにおける個人の赦しの使信を喪失し、生気溢れる信仰的体験、魂のうちに内住する神の力としての宗教的真理は忘却された。電流を通さない電灯は化石同様、役に立たぬループ線にすぎず、光も生命もない。十八世紀初頭の英国におけるキリスト教はひどく衰弱し、まさしく電流の通らない電灯同然の状態であった。ウェスレーが企図したのは、このようないわば精神的動脈硬化に陥っていた英国に神の生命の活力を注ぎこみ、暗黒の中に光を点ずることであった」（Fitchett, *Wesley and His Century*, p. 7）。その活力とは、生ける神のみ霊の力であり、ウェスレーのうちに注がれ、彼を通して働いたこのみ霊によって十八世紀の英国は生気をとりもどし、全世界もまた、その基を揺り動かされたのである。

歴史の中に働く神

　われわれは、啓示と歴史そして伝道のわざを通して働く神のみ霊の輝かしい軌跡をたどることによって、み国の実現という神の目的と計画が絶えず拡大され、前進している事実にあらためて目を見張るのである。冷水を湛えたベツレヘムの泉がいまや大河となって流れ出で、全地を洗い清め、地の果てに到るまで豊かに潤し、ナザレの荒地に蒔かれた福音の種がいまや大樹に成長し、諸々の国がそこに避け所を見出すほどになった。またカルヴァリの丘に落ちた一粒の麦が、死んで甦り、その復活の生命と力によって、今日、幾百幾千万の人びとが、永遠の生命に与る大いなる喜びを経験している。あるいはアンティオキアにいた謙虚なキリスト者の群れのなかから、聖霊によって〔パウロとバルナバの〕二人が最初の大伝道旅行に遣わされ、うち一人すなわちパウロはとくに異邦人の使徒として、ローマのカエザルが支配する全世界に福音を宣べ伝えたのである。そして、今から百年前、ウィリアムス大学の一握りのキリスト者学生たちが、干し草を積み上げた校庭で祈っていた時、そのリーダーであったサムエル・J・ミルズ〔Samuel John Mills, 1783-1819 アメリカの宣教師。組織力に優れ、超教派のアメリカ聖書協会などを設立〕がリバイバルを経験し、ここを霊的出発点として起った信仰運動のなかから、実に六千人の青年男女が外国伝道に献身し、何万人もの会友が日毎の執り成しの朝祷会に連なり、すべてを支配するキリストが栄光のうちに来臨する時まで、神のみ子のメッセージが万人に伝えられることを希い、めいめいがその持場で仕えているのである。

み霊の驚くべき働きについてはチャールズ・C・ホール〔Charles Cuthbert Hall, 1852-1908 アメリカの長老派牧師。ユニオン神学校校長〕がこう記している。「いま、神の霊が力強く動き、いたるところで魂の救いが起っている。神の栄光にみちた幻が、太陽のごとく思想界をあまねく照らし、大学社会に及ぼす宗教の影響と衝迫力はかつて例をみないほど絶大である。西欧の諸大学は、いまや全世界のキリスト教化の使命を自覚し、数多くの学生たちが、近東や極東の地に献身することを希望している。彼らキリスト者学生は、あらゆる人種的・教派的な隔ての中垣を取り除き、キリスト教における無差別の本質を明らかにするという基本的立場を表明している」（Hall, *Universal Elements of the Christian Religion*, p. 16）。

聖霊は、人びとが測り知れないさまざまな方法で彼らを探し求め、かつ彼らを仕え人として備え整

ローン・スター・ミッション

えるインドにおけるローン・スター・ミッション（The Lone Star mission）の活動は、驚くべき信仰と祈りへの応答、そして聖霊の人格的啓導の証示である。オンゴール（Ongole）地区伝道の責任を負っていたジュイット（Jewett）博士は、アメリカン・バプテスト伝道会本部から幾度となく伝道活動を中止するように勧告されていたが、頑として動じなかった。彼が我意をたてとおしたのではなく「神がテルグ人〔インド南部マドラスの土着民〕の間に必ず多くの人びとをお立てになる」ことを信じて疑わなかったからである。

ジョン・E・クラフ

当地の伝道の歴史を通してもっとも危機が深まった頃、ジュイット博士とその夫人および回心した三人の土着民たちは、明け方に小高い丘に登り、祈った。眼下には異教の村々から立ちのぼる煙の海がひろがり、伝道活動の停止命令が届いていた折だけに、祈りは真剣そのもので途切れることがなかった。その時、たしかに聖霊みずからの執り成しがあった。というのは、ジュイット博士が、祈りのなかでオンゴール伝道のためになくてはならぬ人が必ず与えられるという確信を得、安心して下山することができたからである。この記念すべき山上の朝祷会の十二年後に、米国西部のアメリカ先住民出身の伝道者が、不思議な導きによって十分な備えを終え、オンゴールに到着し、伝道を開始したのである。そして一年後、キリストに帰依したものは実に一万三千名を数えた。この選びの器、ジョン・E・クラフ〔John Everett Clough, 1836-1910 アメリカのバプテスト派宣教師。工学技術を身につけ、インド難民たちを工事に雇用し、現場監督となり福音を語り伝えた〕の生涯は、かのウガンダのアレキサンダー・マカイ〔前出〕と同様、主の奇しき定めによって導かれたものであった。クラフは述懐して言う。「私は、弁護士と政治家志望でした。……あの丘の上での祈祷会とわたしの生涯に起った不思議な転身の間に何か関わりがあったのでしょうか」。たしかにあった、と言うほかはない。もとより彼は最初、合衆国調査官代理としての資格でインドに渡ったとき、後に自分に課せられる特別な使命についてまったく知る由もなかった。が、神は数々の驚くべき出来事を通してこの器を見出し、彼に権能を与えてインドに派遣したのである。二〇年後、インドに飢饉が広がった時、クラフの脳裡に浮んだのは、オンゴール地区のバッキンガム運河の工事を進め、仕事を供給し、飢え窮している幾千幾万の人びとを救済する計画であった。英国の技師団は彼を信任し、必要な関係資料を整え、掘鑿《くっさく》作業を許可した。こうして、なおクラフ自身も関係者も自覚しないところで、後に展開されるすばらしい伝道へのみちが拓かれたのである。彼らの働きは、キリスト教の現実的展開の証しであり、幾千幾万の人命を飢餓から救出しただけでなく、クラフ自身をして虐げられた無数の人びとの霊的指導者たらしめた。

クラフ夫人は、夫を語り「主人の場合、いつも特別な備えの状況というものが待ちうけていたようです。自分のほうから状況をつくり出すことは稀れですが、どこかでのっぴきならぬ状態と出会うことになるのです」と述べている。そして事実そういう出会いが起ったのであるが、その際、クラフと状況を結びつけたのはほかならぬ聖霊であった。当地の下層の人びとがイエスと同じあわれみの心に溢れたクラフのもとに大勢集ったのは、肉体の飢えだけでなく、魂の渇きのゆえであった。幾世紀もの間、まったく教育を受けず、蔑まれ踏みにじられ社会的に差別されつづけてきた人びとが、はじめて自分たちの心にひびく広く大きな愛の語りかけにふれたのである。クラフは、人びとの恐れを取り除きあらゆる禍いを免がれしめるお方《かた》〔イエス・キリスト〕の名を知っていた。

彼は言う。「一日中、仕事につく人々の列の先頭から最後尾にいたるまで、さかんにイエスの名が語られた。伝道者たちはいつも新約聖書をポケットに入れて携行したが、苦しみの中にある人びとにとっては、クリスチャンの聖書を目で見ることも慰めであった。そして、仕事の合間に短い休憩をとり腰をおろすと、人びとは決まって『キリストの労苦と重荷についてのみことばをもう一度読んできかせて下さい』と言った。私も、彼らを慰めるためにあの『疲れた者、重荷を負う者は、だれでもわ

マタイ一一・二八

たしのもとに来なさい』〔マタイ一一・二八〕という聖句をしばしば口に上せ、伝道者たちは、終日このみことばを説いた。事実、飢饉に苦しむわれわれを支え、収穫の時まで導いた力がこの聖句であった。みんなの者がそのようなみことばの力を必要とした。われわれの間でもっとも強い者でも、時として意気沮喪するような窮地に陥ったからである」（John. E. Clough, *Social Christianity in the Orient*, p. 248）。

み子の啓示

人間に対する神の啓示は、人格的な働きかけを通してはじめて十全的かつ究極的な意味を獲得する。イエスはまさしくご自身の人格のうちに恵みと栄光の道を現わし、その生涯を通して真理の何たるかを開き示した。福音書記者が、「言は肉となって、わたしたちの間に宿られた」と宣明し、あるいは「わたしたちはその栄光を見た。それは父の独り子としての栄光であって、恵みと真理とに満ちていた」〔ヨハネ一・一四〕と証言する所以である。

み霊の啓示

しかし、啓示の秩序のなかで、み子の啓示とは別に、もう一つの顕現、すなわち聖霊の啓示が必要となった。そして、聖霊もまた肉においてではなく、人格的な働きを通して来臨する。聖霊は、万人に対する神の思いと目的を、受け手の信仰と聞く力にしたがって説き明し伝達する役割を担う。神に根差すもっとも深い真理を含むいっさいのことを明らかにする主体が聖霊である以上、人間に対して神ご自身の深遠な目的を伝えるのも神のみ霊以外にはないからである。

それは交わりに基づく伝達、神の霊との生ける交流のなかで確かめられる啓示にほかならない。あるいは、聖なるものに仕える高き者が低き者に向うことによって、低き者がとらえられ、高き者に目覚め、彼に似たものへと育てられる、と言ってもよい。人間が、ご自身を現わす神の切なる願いに目覚めるまでにどれほど長い時を要したことか。人間は、神を探ね求めながら、しかも、すべてを包む神の愛の大海原の岸辺に立ちすくんだままであった。とりわけ、この世の支配者たちには、神の愛の深さ、広さは隠されたまま知られることがなかった。しかしながら、イザヤが証言するとおり、「目がまだ見ず、耳がまだ聞かず、人の心に思い浮びもしなかったことを、神は、ご自分を愛する者たちのために備えられた」のである。〔イザヤ六四・四参照〕。そして、パウロも言う。「神が霊によってそのことを明らかに示してくださいました。霊は一切のことを、神の深みさえも究めます」〔第一コリ二・一〇〕。

「私としては、自然そのものが、神によって成り、かつ超自然的な要素と結びつき支配されていること、そして人間の歴史と経験におけるすべての前進運動が、その起源と動因を神の目的と力のなかに見出すということを前提にした上で、しかもなお今日のわれわれの状況が曽てのいかなる奇跡の時代に比しても較べられないほどまったく超自然的な力の衝迫に直面していることを確信せざるを得ない。たしかに、目いまだ見ず、耳いまだ聞かざることである。しかしながら、およそ真実でかつ否定され得ないことがらは、必ずしも大通りで声高に叫んだりあるいは天空に光線を描くような仕方では現われない。私は〈霊界の自然法〉を是認するものではないが、自然界における霊的法則についてはこれを信じて疑わない。したがって、み霊の働きを十分に知覚し、かつ受肉や人間生活の拡大された力を通して加えられた恵みの手段を認めることによって、すでにこれまでの歴史のなかで示された神の行為の定められた方策以外にあれこれ探ねる必要はなくなった」（Bishop Alpheus W. Wilson, *The Witnesses to Christ*, pp. 192-93）。

神の啓導と摂理のみ手が働いている。み霊が来臨し、穏やかにしかし確実な仕方で人びとの心に迫り、魂におよぶ。聖霊は、静かにも力強く呼びかけ、神の意志を開き示す。その働きは鮮烈で、地の暗闇を照らし、明け方に、荒涼とした山峡、曲りくねった大峡谷に差し入る朝日よりも輝かしい。またあらゆる舟筏《しゅうばつ》を押し流し、岸辺をすべて洗掃する潮流の高波にまさって力強い。それゆえみ霊の働

聖霊の大波

きはいかなる尊大な命令といえども、もはや止めることのできない絶大なる衝迫力なのである。たとえて言えば、静かな波打ち際に立っていると、侵蝕作用などまったく起り得ないようにみえても、実は、長い時の経過のなかで、河口をひらき、細く入りくんだ入江を通って大海の水が流れこみ確実に地表を掘り削るように、聖霊の大波がひたひたと迫り来るのである。このような抗し難い圧倒的な恵みと無限の愛について、われわれはどのように言い表わすことができようか。ただわれわれの頭を垂れて、恭しく拝み、あの主、ヤハウェのことばを心のうちに想起するほかはない。「汝ら静まりて、我の神たるを知れ」〔詩四六・一〇〕。

神の霊と人間の霊

事実、聖書の神は、絶えずご自身を人に開き示すことを求める生ける人格である。非人格的な神は、必然的に物質主義と結びつき宿命論を導出する。それゆえ、非人格的な神は、神の名に価しない。それは人間に影響を及ぼすある種の力ではあるが、そのような神とかかわるかぎり、人はついに無神論に陥り、絶望するに相違ない。だが実際のところ無神論者がそれ程多くいないという事実から、人びとが何らかの仕方で人格的な神への信頼を抱いていることが知られる。人間が「霊とまことをもって」〔ヨハネ四・二四〕神を礼拝するとき、神を求め、神のみ霊（the divine Spirit）と交わるのは、人間の霊（the human spirit）であり、この人間の霊が、神のみ霊に満たされ助けられることによってはじめて真実なる生涯を全うすることができる。

「助け主」＝生ける人格

聖霊はみ父の約束であり、イエスが挙げられた後、使徒や信徒らの「助け主」として働く力であるが、この助け主がもし非人格的な力にすぎないならば、キリスト教は、ユダヤ教や有神論一般に留まるのみでなく、けっきょく無神論ないしは汎神論的な祭儀宗教に堕するほかないであろう。その結果、人類の歩みは前進するどころか後退し、聖霊の人格とその働きの無視によって、道徳も宗教もまったく力を喪失するのである。「神のみ子が弟子たちを愛し、彼らと人格的に親しく交わった後に、なお別の助け主を約束するということはあるいは奇異にひびくであろう。が、この助け主こそ、イエスの離去後、聖なる三位一体の神として人間にもっとも近く交わる生ける人格なのである」(Bishop E. R. Hendrix, *The Personality of the Holy Spirit*, p. xi)。

キリスト教は本来ミッショナリーの宗教である。が、その理由は、たとえどれほど人間と社会に深くかかわるにせよ、たんにキリスト教が内包する抽象的な真理内容や倫理教説の中に見出されるものではない。むしろミッショナリーの宗教には固有の力動的性格がある。すなわち、その生命を宣べ伝えるものを捉えて離さない中核になる原体験、すべてのものがこの真理と体験を必要としかつ自分のものとしなくてはならないという確信、そして世を救うための唯一の生ける人格〔イエス・キリスト〕を核とする強力で勧告的な動機づけ、それらが統合されて伝道するミッショナリーの宗教を形づくるのである。

「真理の霊」

かかるキリスト教の伝播に際して、聖霊はみ父とみ子とともにあがないのわざにかかわり、ことに人間が神と共に働くことができるように、一人びとりを啓導し力づけ、その内的姿勢を整えるのである。聖霊はけっして理屈によって真理を論証したり、あるいは権威をふりまわしてこれを強要することをしない、むしろ証しによって働く。すなわち、真理の証人あるいは真理の霊的体現者として立つ。まさしくイエスが「わたしが父のもとからあなたがたに遣わそうとしている弁護者、すなわち、父のもとから出る真理の霊が来るとき、その方がわたしについて証しをなさるはずである」〔ヨハネ一五・二六〕と語ったとおりである。み霊は、真理を霊化するためではなく、人びとを霊化するために来る。それは、人間が真理を掴み、悟りをひらく目をもち、信じる者に与えられる神の力の卓越せる偉大さを知るにいたるためである。

このような意味における真理が人を捉え聖霊の火と結びつけられると、内なる魂に点火され、人間

ヘンリー・マーティン

の霊はいわば主のろうそくになる。そしてバプテスマのヨハネのように、それこそ燭台のろうそく差しまでよろこんで捧げ燃やしつくし、しかもあくまで主人の気高さを前景に押し出すために、自分は消え行くことで満足するのである。「我をしてキリストのために燃えつきることを得さしめよ」と叫呼《きょうこ》したヘンリー・マーティン〔Henry Martyn, 1781-1812 英国教会の宣教師、聖書翻訳者。東インド会社のチャプレンとしてインドへ派遣され、ヒンドゥー、イスラム教徒の間で伝道。新約聖書をヒンドゥー語とウルドゥー語に、詩篇をペルシア語に翻訳〕の信仰の秘密もここにあった。ユダヤの荒野であるいはペルシャの熱砂で、そこに呼ばわる声の主は、いずれも聖霊によって遣わされたゆえの力を秘めた告知者であったに相違ない。かくて聖霊がくだる時、復活のイエスによる「あなたがたは、私の証人となるであろう」という言葉が成就するのである。

心に火を点ずる霊

小アジアの高原地帯では、夜明け頃、婦人たちが戸外に出て、隣り近所の煙突を見渡し、煙の出ている家を見つけると、そこに出かけて行き、燃えさかる石炭を火種に借りてきて自分の家の炉の火をつけるならわしがある。同じように人びとがわれわれの生活に注目しているということがないであろうか。もし聖霊がわれわれの心のうちに聖なる火を点ずるなら、彼らはいのちのぬくもりと霊的な力を求めてわれわれのところに集合しないであろうか。が、人びとが相集っても、もはや煙の出ない煙突のなかに、燃えかすの灰しか見出さないとすれば、これ以上悲しいことはない。

神の賜物

聖霊は神の賜物、み父の約束である。それゆえ、われわれにとっての要諦は、未知のものを求めることよりも、むしろ与えられた賜物を受容する態度である。主イエスは「聖霊を受けよ」と呼びかけた。が、このような賜物の賦与は必要条件の充足を伴うものである。信仰者は神が与えるものを疑わずに受容し、賦与された力の賜物によって前進する。そうすることによってさらに大いなる賜物を得るのである。み父は寛容な約束に基づいて、惜しみなく与えるが、決して無駄をせず、豚に真珠を投げるようなことはしない。したがって、卑しい利己的な動機から聖霊の賜物を求めることはみ父の心を痛め、その結果われわれは宇宙の支配者、その絶大なる人格的力の助けを奪われることになる。

結論

霊的働きの動態についてこれまで考察したところから、われわれは「助け主」（パラクレートス）としてのみ霊について大要以下のごとき結論を得たと思う。聖霊は、旧約聖書における際立った預言であり、新約聖書においては決定的な約束を意味する。神は、み父としての自己を啓示するために、み子をこの世に遣わし、さらにみ子を証するために聖霊をおくった。聖霊は生ける人格であり、この人格性こそ聖霊についての省察に外し得ぬ要諦である。自然的人間のいのちと本性の変革は、聖霊の人格的な力とその働きの動かぬ証左である。しかも聖霊は感性豊かな人格であるゆえに、不信仰で不忠実な人びとの心によって悲しみを味わい、反抗や反発にあい、その働きを妨げられることもまた避けられない。

「風は思いのままに吹く」

聖霊は、世にある人びとの罪をあらわにする。天地がなお混沌の中にあった時、神の霊が自然界をおおっていた〔創世一・二参照〕ように、聖霊は神が未だ現わされていない鈍い暗愚な人びとの上に臨み、類いなき方法で心のうちに働きかける。「風は思いのままに吹く。あなたはその音を聞いても、それがどこから来て、どこへ行くかを知らない。霊から生れた者も皆そのとおりである」〔ヨハネ三・八〕。それゆえ、霊の働きはけっして一定の地理的領域や在来の方法に閉じ込められ得ない。聖霊によって、人びとの心は整えられ一つに結び合わされ、さらに時機を得て指導力が醸成され、徐々に国々の歩む道が拓かれ、神のことばが宣べ伝えられるにふさわしい土壌が備えられるのである。

聖霊の徴

聖霊が働くさまざまなプログラムを通して、そこに顕著な連続性と発展性が認められるが、この事実は、ただに使徒的教会における聖霊の支配と働きのみならず、近時におけるミッショナリー運動を貫流するものであり、われわれは到るところに聖霊の人格的実在とその働きの明白な徴を見るのである。聖霊は、みことばの霊的啓導によって神の意志をあらわすとともに、またみことばの適応によって神の意志を指示する。神は、信仰と聖霊に満たされてみ心を行うものたちを求めている。もしまだみ霊を受けていないなら、これを受け入れる態度を示しさえすれば、いつでも賦与し注ぎ入れることを約束する。

ミッションの進展とみ国の実現は、み霊の働きとその力について十分な認識をもたないと頓挫し妨げられることになる。聖霊は、教会とミッショナリーの働きに対して特別な役割を担っている。が、果して教会はこのことをどれだけ認識し、かつ聖霊の働きにかなったふさわしいあり方を選びとっているだろうか。もしかりに、「大いなる光を見たものの間では、求める熱意がさめ、かえって暗闇のなかにある人々の間により真剣な期待が燃えているではないか」といった問いが出されるなら、事態は深刻であると言わざるを得ない。

聖霊の実

イエスは、み霊による信仰者たちの一致のために、執り成し、かく祈った。「また、彼らのためだけでなく、彼らの言葉によってわたしを信じる人々のためにも、お願いします。父よ、あなたがわたしの内におられ、わたしがあなたの内にいるように、すべての人を一つにしてください。彼らもわたしたちの内にいるようにしてください。そうすれば、世は、あなたがわたしをお遣わしになったことを、信じるようになります」〔ヨハネ一七・二〇―二一〕。かかる一致こそ、恵みの摂理にかかわる比類なき聖霊の実であり、無上の賜物である。教会は、このような聖霊の力強い発露を絶えず祈り、待ち望む。そして神の摂理がここに凝縮される。事実、神の顕現と力にかかわる備えがこれほど整ったのは稀有なことであり、またみ霊による一致を求める広範な祈りが今日のように高まり、時宜を得た例は曽てなかったように思われる。

巨匠の手

いまわれわれは、聖霊の働きを、世界という織物を編むためにはたを動かすひとりの巨匠の手にたとえることができないであろうか。彼の巧みで愛情のこもった手さばきによって、幾千幾万もの金糸が織り合わされ、世界国家を象徴するごとき見事な織物がつくり上げられてゆく。人間は、しばしば万人にとっての父、唯一の神を忘却し、天賦の賜物である兄弟愛を破壊するようなおそろしい過誤を犯す。が、それにもかかわらず、われわれはいま、民族や人種のちがいをこえた連帯と社会的共働、キリスト教文化の振興と神の国の実現へ向けて新しい一歩を踏み出し得ることを確信する。あのみ霊という巨匠の手によって動かされる布を織る織機の梭《ひ》が、緯《よこ》糸を通し経《たて》糸をくぐらせ、ついに人類世界が一つに織り合わされて霊的世界の不思議な一致が成就するにいたるからである。

第三講　祈りの精神——人間の神探求

祈りは神へ上りゆく人間の希求であり、同時に神から下る恵みの賜物である。信仰による祈りは、神をリアルにし、いのちを明るく輝かし、生活をいきいきと拡充する力であるゆえに、人間の生涯が到達しうる最高の峰である。ランバス自身が祈りの人であった。

魂の希求

祈りは、人間の魂が神を慕い求める一筋のみちである。人類は絶えず神を探ね求めてきた。それは、言葉もなく無意識に闇の中を手さぐりで模索するような漠たる営みであったかも知れない。がともかく、祈りは光を求めてやまないすぐれて人間的な情意の発露である。〔最初のクリスマスの夜〕、三人の博士《マギ》たちは東方で救主の星を見て、一途に彼を礼拝することを希った。羊飼たちは夜、羊の群れを見守りながら、ベツレヘムの平野でひたすら祈っていた時、栄光の主に目見えたのである。ローマ治世は外見上一応は平穏であった。がしかし、人びとは胸中深く真の平和への希求をひそめ、ユダヤ全土が約束の救主、メシヤ到来の待望に燃えていた。まさにそのような時にキリストは来臨したのである。

恵みの賜物

祈りは、〔神へ〕上りゆく希求であり、同時に〔神から〕下る恵みの賜物である。それ故言われる。「信じて祈るならば、求めるものは何でも得られる」〔マタイ二一・二二〕。願望は神に向かい、応答は人にかえる。願望は、神への思いに沈潜することによって与えられ、応答は神の慈しみの力を信頼することによって確証される。「主に自らをゆだねよ。主はあなたの心の願いをかなえてくださる」〔詩三七・四〕。ヤコブの夢は、彼にとって神の使いたちが天と地を上り下りする幻となった〔創世二八・一〇以下参照〕。

祈りは神をリアルにする

祈りは神をリアルなものにする。今は事の真相《リアリティー》が求められている時代である。見せかけが通用する時代ではない。人びとはにせものを見抜き、これを軽蔑し、いよいよ本物を掴むことを欲している。何か人間を駆り立てインスパイアーするものが激しく求められている。すなわち物事の真髄、生命的なものへの希求である。もとより、そのすべてが動機において敬虔な神への願望であるとは限らない。しかし、およそ真実な願望には人をして自ら恭順な態度をとらしめるものがある。実際こうした希求・祈願は、通常知られている以上にわれわれの間に充溢している。これにただ一つの要因、――〔祈りを聴かれる〕神――が加われば、虚しい手さぐりの彷徨は終り、すみやかに暗闇から光への転換が生起するであろう。

「わたしがここにおります」

人はいつの時代でも神を正しく知りたいと希っている。このことが成就しないと、人間はついに自己を喪失し、信仰も希望も一切が失われる。他方神は、人がもっとも深い悩みの渕にある時、まさしくそこで神に出会うことができるよう実在的に働きかける。およそ神から出るメッセージは、人間を通して告知されなくてはならない。「わたしはだれをつかわそうか。だれがわれわれのために行くだろうか」という主（ヤハウェ）の言葉が預言者イザヤとの時代的前後の別なく不断にきこえてくる。されば、「わたしがここにおります。わたしを遣わしてください」〔イザヤ六・八〕という預言者の応答、これこそ、いまだ神に出会っていない人びとと、すなわち、現に祈りながら、心の渇きを憶えながら、しかも何故に祈るのか実は殆ど無知のままの人びとに、如何にかして神の働きを告知したいと熱望する真摯な証人すべての応答でなくてはならない。

アフリカの探険家クラップ宣教師は、土着の小さな黒人たちが偉大な至高者「イェル」（Yer）に捧げる悲痛な祈りの叫びを紹介している。「ああ、もしあなたがほんとうに生きておられるのなら、なにゆえ私たちを見殺しにされるのですか。わたしたちはあなたに真っ当な食物を乞うているのではありません。わたしたちは、蛇や蟻やねずみだけを食べて生きているのです。あなたはわたしたちを造られたお方なのに、どうしてわたしたちを踏み倒そうとされるのですか」（Ludwig Krapf, *"Travels and Missionary Journeys in East Central Africa"*）。

祈りの宗教

神を不可解な存在だと考えている人がどうして真の信仰をもち得ようか。神は弱い存在であると思いこんでいる人がどうして強く立ち得ようか。神がわれらを忘れ去られたと決めこむことは、われらの人生の支えや拠り所を全く放棄することを意味する。サバティエ〔Paul Sabatier, 1858-1928 フランスのカルヴァン派牧師、フランチェスコ研究家〕が「宗教とは、生命《いのち》を求める祈りである」と言うとき、彼は全く正しい。原始宗教や原始生活においても事態は同じである。キリスト教は真の生命を慕い求める魂の切実な叫呼《きゅうこ》であり、常に永遠の生命の源である神に向かって心を高く上げる祈りの宗教である。永遠の生命とは、神が真実であるゆえにわれらに自由を得させ、神が愛であるゆえにわれらを豊かにし、神が聖であるゆえにわれらを高くする生命であり、われらの純乎たる大志と高邁な理想をすべて実現に至らせる原動力にほかならない。「こういうわけで、そのことを聞いたときから、わたしたちは、絶えずあなたがたのために祈り、願っています。どうか〝霊〟によるあらゆる知恵と理解によって、神の御心を十分悟り、すべての点で主に喜ばれるように主に従って歩み、あらゆる善い業を行って実を結び、神をますます深く知るように」〔コロサイ一・九〕と証しされている通りである。このように、大志を鼓舞し他者のための執り成しを促してやまない祈り、そのような雰囲気を醸し出すことのできる宗教は、必ずや神を人に近づけ、人を神のもとに引き上げる力をもつにちがいない。ゴール

コロサイ一・九

バーン校長（Dean Goulburn）は言う。「祈りのなかに自分の仲間の人間をもっとも巾広く包み入れるものこそもっとも神のみ旨に近く立つ人である」。

イエスの祈り

イエスは生前、務めであると同時に天来の霊的体験となる祈りを身をもって実践し、模範を示した。それは単に模範というよりは、むしろイエス自身が実際に祈りに祈った驚くべき事実というほかはない。激しい伝道活動のさ中、イエスは祈りのために多くの時間を割き、何よりもその実践によって祈りの必要性を強調した。祈りは単に個人的な好き嫌いによる選択の問題ではなく、必要不可欠なものであり、気分的な問題をこえて、イエスの霊的生活の生命的かつ根本的な法則への心服を意味した。彼は、祈りなしに生き働くことはできなかった。祈りなしに神の国の実現を企てることは全く不可能であり、そうすることはちょうど世の創造の前から目的を定め計画をたてられた永遠の創造主〔たる神〕の助力なしに途方も無い超人的事業を企てるようなものである。

祈りは生活を明るく輝かす

祈りは生活を明るく輝かす。それゆえ萎えた魂のランプに良質の燈油を供給する。祈りは内面の光を明るくし、心の中のすべての陰を消し去り、いっさいの恐れを取り除く。懐疑は人の罪にならない。が、偽善は罪になる。誠実な懐疑から力強い信仰へはわずかに一歩の距離である。生きた信仰は神との交わりを生み出し、この交わりを通して神のみ霊が人間の生活のなかに注がれ、ついに全生涯を神の実在感と聖なる喜びの輝きによって燃やしつくすのである。「彼らは神を見て輝きにあふれた」。神の山（シナイ）を下り来たモーセの面の輝きを説明する理由はこのほかにない。さらに幾星霜を経て、われらの主イエスの山上の変貌にさいして、栄光を与え、あるいは巨匠ラファエル〔Raphael, 1483-1520 イタリアの画家・彫刻家〕の絵筆を奮い起こさせ不滅の作品〔キリストの変貌〕を生んだあの超自然的実在の燦然たる輝きの導因もみな同じである。

祈りは人間の生活をいきいきと拡充する秘訣である。真実なる祈りは決して自己中心的ではない。

むしろ常に祝福する相手を求め、不断に動機をふくらませ、目的を豊かに育てる。利己的な祈りは、自己の人生の究極的関心に対して不真実であり、一方、「祈りを忘却することは、緩慢だが確実な自殺行為を意味する」。祈りなき魂は次第に萎縮し、ついには信仰と人間的努力のいっさいを麻痺させる。

生活をいきいきと拡充する

「いつの時代も、精神的巨人は祈りの人であった」。

ジョン・ノックス

〔スコットランドの〕メリー女王〔Mary Stuart, 1542-87〕は、敵の軍隊よりも宗教改革者ジョン・ノックス（1505-72）の祈りを恐れていた、と言われる。そのノックスは、広い心と絶えずふくらむ大きな幻の持主であった。彼は死の前日、妻を枕辺に呼んで言った。「どうか私がはじめて信仰の錨をおろしたあの聖書の言葉を私のために読んで欲しい」。彼女は夫のためにヨハネによる福音書一七章を読んだ。そしてノックスは「罪のなかにあるこの世のため、偉大な宗教改革のため、教会のため、そして福音の将来の勝利のために」最後の時を用いて執り成しの祈りをささげ、ついに天に召されたのである。

力の唯一の鍵

祈りは、力の唯一の鍵であり、神の国実現の秘密である。霊的生活の最高の力は「永遠の世界との絶えざる交わり」に依拠し、そこからしか生起しない。祈りなしに、愛と助力のたゆまぬ奉仕はあり得ない。このことを真に正しく理解し、かつそのために必要な上からの賜物を賦与されたもの、イエスこそその人である。使徒（弟子）たちのなかで、イエスのように集中して霊的支配の源泉を祈りに集中して求めたものはいなかった。

イエスの祈りと愛のわざ

イエスが生前蒙った絶えざる肉体的、精神的窮境は、われわれの到底はかり知ることのできないものである。実際イエスは、あらゆる犠牲をいとわず、絶えず愛の労苦といやしのわざに生き、日毎の群衆への伝道、不断の弟子教育に挺身した。さらに加えて、厚顔無恥の偽善者たちの中傷、学者、パリサイ人たちのあからさまな悪口雑言を身に浴びながら、しかも心身障害者、あらゆる病人たちの叫びと訴えがすべてイエスの愛の発動を要請したゆえに、彼らをいやす奇跡のわざはイエスの心身をすりへらす苛酷な重荷であったに相違ない。惜しみなく与える愛はあらゆる犠牲を伴う。イエスの場合には、日常生活の表面だけではなく、奥深くその背後の事態を見抜き、人間の苦悩の真の原因である罪責の深みをさぐり、これを取り除くことを願ったゆえにその心労は尋常一様のものではなかった。

ひとりの中風を病む人が担架で運ばれてきた。イエスは、人生に全く希望のないこの男を愛のまなざしをもって見つめ、宣言する。「子よ、元気を出しなさい。あなたの罪は赦される」〔マタイ九・二〕。学者たちが神を冒涜することだと言ってこれを非難したとき、イエスは次のようにつけ加えた。「人の子が地上で罪を赦す権威を持っている事を知らせよう。そして中風の人に、『起き上がって床を担ぎ、家に帰りなさい』と言われた」〔マタイ九・六〕。

マタイ九・二

ひとりの婦人がさまざまな病いをわずらい多くの医者にかかり、その持物をすべて失った。彼女は心のなかで「イエスのみ衣にさわりさえすればいやされる」と信じて、そのみ衣にふれた。するとたちまち病根は消え失せ、彼女はいやされた。イエスは力が自分から脱け出たのを知り、群衆のただ中で振り返って言われた。「わたしの服に触れたのはだれか」〔マルコ五・三〇〕。

マルコ五・三〇

これをたんに神経過敏症と呼ぶことが妥当であろうか。否、むしろこれは惜しみなく自己を他に与える超人的な奉仕のわざである。ひたすら愛を生きぬくこと、この一事を志したゆえに、つねに自らをむなしくし、「人の子は仕えられるためではなく仕えるために、また、多くの人の身代金として自分の命を献げるために来たのである」〔マルコ一〇・四五〕と言われる。預言者イザヤが「彼が担ったのはわたしたちの病い、彼が負ったのはわたしたちの痛みであった」〔イザヤ五三・四参照〕と証したのはこの人のことである。

マルコ一〇・四五

イエスがこのような張りつめたあらゆる緊迫に三年もの間耐えられたということはまったく驚嘆す

べきことであり、絶えざる祈りがイエスを支えた、というほかはない。イエスは祈りによっていよいよ神の実在感を確かなものとし、同時に人間のニーズを知る感覚を深めた。祈りこそ彼の生涯を通してもっとも切実かつ本質的な行為であった。祈りはイエスの自己理解を助け、彼をその固有の使命へと押し出した。すなわち神―人に固有の使命、犠牲においては神、奉仕においては人間としての使命が祈りによって実現されたのである。イエスは神の意志を自覚的に生きぬいたが、その働きと力の源泉は祈りであり、祈りこそ彼がその意志の実現を希求してやまなかったみ父との交わりの手段であった。あのベタニア村で、オリーヴの園で、あるいはガリラヤのヘルモン山麓で、そしてシロアムの谷で、イエスは神との約束と出会いの場を確保し、夜のとばりの下りる頃あるいは朝まだき起き出で、将来を望み見る力を得るために一心不乱に祈った。こうして彼は魂の退修をこころみ、再生を確証したのである。兄弟ローレンス（Brother Lawrence）が正しく言うごとく、「祈りをほかにして神の実在体験はない」のである。

み父との交わりの手段

ガリラヤの若い屈強な農夫たちがいかに艱難辛苦に練達していたとしても、イエスが体験した窮境とは比肩すべくもない。イエスは失われた世の罪の重荷を絶えず全身に背負い、ついには苦き杯を飲み、ただ一人十字架の道を歩むべき最後の時が確実に近づいていることを自覚した。にもかかわらず、イエスは執り成しの祈りを通して神の臨在体験をいよいよ深め、全き確信を得て神に呼ばわることができた。「正しい父よ、世はあなたを知りませんが、わたしはあなたを知っており、この人々はあなたがわたしを遣わされたことを知っています」〔ヨハネ一七・二五〕。

ヨハネ一七・二五

霊〔神〕の国の賜物は、一途で熱心な祈りによってのみ得られる。それゆえ忍耐深く待望し、力一杯奮闘することが求められており、これこそ人生においてもっとも価値ある高貴な人間の本質である。「主に望みをおく人は新たな力を得る」〔イザヤ四〇・三一〕。祈りは彼らの力を地上のものから霊的な

イザヤ四〇・三一

ものに、潜在的な力から現実の力に、そして人間の力から神の力へと変えてゆく。自然界における同様、恵みのみ国においても、一途な願望と絶えざる祈求による以外に、人目につかない隠された不思議な秘密の力を発現する方途はない。真の祈りは、神の臨在と働きの認識をもたらし、そのことを通して魂のヴェールを取り除き、幻の意味を明らかにし、動機を清め、生活を力づけるのである。族長ヤコブは、ペニエルで夜が明けるまで懸命に組打ちし、ついに自己の乏しさと神の働きを正しく知ることができた。その結果エサウの態度が変わり、彼の部族は救われ、生涯のエポックを画するようなあの驚くべき言葉を聞くことになる。「お前の名はもうヤコブではなく、これからはイスラエルと呼ばれる。お前は神と人と闘って勝ったからだ」〔創世三二・二九〕。

ホレス・ブッシュネル

このような近い神の実在体験について、ホレス・ブッシュネル〔Horace Bushnell, 1802-1876 会衆派の最もアメリカ的な自由主義神学者。いわゆるキリスト教養育の意義を説き、アメリカにおける宗教教育原理の基礎をつくった〕にまつわる美しい証言がある。「ブッシュネルは不治の病におかされていた。ある夜、ジョセフ・トゥイッチェル牧師が彼を訪れ、星空の下に二人は対座した。ブッシュネルが『あなたかわたしのどちらかが祈りましょう』と呼びかけると、牧師が、どうか祈って下さいと頼んだので、ブッシュネルは祈りはじめた。彼は面を地につけ、心を注ぎ出し、必死に祈った。そしてトゥイッチェル牧師が後に述懐して、『何も見えない暗闇の中で、手を差出すとそれこそ神にふれはしないかと怖れた』と語ったほど、この時ブッシュネルは、迫り来る近き神を体験したのである」（E. M. Bounds, ***Purpose in Prayer***, p. 40）。

神の力は常に備えられており、無尽蔵である。霊的な力の最大の貯蔵庫がいまも確保されており、事実神のみ霊が注ぎ出される上で今ほど条件が整い、機会の熟した時はないと思われる。われわれがみ霊の力を受けることは神ご自身の意志なのである。だから憚ることなく受けるべきではないか。何故彼を受け入れ、その霊の力に与らないのか。神の国の法則のなかで、服従は要のボルトであり、信仰こそみ国の宝庫を開くマスター・キーである。われわれの祈りがきかれないのは、信仰が乏しく、知恵に欠けるからである。殆どの人びとが真の祈りを理解しないのは、彼らが神の力に与る条件について学ぶことを無視することに起因する。神の力に与ることをねがうのなら、われわれの条件ではなく、神の条件に従うべきである。「偉大な主なる神に通ずるみちは、この世界の中でただ一つ、信仰による祈りしかない。祈りこそ至高の救済源なのである」。

信仰こそマスター・キー

電源（神）と導線（人間）

電線が一本、空中に架かっているとする。その起点は遥か東方の連山の奥深く隠され、延びた導線は、陽が沈む西の平野の彼方に消え、見えなくなっている。なるほどわれわれはこの電線のきらめく光を眺め、その発源地を臆測し、到達点について議論し、あるいはこの導線に通じる電圧や電力を計量することもなし得よう。がしかし、抑も導線が確実に電源と結びついていなければ、いっさいは無に等しい。神の目的、神の力とわれわれの関係もこれと同様ではないか。われわれは、神の力を原動力として活用するさいあまりに無知ではないか。しかも、神の力は無制限であり、神の国の働きのためにはいつでも自由に用いられるべく備えられているのである。

電気技師とキリスト者

われわれは電気技師から教訓を得る。彼は実験室を建て設備を整え、その使用法を習得し、電気の力としての性質を研究する。日のある間は倦まず実験を続け、夜はその結果を夢にみるほど、熱心に寝食を忘れて長い年月研鑽に没頭し、心身を消耗する。彼の友人たちは嘲笑し、世間は彼を愚者呼ばわりさえする。がしかし、最後には電気の驚くべき秘密を解明し、揺るぎなき勝利を得る。キリスト者と祈りの関係についてはどうであろうか。彼は祈りに集中する場所（oratory）を設けない。仮に祈祷室があっても、殆どそこに入らない。密室の戸を閉めない。物事をすべて当然と受けとり、何の熟慮もなしに忙しく立ち回る。けっして自分を犠牲にしない代りに、他に期待することもない。何かに夢中になる熱意をもたず、始めから何事にも懐疑的である。それは恰もおもちゃの機械を作って楽しく遊ぶだけで、しかも何故見るべき結果が出ないのかと訝るようなものである。

祈りの遺産

神の国においては、信仰の祈りにまさる投資はない。真の祈りは、現状に安んじない。祈りは、過去の貯えられた遺産を踏み台にして、将来に向けて飛躍し、常にわれわれに先立ち、導き手となる。「祈りは死なない。祈りはそれを唱える人びとよりもながく生きつづける。世代をこえ、時代をこえ、たとえこの世が滅びても、祈りは絶えることがない」。代々の聖徒たちの祈りは王のみ座の前にたてられる香のようにいつまでも消えない。われわれがいま保持している力の貯えや活動力は過ぎし日の信仰篤き魂の強靱で徹底した祈りの結実なのである。それゆえ、われわれの執り成しの祈りが弱く不徹底であれば、来たるべき世代の災いを招来するにちがいない。特権は大きいが、責任もまた重大である。

祈りの力

われわれには、世界伝道というつとめが委ねられている。そして伝道の企てに関するかぎり、本国の基地は、資金の供給源であるよりはむしろ執り成しの祈りの拠点となるべきである。宣教活動の背後に、なるほど金銭の力は重要で無視できないであろう。しかし、さらに無限に大きな必要は、祈りの力である。祈りは、金銭のなし能わぬ仕方で働き人を確保する。彼らはけっして金銭の力で左右されることはない。神の国は富や雇い人によって実現されるものではなく、むしろ、金銭によらない自由な働き人を求める。本国での信仰のたたかいに勝利する祈りこそ海外伝道の最前線における勝利を確実なものにする。逆に伝道本部の祈りの敗北は前線の塹壕における惨敗につながる。内国伝道と外国伝道を問わず、歩哨任務に立つ孤独な哨兵にとって、母教会における祈りの衰退ほど失望と落胆を惹起するものはほかにない。それゆえ執り成しの祈りによって支援する強固な意志をもたぬかぎり、われわれが伝道戦線に宣教師たちを派遣する権利はない。われわれが祈ることを怠るならば、宣教師たちは危険に晒され、そのことがわれわれにとっては罪責を意味し、いっそう深刻な危機となる。

アブラハムの信仰

人類の贖いの可能性を信じる信仰は神から出ている。およそ救いにかかわる確証はすべて神による。仲間の救いと再生の可能性について疑いをもち逡巡するのは人間である。罪がわれわれの霊的生活を甚だしく侵しているので、信仰の働きも弱められている。だがあの比類なき執り成しの人、族長アブラハムの生きかたはまことに清冽であった。彼は「自分が財産として受け継ぐことになる土地に出て行くように召し出されると、これに服従し、行き先も知らずに出発したのです」〔ヘブ一一・八〕。アブラハムが「堅固な土台を持つ都を待望していた」〔ヘブ一一・一〇〕のは、堅く信仰に立ったあの驚くべき楽天主義のゆえであった。よって証しされる。「その都をもくろみ、また建てたのは、神である」。

ジョン・R・モットの証言

ジョン・R・モット博士〔John Raleigh Mott, 1865-1955 アメリカの信徒伝道者。青年・学生伝道を盛んにし、世界宣教の意識向上に貢献。一八八八年結成された学生YMCAの総主事並びに学生海外宣教ヴォランティア運動の会長に就任。四六年ノーベル平和賞受賞〕は、前回極東を訪問した際、継続委員会を代表して諸会議に出席するかたわら、各地で学生たちのための伝道集会を開いた。ところがモット博士が語る日程をおよそ四十ヶ国のキリスト者学生の群れが前もって確認し、互いに想起し、とりわけ中国と近東における集会のことを憶えて祈りの支援をおくったのである。ニューヨーク州モーホーク湖畔の集会で、モット博士自身が行った報告はこの執り成しの祈りの力とすばらしい働きを余すところなく証言する。

「私は、世界学生祈祷日の日曜日、中国山東省の首都済南（Tsinan）に滞在していた。私は疲労氣味の上、大きなプレッシャーがかかり、祈祷会のために必要な通り一遍の準備もできない状態であった。加えて、この地方を訪れたことのある人でなければ殆どわからない類の様々な困難に遭遇し、またここで詳しく説明する必要はないが、いくつかの理由で、平素にくらべて助け手の数も少なかった。が、私はその日曜日の午後のことをけっして忘れることができない。私の語る一言一句がすべて通訳されていた。その時、会場にあふれていた雑多な構成の中国人学生たちの間に驚くべき沈黙が支配した。神のみ霊が確実に働いたのだ。誇り高き中国の学生たち数百人が、聖書の神、ヤハウェのみ前にはじめてこうべを垂れ、礼拝をささげたのである。そして夕闇が迫り集会が終る前に、何百人もの学生が主なるイエス・キリストの弟子となることを公然と告白した。当日は午後の早い時間に開会したが、集会が四時間も続いたので、われわれはローソクを準備しなくてはならなかった。あの時、済南の都で起こった出来事を十分に説明する明白な理由書があったわけではない。しかし私は、この地球上の到るところで当時盛んにもたれていたこうした集会のために、熱心な執り成しの祈りをささげる様々なグループが生まれ、所によってはかなり大規模な祈りの輪に成長していることを知り、その謎が解けたと思った。後になって私は、その日近東の同労者たちの間でも同様の聖霊体験が起こったことを聞いた。私たちに与えられているこのような圧倒的な祈りの力を、私たちはこれまで以上に確信し、活用しなくてはならない」。

　執り成しの祈りが秘めている力とそのおよぶ範囲、そして祈りの賜物についてはなお明確に捉えられていない。祈りの体験が不十分だからである。祈りの力は、その背後にある神の力のなかに隠されており、なお十分に測り知られていないのが実情である。祈りの力がおよぶ範囲は、しばしば人間の信仰という小さな閉ざされた円で限定される傾きがあるが、実は神の恵みというさらに大きな円がこれをつつみ、人間はいつでも自分の小さな信仰を発動して、神の無限の愛の大海のなかにどこまでも深く参入してゆくことができるのである。祈りの働きは、地上のいかなる保証よりも確実な〔主イエスの〕みことばに根拠をもっている。「今までは、あなたがたはわたしの名によっては何も願わなかった。願いなさい。そうすれば与えられ、あなたがたは喜びで満たされる」〔ヨハネ一六・二四〕。

ヨハネ一六・二四

　おそらく、このような祈りの働きと力について、「福音のためにつながれている使者」を自称したパウロほどよく理解していたものはほかにないであろう。彼はローマからエフェソの教会に宛て、すべての聖徒たち、そして自分のために祈って欲しい、と要請したと言われる。「私のために」と書かれている。パウロ自身、他の誰よりも祈りを必要としたからである。彼は遠隔の地、異教の都に殆どひとりで立ち、しかも諸教会すべての配慮をし、愛する兄弟、忠実な伝道者テキコを自分のもとにおくことを断念し、あえてエフェソの聖徒たち問安のために送り出し、手紙のなかにこう書いている。「また、わたしが適切な言葉を用いて話し、福音の神秘を大胆に示すことができるように、わたしのためにも祈ってほしい」〔エフェソ六・一九以下〕。

エフェソ六・一九以下

　われわれは、キリストと共に「祈りの道場」(the School of Prayer)に参入し、イエスの執り成しの祈りをきくことによって、彼の祈りとわれらの祈りの間に非常な相違があることを知る。一体どこに起因するのだろうか。ケアーズ校長〔前出〕が言うごとく、それは「師イエスと彼の弟子たちの霊的な資質の差異であり、神の側における変化が原因ではない」。イエスの祈りに何にもまして力を与えた三つの要因がある。すなわち、神の実在感、神の力に対する信仰、そしてみ父の意志を行っているという揺がぬ自覚である。何の躊躇もない全き服従、すなわち常に上よりの啓導を喜んで受容する明け開かれた態度がイエスの祈りを貫流していた。

イエスの祈りの三要因

　イエスはこのような服従の信仰によって得た上からの力によって、弟子たちに「真理のみ霊」を語ることができたのである。「その方〔聖霊〕はわたしに栄光を与える。わたしのものを受けて、あなたがたに告げるからである。父がもっておられるものはすべてわたしのものである」〔ヨハネ一六・一四以下〕。こうした言葉には静謐な確信が秘められ、これこそイエスの内的な力と権威と支配の源泉にほかならない。もし同様に執り成しのつとめへと召し出されているわれわれがイエスに倣い、神を正しく知り、み父を信じてその意志を行うならば、キリストの賜物のはかりに従って恵みを受けるであろう。

ヨハネ一六・一四以下

そしてキリストと共にとらわれの民を導き出し、人びとに上よりの賜物を与え、神のみ霊の力強い働きによるこの世の贖いを力強く宣明することも可能であろう。

　ラザロの墓の前に立つイエスの静かにも毅然たる態度は、ご自身の崇高な信仰の深みから出ている。したがって神以外に全く拠り所はない。人間の歴史や天使物語の何処を探してもこれ程の祈りの力を見出すことはできない。死んだラザロの姉妹マリヤが〔イエスの足もとにひれ伏して〕「主よ、もしここにいてくださいましたら、わたしの兄弟は死ななかったでしょうに」〔ヨハネ一一・三二〕言った。マリヤは、イエスの人格とその働きに対して深い共感と信頼を抱いていたが、ここには多少とも悔いの念がこもっている。イエスの来訪が遅すぎたからである。また〔もう一人の姉妹〕マルタが言う。「主よ、四日もたっていますから、もうにおいます」〔ヨハネ一一・三九〕。そこにはいっそう深い絶望感が漂い、イエスはまさしく不可能という事態に直面する。人びとはラザロの死と屍を目の当りにしている。が、その時イエスは、穏やかに教え諭すように応えて言われた。「もし信じるなら、神の栄光が見られると、言っておいたではないか」〔ヨハネ一一・四〇〕。

「もし信じるなら」

ヨハネ一一・四一以下

　彼らは死体が安置されていた場所の石を取り除いた。そしていまや最後の行為、すなわち祈りと信仰のテストとしての奇跡に先立ち、イエスは死人と墓に向かう厳粛な前進の歩をとめ、目を天に上げ、感謝を捧げる。何故に感謝なのか？　有限な人間の目には未だ何事も起きていない。にもかかわらず「父よ、わたしの願いを聞き入れてくださって感謝します」と祈られる〔ヨハネ一一・四一〕。このような言葉を唇に上せることはイエスの立場を危うくすることにならないか。否、かえって強化することに役立っている。それゆえ、このような驚くべき確信の根源に耳を傾けよう。「わたしの願いをいつも聞いてくださることを、わたしは知っています」〔ヨハネ一一・四二〕。ここにはシナイ山で〔神の人モーセに〕与えられた確かな土台、あらゆる時代を通して人びとの心に想起されるあの「主よ、あなたは代々にわたしたちの宿るところ。……世々とこしえに、あなたは神」〔詩九〇・一以下〕という祈りにも比肩される骨太な信仰が証しされている。「私は知っています」。この一句が深い神の摂理の世界を指示し、かつ天と地の二つの世界を一つに結び合わせる。すなわち地上ではわずか十二歳の少年〔イエス〕がみ父のわざをよく知っていた、と記され〔ルカ二・四一以下参照〕、一方天からは彼の伝道活動の初めに神の任職の宣言が聞こえる。「これはわたしの愛する子、わたしの心に適う者」〔マタイ三・一七〕。

万人のための祈り

イエスは友であるラザロやその姉妹たちに対して深い同情を寄せていたが、しかしただに彼らのためだけではなく、万人のゆえに祈られる。「父よ、わたしの願いを聞き入れてくださって感謝します。わたしの願いをいつも聞いて下さる事をわたしは知っています。しかし、わたしがこう言うのは周りにいる群衆のためです。あなたがわたしをお遣わしになったことを、彼らに信じさせるためです」。そののち、大声で「ラザロ、出て来なさい」と呼ばわれた。すると、死人は手足を埋葬用の布でまかれ、顔も顔おおいで包まれたまま出てきた。イエスは人びとに言われた。「ほどいてやって、行かせなさい」〔ヨハネ一一・四三以下参照〕。イエスの信仰が死の縄目を解き放った。彼の動機は、人びとをして、神がイエスを遣わしたことを信じさせることであったが、このような祈りの霊的生命は言うまでもなくイエスとみ父との無比なる交わりに根ざすものであった。

朝鮮半島のリバイバル

祈りはけっして過去の遺物ではない。伝道活動にかかわる強力な祈りの実例はけっして少なくない。祈りが成長し信仰が働く背後には通常その場にふさわしい特別な雰囲気がある。しかし二、三年前朝鮮半島の松都〔Songdo 現在の板門店〕で経験した出来事はまったく稀有なものであった。当時、焦眉の急務は、尹致昊（Yun Tchi Ho）氏にミッションの教育関係の責任者として即刻就任を依頼することであった。しかし正式の任命に先立ってまず厳父尹将軍の了解を得、子息が家業から解かれることが必

ハーディー宣教師の祈り

要条件であった。当時〔南メソジスト監督教会の〕ミッションの責任者はキャンドラー監督（Bishop W. A. Candler）であったが、折悪しく、急用のためいちばん早い列車で松都を発たねばならない事情にあった。そしてちょうど悪天候が続きその日も土砂降りで、道路は殆ど通行止の状態だったので、山上に滞在中の尹将軍が町に下りて来ることなど誰も全く期待していなかった。

ところが、このグループのなかに、将軍の来訪にひたすら望みをかけるひとりの宣教師がいた。これは一人の適任かつ有能な器を、教会の枢要な特務のために確保する大事にかかわるゆえに、彼は将軍の来訪が神の国の実現に不可欠の要件であると確信し、神に嘆願したのである。その日、むろん他の仲間たちも繰り返しささげられる彼の祈りをきき、おそらく穏やかな仕方でともに祈りを合わせてはいたであろうが、確固たる見通しがあったわけではない。第一天候が悪すぎるし、このような道路事情のなかを敢えて下山するものなどいる筈もなかった。加えて、将軍は儒教の立場を奉じクリスチャンではなかったので、ミッションの要請に動かされることなど思いもよらぬことであった。

しかしこのような仲間たちの疑心や懸念にもかかわらず、神と格闘し必死に祈るこの宣教師は、何度も戸口の辺りに出て、山のほうに通じる小路に人の気配がないか、様子を伺い、また自分の祈りの場に戻るということを繰りかえしていた。ところが突然、驚きの叫び声が上がった。「将軍がやって来る！　将軍がやって来る！」。みんなの者が戸口に急ぎ走り寄ると、確かに、ぬかるみのなかを泥をはねながら付添いや随行員を伴って近づいて来る老将軍の姿が見えた。一行が到着し、この威厳のある韓国の元陸軍大臣に、どうして下山されたかという質問が出されたとき、彼は意味ありげな笑みをうかべ、自分でも理由がわからない。ただ矢も楯もたまらなくなって、気がついたら歩き出していた、と答えるのだった。だがこの背後に、尹将軍が下山することを、ひたすら神に嘆願したハーディー宣教師の祈りがあったことを知らぬものはなかった。

元山

平壌

韓国の信仰復興《リバイバル》はこうしてハーディー博士の熱い祈りから始まった。神の働きがたった一人の人間に集中したということではない。むしろ、自分が功なき無資格者であり、しかも神の助力をもっとも必要としているという深い謙虚な自覚をもつものに神が大きく働いたことの証しである。内省と祈りのために何日もの時が費やされた後、元山（Wonsan）の韓国人教会で特別礼拝が守られ、説教をきいた会衆が力ある聖霊降臨を体験した。確信につぐ告白からリバイバルが起こり、信仰の炎は半島一円の津々浦々に燃えひろがった。

「一九〇六年の八月、平壌（Pyengyang）の宣教師たちは、彼ら自身の生活のなかで、神の力を一層深く体験することを求め、そのために八日間に亙る聖書研究と祈祷の集会が守られた。その期間中、参加者はみな韓国、朝鮮の教会のためにすすんで重荷を負うことを誓い、また宣教師たちの呼びかけに応えて、何百人もの韓国、朝鮮のキリスト者たちが、毎日一時間を祈りのためにささげ、聖霊の降臨を願い求めることを誓約したのである。この祈りの協力はその年の秋から冬にかけて間断なく続けられ、ついに翌一九〇七年一月の第一週に、人びとの上に文字通り聖霊がくだり、たちまちのうちに霊の火が全市ならびに四囲の各地にひろがった」（"*The Korean Revival,*" by the Rev. George Heber Jones, D. D. and the Rev. W. Arther Noble）。

この大リバイバルでは、ウェールズの場合と同様、祈りのさなかに聖霊がくだり、悔改めに次ぐ罪の告白、再生と証しがひきもきらなかった。その結果として、一九〇九年には、大規模なミッション・キャンペーンが実施され、教会員は三〇パーセントの増、半年の間に八万人のキリスト教徒が生まれたのである。祈りが正しくささげられるとき、そこに働く神のみ霊に対しては何人も推し測ったり、制限を加えることなどできないはずである。ピアソン博士〔Arthur Tappan Pierson, 1837-1911 アメリカの長老派牧師。聖書修養会及び学生ヴォランティア運動の指導者。韓国ピアスン聖書学校の生みの親〕が言うように、

「伝道の進展のあとを辿ると、どの段階をとってみても、すべて祈りという源泉に直結していることが明白である。祈りこそ、勝利のために不可欠の備えであり、成功の秘訣なのである」。

恵みの手段

祈りは常に恵みの手段である。祈りという霊的なトニック（強壮剤）によって、信仰が強化され、理想が生み出される。祈りは霊的な感性を鋭くし、愛を豊かに育て、兄弟の交わりを深める。祈りが正しく実践され、有効に働くところでは、キリストがますます大きくなり、その生命に与る交わりの喜びが充ち溢れるのである。

祈りの準備

われわれの祈りは、往々にして余りにも貧しく弱々しい。祈りを豊かにするために殆ど時を費やさないからである。力のある祈りはそれに相応した準備を必要とする。われわれは、神の前で祈るために、人の前で話をする準備とくらべても僅かの時間しか割いていない。地上の王に近づく場合でも、慌しくして十分な備えを欠くなど到底考えられぬはずであるのに、われわれは唯一の恵みのみ座に近づくのにせわしく不敬虔な態度で臨み、しかも自分に対する可能なかぎりの恩恵確保だけはひたすら願望する。神がこのような祈りに応えられることがあろうか。霊的な力が強められるのは、力の源であるみ父の働きをただ一途に待ち望むことを措いてない。

祈りと信仰

祈りと信仰は相互に働き作用し合う。絶えず深まりゆく祈りの生活は、単に信仰の成長を要請するだけではない。祈りが新しい信仰を生み出す。一方、信仰の深化は祈りの生活の拡大を招来する。たとえて言えば、天体望遠鏡のすぐれた性能は、天文学者の視界のなかに従来の天体図にない未発見の恒星や宇宙の系類をとらえ、観測者をして、また別の新しい恒星の発見のために、より大規模で強力な性能の望遠鏡を用いたいという願いをおこさせる。こうして彼は、その生涯を通して、未知の宇宙探求に情熱を傾注することになる。信仰による祈りの人も同様である。「神のわざをなすためには、神の力を得なくてはならない」と言われるのは真実である。恵みのみ国の力は、信仰の祈りによって与えられる。ハドソン・テイラー〔前出〕は、一八八九年の上海宣教会議における説教のなかで強調した。「すべての力は神とともにある。神の力は求めることによって与えられる。信ずるものにはどんなことでも可能である」。われわれが神の力に与ることができるのは、実に祈りによってである。祈りは、未知の世界の力をひき出し、われわれの信仰がこれを裏付け実証する。祈りと信仰は、人間の魂が比類なき恵みと無限の可能性という大海に出でゆくとき通過すべき二つの大きな岬である。

祈りは最高の峰

祈りは、人間の生涯が到達しうる最高の峰である。高き峰を登りつめ、人は、そこで輝く陽光だけでなく、また新しい幻を見、深い霊の息吹にふれる。逆に、祈りが思慮浅薄で型にはまったおざなりのものであれば、その人の宗教的経験はまったく乏しくなり、最低のレベルからついに一歩も上にのぼれないであろう。宗教的に言えば、われわれは祈ることによって生きるのであり、祈りによって自らの思いと行いを高く引き上げられるのである。しかるにわれわれは、余りにしばしば、精神的に衰弱し、活力も勇気もない生活をかこちながら、しかも祈りの貧困から脱け出せないままでいる。

真の祈りは労働である

勤労と祈りは相互に依存し、密接不可分に結合している。真の祈りは労働である。しかももっとも激しい労働である。祈りは時間と労力を要する。その上、われわれの祈りに対する応答は、思いもかけない大きな犠牲を伴うことさえある。一方、正しい真実な労働はそのままで祈りである。それゆえいかなる労働も、もし神の国とその実現のために必要な祈りの力を信じないなら、真実その名に価しない。

祈りを妨げるもの

われわれの祈りは、目的を欠くゆえに、無力である。低い動機から出た祈りは当然のこと高い目標を見失う。われわれの祈りが劣弱なのは、われわれの不遜と無定見、優柔不断で短気な性向、一途さと寛大さを欠いた不信仰、すなわち心のうちの隠された罪のゆえである。怠惰がまた祈りを妨げ、正しい願望の欠如も同様である。信仰が一途さを欠くと脆弱となり、隠された罪は神の力を根こそぎにし、ついに敗北をもたらす。心の内なる罪に打ち克つキリストご自身の勝利がなければ、キリストのみ名による祈りの勝利もあり得ない。

ブレイナード

無気力で惰性的な祈りの生活を正すために、以下に掲げるデヴィッド・ブレイナード〔前出 四三頁〕の祈りにまさる強力な励ましはないであろう。「主よ、私はここにおります。私を遣わして下さい。地の果てにまで遣わして下さい。荒野に住む未開の非キリスト教徒たちのなかへ、地上の快適な場所からまったく離れ去り、死の地にまでも遣わして下さい。もしそれが神のみわざの一部として、み国の実現に役立つことでありますなら」。

一七三八年

J・エドワーズ

J・ウェスレー

A・J・ゴードン〔Adoniram Judson Gordon, 1836-1895 ゴードン・カレッジ神学校を創立したアメリカのバプテスト派牧師、教育者〕は、一七三八年という年が、ウェスレー〔前出〕、ブレイナードおよびジョナサン・エドワーズ〔Jonathan Edwards, 1703-1758 アメリカ、ニューイングランド会衆派牧師、神学者。神観においては厳格なカルヴァン主義的立場を貫いたが、J・ロックの認識論を援用して宗教的経験における意志と情動の役割を評価した〕のそれぞれにとって、精神的な危機（spiritual crisis）を克服した記念すべき年であった、という注目すべき事実を指摘している。この年、彼らはみな等しく密室で跪座し、祈りという隠れた場で、彼らの生涯を活きた燃えさかる不滅の炎に変革したみ霊の力（the Dynamic）の働きを体験したのである。ブレイナードとエドワーズはニューイングランドに不滅の火を灯し、ウェスレーはその伝道活動を通して全世界に〔福音の〕光を輝かした。そして、ゴードンによれば、ウィリアム・ケァリーもこれら三人の先達に導かれて宣教師となる召命感を与えられた、といわれる。

幼な子のような信仰

神は、土着の原住民キリスト者のなかにみられる素朴で純一な幼な子のような信仰（childlike faith）をよみされる。彼らは、天の父がその子らの困窮に対しては、いつでも必ず配慮して下さることを絶対に信じて、疑うことを知らない。彼らは合理主義の時代に生きるわれわれが陥りがちな〔神以外の〕

補助的な力に安易に依存する生き方を身につけていないのである。

コンゴ土着の伝道者

　コンゴ河上流のボレンジ地方で伝道したヘンシー宣教師（A. F. Hensy）は、当地の土着の伝道者の一人ロングワンゴ（Longwango）の体験を伝えている。彼はカヌー漕ぎを助ける少年ただ一人を伴ってウンギリ河（Ngiri River）を上る長旅をつづけていた。その途次、彼らは土着民たちが非常に敵意を抱いている地方を通過しなくてはならなかった。ちょうど雨期で水量が増し、附近一帯は沼地で、そのうえ野獣が群がり、食糧が極度に欠乏していた。二人は河の両岸に点在する村々に立ち寄って食糧を買おうとしたが、結果はきまって悪態をつかれ、脅され追い払われるだけであった。ついにある日の夕方、この伝道者は空腹のため全く衰弱し、カヌーのなかにしゃがみ込んでしまった。そしてただひたすら父なる神に祈り、必死に嘆願した。「神よ、どうかわれわれが餓死しないように、ほんの少し棕櫚の油をおめぐみ下さい」。助手の少年は異教徒だったので、これをあざ笑っていた。ところが、彼らがカヌーを漕ぎつづけていると、河の上に土製の壷のようなものが浮いているのが目にはいった。祈りに対する応答があまりに歴然としているので、少年は非常に恐れ、壷には絶対さわらぬよう懇願した。しかしロングワンゴは答えて言った。「私の父〔なる神〕がおくって下さったのだ」。そして水から壷を引き揚げると、ほとんど一杯油が入っていた。しかもこの伝道者は祈りのなかでごく並の棕櫚油「ウントブ」をわずかばかり願ったのに、父なる神はそれ以上のものを下さった。壷のなかには上等の赤い油「ウンコーロ」が満杯だったのである。

使徒パウロ

　異邦人伝道に賭けた使徒〔パウロ〕の生涯は、彼の祈りを通して無意識のうちに、しかも見事に証示されている。パウロの生涯ほど真実で求道的な冒険に充ちた歩みは他に類を見出すことができない。彼の熱い愛、聖潔な大志、果敢なる向上心など、すべては祈りという彼の存在の隠された深みに根ざし、かつそれらは、キリストとの交わりの生活によっていよいよ豊かにされ、高められてゆく。パウロの執り成しの祈りは、断片的ではあるが、その偉大な生涯の全貌を映す傑作である。いかなる伝記作家といえども、パウロの祈り以上に彼の真骨頂を際立たせ描き出すことはできないであろう。

パウロの祈りを通して、われわれは彼の生活のいっそう深みに達することができるし、同時に人間に対する神の啓示のいっそう高きを推し測ることもできるのである。祈りこそまことに「彼の新生の最初の言葉」であった。主ご自身が、サウロ〔パウロの回心前の名〕の宗教的回心のわずか数時間後に「見よ、彼はいま祈っている」〔行伝九・一一〕という意味ぶかいコメントを〔アナニアに〕与えている。彼の新生の最初と同様、おそらく最後の言葉も祈りであったに相違ない。というのも、使徒パウロの生涯はけっきょく執り成しという一つの間断なきつとめに献げられたものであることが疑われないからである。そして全地の諸教会の存続の背後にこの使徒の熱き祈りがあったことを知らぬものはいない。パウロは祈りの火を灯し、そのことによって教会の生命を堅持したのである。

パウロはイエスの十二人の直弟子たちと同様、神の「祈りの道場」に参入した真摯な弟子であった。アラビア〔ダマスコ南東〕における二年間も、たんに思想の再構築のために費やされたのではない。むしろ大部分の時は嘆願の祈りのために用いられたであろう。そうでなければ、パウロがどうしてあのようにキリストの心と精神を帯し、あまつさえキリストとの苦難の共同に与り得たであろうか。主はアナニアに言われた、「わたしの名のためにどんなに苦しまなくてはならないかを、わたしは彼に示そう」〔行伝九・一六〕。あるいは、パウロをして「わたしは、キリストとその復活の力とを知り、その苦しみにあずかって、その死の姿にあやかりながら」〔フィリピ三・一〇〕と語らしめるほどキリストとの深い交わりの実現を可能にしたものは祈りの賜物をほかにしてない。ユダヤ教と袂を分ち、キリスト教を全世界に解放するという大きな企てが、あれほど短時日にしかも強力に推進され継続されたのは、背後にパウロの絶えざる祈りがあったればこそである。というのも、彼の生まれ育ったユダヤ教の世界との訣別は、すべての友人、恩師のもとを去り、あらゆる艱難と迫害、魂の苦悩や死さえ覚悟せねばならない逆境を意味したからである。

南メソジスト監督教会が、中央アフリカの海岸から一五〇〇マイル以上も入りこんだ奥地に伝道の拠点を開設したということも、明確な執り成しの祈りに対する上からの応答、そして聖霊の人格的なリーダーシップが如何なるものであるかを証しする素晴らしい実例なのである。使徒時代から変ることなく計画を立て、時を定め、人びとを糾合して、いっさいを導く主体は、生ける人格としての聖霊である。ただひとりこの神をほかにして、人類の贖いという目的のために不断に働きつづけるものはいない。

ランバスとジョン・ウェスレー・ギルバート

ジョン・ウェスレー・ギルバート〔John Wesley Gilbert ペイン大学教授、黒人メソジスト監督教会牧師。一九一一年コンゴ奥地へW・R・ランバスと共に伝道〕教授と私の二人が海と河川を数千マイル旅してルエボ（Luebo）に到着したとき、南長老派教会の人びとの暖かい出迎えを受けた。そして驚くべきことに、私たちは彼らが実はそれまで十年間にわたって、メソジスト派の働き人の来訪を祈り待っていたことを知らされたのである。何と骨太な信仰ではないか。十年もの間、執り成しの祈りを中断しないで、しかも主が必ずその祈りに応えて下さることを彼らは確信しつづけていたのである。神は確かに応答された。神は約束を忠実に守る真実なお方だからである。

伝道キャラバン

われわれは計画をたてた際、遥か東方になるが、つわものぞろいの偉大なバテテラ族への伝道を企てることが賢明だと考えた。そのためには伝道隊（キャラバン）を組み、六十人の運搬人を確保することが必要であった。しかし四十人しか集まらなかった。ちょうど繁忙な植えつけの季節であった。その上、わずか数ヤードの布地と数パイントの塩のために、恐ろしい眠り病やアフリカ熱、野獣や狂暴な部族に遭遇する危険をおかすことを誰もよろこぶ筈もなかった。苦しい不安な三日間が過ぎた。

が、その時、鐘が打ち鳴らされ太鼓の音が響きわたった。長老派教会の人びとが召集されていた。教会員たちは群れをなして町から出て、森の小路を通ってぞくぞく村に集まってきた。大きな教会が、男、女、子供らで一杯になった。

そこでモリソン博士がアピールを行った。われわれはその時のことを決して忘れることができない。「キリストはあなたのためにご自身を与えて下さった。あなたはキリストのために何をささげたか。キリストはあなたのために死んで下さった。あなたがたのなかで誰がアフリカのために死んだであろうか。私たちは長い間祈ってきた。そして偉大な神（現地語では Nzambe）は、その祈りにこたえて下さった。二人の兄弟〔ランバスとギルバート〕があのバテテラ族の間で伝道するために当地に来られた。伝道者たちのテントや塩や布を運ぶために六十人の助け手が必要であるが、いま四十人しかいない。あと二十人が求められる。あなたがたはここに座りこんでキリスト教の豊かな実を享受し楽しむだけで、この兄弟たちを空しく国にかえし、ルエボの教会の人びとは神のみ力が働く時に、よろこんで手を貸そうとしなかった、と言わせるつもりですか」。すると直ぐ、二十人の背の高い屈強な長老派教会の仲間が立ち上がった。そして代表が答えた。「教会がわれわれの妻子の面倒をみて畑に種を蒔いてくださるなら、われわれは喜んで同行します」。そこでモリソンは自分の前に座っている大勢のクリスチャンたちに向かって問いかけた、「教会は世話をしますか」。彼らは叫ぶように答えた。「はい、もちろんです」。こうしてわれわれは必要な助け手を得ることができたのである。

伝道者ムディムベ

その時ムディムベ（Mudimbe）という当地の有力な伝道者が立ち上がって話しはじめた。「私は自分の仲間が二十人もこの長い伝道旅行に出かけることを申し出た以上、自分だけここであぐらをかいていることはできません。私は実はみなさんが赴かれるルアラバ河に近いバテテラ族の村出身のもので、私の父は酋長でした。しかし、ある朝、私たちの村が大襲撃を受けた時射殺され、私の母は草むらのなかに連れ去られました。私は捕虜として食人種の酋長ウゴンガの宮廷に引張られ、二年間酋長に仕えました。酒宴の席での彼は同席のものの耳を削いだり唇を傷つけたりの横暴ぶりでした。私は数人の少年仲間と一緒に森に逃げこみ、そこで私たちはザポザァップ族に捕えられましたが、その後幸いベルギー人に引き取られ、その指導者が私をこの〔長老派教会コンゴ〕ミッションに委ねたのです。神は私によき導きを与えて下さいました。私は自分が罪人であること、そしてイエスこそ私の救い主であることを知りました。ああ、何と素晴らしい、すべてにまさる恵みでしょう。主イエスは私の罪を赦して下さいました。だからもう私はじっとしておれないのです。私も仲間の兄弟たちと一緒に私の故郷にかえり、神さまのお話しをしなくてはなりません」。私はモリソン博士のほうを向いてたずねました。「この伝道師を割愛しても大丈夫でしょうか」。「こういう事情だから、彼を縛り付けておくわけにはゆかないでしょう」という返事だった。われわれは森をくぐり野を越え、浅瀬をまたぎ河を渡り、村を幾つも通り過ぎて、十日後、ようやくバテテラの地にたどりついた。ミッションの拠点をどこに定めるべきか。

ルエボでの送別会において一〇〇〇人以上の人びとが私たちのために毎日祈ることを誓った。多くの祈願がささげられたなかに、次のような忘れ得ぬ言葉があった。「主よ、どうかこれらの人びとを正しい場所に導き、彼らがそこに到着したとき、そこが正しい場所であることを告げ知らせて下さい」。私たちは毎晩、一日の旅を終え、キャラバンの一行と祈った後、われわれ五人―伝道者ムディムベと二人の土着のキリスト者、そしてギルバートと私―はテントに集まり、さらに祈りをつづけ、協議した。私は何度もくり返し問うた。「われわれは正しい場所に到着したのだろうか。ミッションの拠点をこのあたりに設けるべきか」。するといつもきまって「まだ、まだです。ここは正しい場所ではありません。ここに拠点を設けることはできません」という答えがかえってきた。そこで私はギルバートのほうに向かってたずねた。「どこまで行くことになるのだろうか、ギルバート。どこに腰を落ちつけられるだろうか。何か目安があると思うか。けっきょくタンガニイカ湖まで行きつき、アフリカ大陸を横断することになるのだろうか」。

ウェンボ・ニィアマ酋長

四十二日目の朝、われわれはとある大きな村〔ミバング〕に歩を進めた。大通りは長さ一マイルをこえ、幅は一五〇フィートもある。キャラバンの一行は遅れをとり、みな足が痛み、疲れていた。そのときわれわれがこれまでアフリカで出会ったなかでもっとも大きな男、酋長のウェンボ・ニィアマ（Wembo Niama）が近づいてきて詰問した。「あなたがたは何者か」。私はこう答えた。「バンツ・ウザムベ（神の民）です」。彼は困惑しながらも、喜んだ様子で、自分の未完成の家屋を指さし、宿泊するようにすすめた。私がその家をしらべ、もどってくるとちょうどキャラバンの一行が到着したところであった。ところが驚いたことには、酋長が再びやってきて、今度はムディムベの手をしっかり握っているのである。というのも、酋長はこのムディムベが、かつて少年時代食人種の酋長ウゴンガの宮廷で、捕虜ではなく給仕として仕えていた頃の親友であることを知ったからである。生き別れのまま死んだと思っていたムディムベが、二十年を経たいまよみがえったも同然であった。酋長は自分の施設をすべて開放し、四日間キャラバン全員をもてなしたが、われわれの目的を知るにおよんで同地〔ミバング村〕にとどまることを希望し、さらに是非とも宣教師を同伴するよう懇請したのである。「ウザムベ（神）がわたしを偉大な酋長に育て上げて下さったのは、あなたの民、わたしの民を守らせるためではなかったのか」と彼は言う。二十年という時が経過して食人種の残忍な酋長と目されるウェンボ・ニィアマが、篤信のクリスチャンになり、三百人の教師と伝道者の指導者となったムディムベといま互いに顔を合わせ相見えたのである。祈りは確かにこたえられた。神のみ霊が、われわれを正しい場所へと導き、さまざまな条件を充足し、われわれは神によってミッションの拠点を定めるべく導かれたという確信を得たのである。

真実な祈りは決して無駄になることはない。祈りに対する答えが時として嘆願者の声の止んだずっと後に与えられるようなこともあるだろう。神がアフリカを救うための真剣な努力に対して示される大きな力と励ましの証しには、あの祈りつつ天に召され、今なお語っているデヴィッド・リヴィングストン〔前出〕の執り成しの祈りが大いに与っていると言えないだろうか。

デヴィッド・リヴィングストン

ブレイキー（Blaikie）はリヴィングストンについてこう述べている。「彼をとりまく暗黒の世界、およそ神とイエス・キリストの恵みや愛について無知なるアフリカがキリストへと導かれることは殆ど信じ難いことであった。それだけに、リヴィングストン自身の信仰がこの荒涼たる大地のただ中で強くされなくてはならなかった」。

リヴィングストンの日記には次のように記されている。「主イエスは必ずその約束を守られる。主イエスが恵みと真実とにみちあふれたあわれみ深いお方であることは疑われない。イエスは言われた、『わたしのところに来る者をわたしは決して捨てない』『わたしの名によって願うことは、何でもかなえてあげよう』〔ヨハネ一四・一三〕。彼は必ずその約束を守られる。だから私はイエスのみ許に来て、心をむなしくして私の願いをさし出すことができる。それですべてよいのだ。ここでは本当に疑うことは許されないのだ」。

マルコ一一・二二─二三

主イエスは言われた、「神を信じなさい。はっきり言っておく。だれでもこの山に向かい、『立ち上がって、海に飛び込め』と言い、少しも疑わず、自分の言うとおりになると信じるならば、そのとおりになる」〔マルコ一一・二二─二三〕。リヴィングストンの信仰は勝利した。彼の死のちょうど一年前、彼はニューヨークの『ヘラルド』紙に一通の手紙を書きおくり、その結びのところでモンゴリアのジエームス・ギルモアー〔James Gilmour, 1843-1891 スコットランドの出身。ロンドン宣教会に入り、モンゴル各地を巡回伝道。「モンゴルの使徒」と呼ばれた）がしばしば行ったように、同紙に対する神の祝福を祈った。この書簡には、後にウェストミンスター寺院の墓石に刻まれた有名な言葉が記されていた。「いま私が孤独のなかで言い得ることはただ一つ、アメリカ人、英国人、トルコ人、誰でも世界にひろがる痛ましい傷をいやす手助けをしてくれる人たちの上に天来の豊かな祝福があるように、ということである」。彼の祈りはこたえられた。山は動かされ、開かれた傷口は癒された。アフリカにおける奴隷売買は撤廃され、暗闇につつまれていた最後の大陸は光の楔で打ち破られ、愛と自由と生命の福音によって広く打ち開かれたのである。

宣教師活動の全領域にわたり、祈りとミッションのかかわりを精査した結果、今日の宣教師問題の解決はいつにかかって祈りにあることが判明した。過去においてもしばしば主張されてきたことは、適確な資格をもつ伝道者が二万人確保され、適正に派遣されるなら、世界伝道の目的が三十年間で達成されるという可能性である。そして実際、二万人の伝道者を即刻確保する大胆な努力が必要とされている。おそらくそれがかなわねば世界伝道は覚束ないし、むろん懸命の努力なしに彼らを確保することは不可能であろう。しかもそのさい、祈りによってインスパイアーされ、祈りによって支配されないかぎり、働き人を獲得するためのいっさいの奮闘は空しく、確保された人びともすべて無益である。『汝の働き人たちを収穫のために押し出して下さい』。……今の時代の世界伝道は、何にもまして祈りのリバイバルにかかっている。人間が必要と感じている以上に奥深いところ、むしろわれわれの霊的に枯渇した生活の深き底に、世界人類的な規模における忘却されていた力ある祈りの秘密への希求がひそんでいる」（Robert E. Speer, "Missionary Address."）。

建設的な力となる祈りは、たんに神の意志が行われるようにと受動的に願望することをこえて、神の意志を行うために明確で決然とした目的を設定する。すなわち神の意志が人間の意志を貫流し、人間の霊を力づけることを切望し、そのためにみ心を探ね求めるのである。祈りは目的をもった願望において、大胆かつ執拗でなければならない。そのような祈りはまた切望ゆえの苦悩の表現ともなるであろう。使徒パウロが、聖霊みずから切なる呻きをもってわたしたちのために執り成して下さる〔ロマ八・二六〕と語るのは、まさしくこのような苦悩と呻きとしての祈りにほかならない。

ロマ八・二六

「主の祈り」

「主の祈り」は待望の信仰、大いなる幻、神のみ霊の働きについての果敢なる理解を包含している。「み国を来らせたまえ。み心を成らせたまえ」。この第二、第三の祈りには、律法の尊厳、み国におけるみ民の特権、神の子らの兄弟としての交わりの歓喜などがすべて盛られている。神はわれらの父であり、その隠された霊的な力が潮のごとく迫り来て、個々人の生活を豊かに生気づけるだけでなく、すべての民族、すべての国を貫流し洗いきよめるからである。イエスは自身の執り成しの祈りのなかで、神が父として崇められること、そして人間がみな兄弟として交わりをもつことを倦むことなく希求した。人間は、真理としての神を信じ、キリストの愛によって力づけられ、ともに結び合わされ、神の意志を拠り所として、ついに神の一大シンフォニーのなかに参入するにいたるのである。

極限状況の中で

神の約束は神の摂理と不可分である。幼な子のような信仰をもって祈る心の清い信者たちは、おそらく祈りの内容を論理的に構築したりはしないであろう。祈りはむしろ自然に口をついて出たものであり、不思議はない。摂理は約束と同時的ではなくとも、時を移さず働くものであり、両者にとって共通の鍵は信仰である。人間の極限状況と人間の祈りが神の最上の贈物をもち来らす。すなわちみ子の来臨と働きである。だが確証は存在するのだろうか。神の約束と人間の信仰のなかにその確証がある。祈りの一致と信仰の共同が天と地、神と人を結びつける。「どんな願いごとであれ、あなたがたのうち二人が地上で心を一つにして求めるなら、わたしの天の父はそれをかなえて下さる」〔マタイ一八・一九〕。

三人の年老いたアヘン中毒患者が、二人の土着の助け手によって、北支の保護所に運びこまれた。三人のうち一人の患者は、三日目の夜、死にもの狂いになり、生涯にわたる悪習との苦しいたたかいのなかで、助けを求める叫び声をあげた。彼を運び入れた二人のクリスチャンは彼をベッドから助けおこし、その側に跪座し、祈って勝利した。事の次第はこうである。

「中国大陸の奥深い心臓部の一寒村で、夜三人の老人たちが仄暗いほら穴の中で跪き祈っていた。あの比類なき救い主がそのようなところにおられることがあるだろうか。すでに年老いたものたちを即刻救い出そうとされるだろうか。老人の叫び声が暗闇のなかにこだました。『イエスさま、私をお助け下さい。おめぐみ下さい。どうかいまお救い下さい』。

数分後、苦しんでいた患者は綿入れの上掛けにくるまって静かにベッドに横たわっていた。彼の呻き声は止み、苦痛も取り去られた。間もなく老人は眠りにおちた様子であった。『イエスはまことにここにおられる』と二人はささやいた。そして彼らも朝まで熟睡した」（Mrs. Howard Taylor, *"Pastor Hsi,"* p.73）。

彼らは主の言葉を聞いたのであろうか。確かに主の言葉をきき、心底から信じたにちがいない。主ご自身が言われる。「二人または三人がわたしの名によって集まるところには、わたしもその中にいるのである」〔マタイ一八・二〇〕。このような約束が確証され、また自分を低くする幼な子のような神への全き信頼がささげられるかぎり、世界伝道のみちは、なおけっして閉ざされることはない。

マタイ一八・二〇

第四講　ミッションとその担い手

ここには勇ましい殉教者気取りのヒロイズムやキリスト教を正当化する護教論などではなく、ミッションの担い手であるわれわれの中に最も欠けているものは何かを問う謙虚な自己批判と執り成しの道、万人の隣人たらんと志したランバスの純乎たる献身の証がある。

1　真のミッショナリー

世界をキリストへ導くために要請されるのは気宇広大にして献身的なキリスト教である。そして「キリスト教の栄光とその勇壮な性格（ヒロイズム）は実に伝道者（ミッショナリー）の生涯のなかに秘匿されている」。何故なら真のミッショナリーはすべてその目的、信仰、勇気、雅量、忍耐、犠牲とりわけその歓喜において大胆不屈（ヒロイック）でなくてはならないからである。「師よ、この前のユダヤ人たちは、あなたを石で打ち殺そうとしました。それなのにあなたは再びそこに向かうのですか」。然り、危険な石打ちの場に敢えて立ち帰ること、これこそ、キリストの伝道に欠かせぬ要諦であった。そうでなければ、キリストがみ父への唯一の道であることがどうして知られようか。伝道者が失われたものを探し出し救うために、再び苦難の場に戻ること、これ以外に世界がキリストのもとに導かれる方途はない。

われわれは、あの異邦人への使徒〔パウロ〕を通して、救贖の思想に含まれるキリスト者の労苦の教訓についてもっとも深く学ぶことができるであろう。すなわち、「ユダヤ人たちがアンティオキアとイコニオンからやって来て、群衆を抱き込み、パウロに石を投げつけ、死んでしまったものと思って町の外へ引きずり出した」〔行伝一四・一九〕。が、パウロ自身は、再び「リステラに入って行った」のである。再度石で打たれるために？然り。ジョウェットは問う。「われわれはこの石打ちの場に戻る道について熟知しているだろうか」。それはリステラの町に通ずる危険な帰路であった。だが、そこからまたローマへの道がひらかれる。それは確かに十字架の道であった。しかしそれが同時にいのちの冠をもち来らす。「キリストの苦しみがわれわれのうちに充満するとき、われわれの慰めもまたキリストを通して溢れるのである。……われわれが、キリストと共に苦しむなら、またキリストとともに支配するであろう」。かかる勇壮な生き方は人間の考えに基づくものではなく、神への思いゆえのものである。人間の思いに固執するかぎり、あるいは人びとの共鳴や同意を得ることも容易であろう。しかし神のみ旨に従うとき、あらゆる反対、憎悪、迫害そして剣さえ不可避的となる。それゆえあえてこのような生の選択を動機づけるものは、人間の情念ではない。それはむしろわれわれをとらえ、生気づけ、押し出してやまないキリストにおける神の愛である。

十字架といのちの冠

唯一の福音

われわれには唯一の福音が与えられている。そしてその生命と力を他に宣べ伝えるべく遣わされよ、という果敢な要請が出されている。それゆえ、もしこの呼びかけに応え得ないなら、われわれの理解ゆえに福音は衰頽し、その結果われわれ自身の人格も生涯も希望もすべて損われることになる。そのかぎり福音はもっとも価高き賜物であると同時にまたもっとも危険な所有物である。与えることはさらに得ることであり、与えないことは、持てるものまでも失うことである。そしてついには自己喪失という重大な危機を招来するのである。

しかし福音の意義はさらに偉大である。何故なら、福音はわれわれ自身のものではなく、われわれ以外のものに帰属するからである。その所有権がわれわれを超えたところにあるかぎり、われわれ自身の所有物に比し遥かに大きく価高きものである。われわれはまた、福音をたんに他の人間と共有するものではない。むしろわれわれは、神が共に働いて下さるゆえによろこんで神のために力を合わせる〔第一テサ三・二、第一コリント三・九参照〕と言う意味において、神の同労者なのである。

神の同労者

そして福音の継承は、個人をこえ、常に仲間と連帯することによって一層確実なものとなる。他宗教がしばしば個人的主張に傾くのに対し、キリスト教は絶えず共同の歩みを促し、この点は今日いよいよ強調されている。ただしかし、このような〔福音の〕所有権を悪用することの危険がむしろ目下の焦眉である。何故なら、最高の特権はつねに最大の危険を伴うからである。もっとも微妙な誘惑は、整えられた生活秩序や高邁な理想のなかに巧妙に入りこむ類のものである。

福音を分かち合うことによってわれわれはつねにより大いなる福音、そしてより大いなるキリストを得る。キリスト教の真の栄光と力が発現されるのもそのことをほかにしてない。すなわち所有することではなく、与えることによってである。このような分与の行為と犠牲の精神を通してわれわれは神の本質にふれ、はじめて勇気ある自己否定の極意を知り、われらの主との交わりへとわれわれを導く苦難の奥義を一層深く体得するのである。

苦難の奥義

勇気ある愛の力とその働きを正しく測り得るものは、人間と神の愛の深みをほかにしてない。「彼は、また群衆が飼い主のいない羊のように弱り果て、打ちひしがれているのを見て、深く憐れまれた」〔マタイ九・三六以下参照〕。それは他者の観点からものごとを見、感得する才能であり、まさしく自己をひとたび他者の位置においてみる力の賜物である。それだけでなく、これは他者の実態（ニーズ）、

他者との自己同化

欲求、希望、怖れ、苦悩そして他者の生そのものとの自己同化（identification）を意味する。かかる他

者との自己同化は、自己と自身の興味や利害が視界と意識からまったく消え失せるまでは到底成立不可能なものである。

共感

「愛をほかにすれば、共感こそ人間の心のなかでもっとも崇高な情感である」と言ったのはエドマンド・バーク〔Edmund Burke, 1729-1797 イギリスの政治家・文筆家〕である。たしかに共感は、その高貴さにおいてまた他者の魂におよぶ伝達の力において崇高なものである。人びとはつねにこのような共感を希求しかつこれに自らの心をひらいてきた。

証人の群像
モーセ

モーセの偉大な生涯の一つの頂点は、彼がイスラエルの偶像礼拝という大罪をきびしく批判する一方で、すばらしい自己放棄の精神を発揮し、身代りとなってイスラエルの罪をあがなうことをねがったところにみられる。彼は主のもとに帰って言った。「ああ、この民は大きな罪を犯し、金の神々を作りました。今もしもあなたが彼らの罪をお赦しくださるのであれば……。しかしもしそれがかなわなければ、どうかこのわたしをあなたが書き記された書の中から、消し去って下さい」〔出エジ三二・三一―三二〕。

トラムバル

共感は、人間の心《ハート》の内奥にいたるもっとも直接的な通路であり、隠された魂の泉におよび、罪によっておおわれ葬られた兄弟愛を呼び醒ます。ある時一人の受刑囚がH・C・トラムバル（H. C. Trumbull）を呼び寄せて尋ねた。「あなたが、わたしたちとの間のただ一つの違いは、神の恵みを喜んで受け入れるか否かだと言われたとき、それはあなたがわたしたちに対して共感を抱かれていることを意味するのですか」。そしてトラムバルの「はい」という答えをきいて、囚人は心を開き、こう語った。「わたしは終身刑を言い渡され服役中であります。しかしいまこの世界に少なくとも〔私のことを心にとめてくれる〕兄弟が一人いるということを知ったので、以前よりも心安らかに独房生活をつづけることができます」。まさしく共感によるふれ合いがこの囚人の魂を救ったのである。後に彼は赦免され、地上で兄弟愛にふれたことを心から神に感謝して天に召された。

献身的な勇気ある目的は、ほとんどいかなる分野においても無敵であり、必ず完遂される。おそらくこの世は戦いを挑んでくるであろう。しかしけっきょくは打ち負かされる。揺がぬ目的に根ざした勇猛心は敗北を知らないからである。それは絶えることなく、滅びることもない。エマーソンが言うごとく、「このような果敢な魂のあり様にこそ真の意味における勇壮・献身（ヒロイズム）の名がふさわしい」。

プルータ―ク

プルータ―ク〔四六?―一二〇? ギリシャの伝記作家〕の英雄伝には次のような一節がある。「マルシウスがコミニウスに命じて、敵軍がどのように陣をはり、どこに最強の部隊が配置されているかを偵察させたところ、中央に陣取るアンティナテ人の部隊がもっとも勇猛で好戦的であるという報告を受けた。これをきいたマルシウスは『では他の者ではなく、私をその敵軍の最強部隊と対峙させて欲しい』と要請した」。

天命と使命

キリスト教の内国伝道、外国伝道の歴史を顧みると、ミッションの条件がもっとも不利で抵抗の壁がきわめて厚い困難な地域に、敢えて遣わされ仕えることを進んで希望したミッショナリーたちの実例がけっして少なくない。「神ご自身のリーダーシップのもとでどのような天命があなたの生涯を方向づけようとも、ともかく勇気をふるい、あなたに最高の力を発揮することを要請する仕事を積極的に選びとり、またそのような使命に召し出されることを求めるべきである。時代の未解決の諸問題に対して心をくだき、知恵をつくし、それらがあなたの家族の問題と同じ程度に切実な一身上の問題となるまで執拗にかかわってゆかねばならない。安易な途を求めてはならない。それは子どもの幼稚な状態の特徴であり、大人のとる道ではない。むしろ直面する課題を避けないで、困難な課題にこそ敢然と立ち向かうべきである。そのためには力が必要だ。が、課題と取り組むことによって力が湧いてくることもまた事実だからである」（Bishop Brent, *Leadership*, pp. 245-46）。

自己犠牲の精神

大胆勇壮な男らしさ、静かにも凛とした女らしさをはかる確実なテストの一つは、自己犠牲の精神である。もとよりこれはミッションに限られたことではなく、人間の生のあらゆる領域で、しかもしばしば思いがけないところに見出される。世の人びとがいつでも自己犠牲を選びとる生き方ができるとは限らない。しかし誰もがこれを求め、期待していることも事実である。そしてそのような生き方を見出すことのできない場合には、失望する。ここで言う自己犠牲とは、時として生命を投げ出すことも辞さない自己否定であり、したがってそこには懐疑をこえる信仰、弱さを圧倒する強さ、あらゆる不安を拭い去る真の勇気が充溢し、死をも怖れないで、自分のつとめを敢行するのである。

ウィルソン大統領

ウィルソン〔Woodrow Wilson, 1856-1924 米国第二八代〕大統領が人間性のテストについて次のように語っている。「人間の一生はひと息のようだ。しかし短い生涯がもし栄光のたいまつによって照らし出されるなら、それは光さえ見えぬまま闇のなかで生きながらえる千年にまさる……それが人間のテストであり、ヒューマニティーを問うことの謂れである。またそのままでキリスト教の誉れあるしるしともなる。すなわち、人が自分にとっての結果がどうであれ、自分以外のもののために己れを捨てる志をもつか否かである」。

一人の機関士

ウィルソンがかく語った後間もない頃、驚くべき仕方でこれを実践した証人がいる。乗務中壮烈な犠牲死を遂げたフィラデルフィア―ニューヨーク急行の機関士ウィリアム・カー氏である。ボイラーの導管が破裂し、沸騰点にも達する蒸気を全身に浴びたカー機関士は、大やけどのために眼がつぶれ、瀕死の重傷を負ったにもかかわらず、「懸命に蒸気管を閉め、ついにエアーブレーキをいっぱいに絞り切ったので、車輪はぎいぎいきしむ音をたてながらレールの上で停止した。しかし、その時彼は力つき、機関士室の床に倒れついに息をひきとった」。ベルギー王アルバートはヨーロッパ〔第一次〕大戦

ベルギー王アルバート

の後、エリザベス女王から一通の手紙を受け取った。そこには兵士たちの悲しみや窮状に対する同情とともに、アルバート王を戦争の英雄としてたたえる賛辞が記されていたが、これに対する王の返書のなかに、彼の崇高な精神を物語る一節が見出される。「私は英雄ではありません。ほんとうの英雄たちは前線の塹壕のなかにいます」。

勇壮な精神は偉大な行動となってあらわれる。行為における大胆さこそ肝要であり、はなばなしい振舞いは無用である。志を高くもてば悪しき英雄主義は消え失せる。高邁な志と理想、そして神への揺がぬ信仰に基づく高潔な行為が求められている。蓋然性の比較検討をこころみたり、義務感を伴った便宜主義に立って適当な調和をはかることなどいっさい無縁である。むしろ安全性や安易さをいさぎよく斥け、人生の唯一の偉大な目的のために他のいっさいのものを断念するのである。しかも真の英雄は自分が何かを捨てるということさえ意識していない。彼にはおよそ「費用、健康、生命、危険、恨み、恥辱、などに無頓着な」資質がみられる。

真の英雄

モーセ

このような真の英雄としてあげられる最もよい実例はモーセであろう。彼は王女の子と呼ばれることをあえて拒み、「地上におけるしばらくの楽しみを享受することよりも、むしろエジプト人によって酷使されている神の民〔イスラエル〕の苦しみを共有するみちを選択した。キリストの苦難を想起するにつけ、モーセこそエジプトのすべての富にまさる価高き生涯を全うした勇士であった」。彼は王の怒りも恐れなかった。「見えない主なる神〔ヤハウェ〕を見上げて耐え抜いたからである」。

約束の地へ

この偉大なイスラエルの律法授与者は燃えるしばの前に立った。その瞬間、羊飼モーセが預言者となった。そして神の民の奴隷の身分からの解放と約束の地への帰還という幻が彼に与えられた。その実現は荒野の道を通り、骨折りと苦難を経て全うされるものであり、彼はその矢面に立つほかはなかった。しかしモーセは勇壮大胆な魂の持主であった。富も名誉も地位もけっして彼の魂の輝きを曇らせることはなく、また彼の目的の力を衰弱させることもなかった。だがしかし、奴隷生活が徐々に彼の民らのハートを蝕み、その人格をおかしはじめていた。人びとは神への信仰を失い、全く物質主義に陥り、その結果彼らはエジプトの主人たちのむちの前に背を曲げ、引きずりまわされるもの言わぬ動物のように、すでに骨抜きの状態になりさがっていた。彼らを救出しうるものは果敢な自己否定、勇猛心、そして偉大な思想から生ずる霊感をおいて他になかった。モーセはそのことを熟知していたゆえに、彼の信じる神が与える課題に生涯を捧げ切ったのである。その課題とは、臆病な人びとの性根を改め、勇者に叩き上げ、奴隷の群れを糾合して国を建てることであった。ひとりの人間の肩にこれほど大きな使命が課せられたことが曽てあったであろうか。アフリカの諺に言う。「あなたが金敷《かなしき》〔鍛造の際被加工物をのせて作業をする鋳鉄の台〕なら、忍耐せよ。あなたが金づちなら勇猛果敢に切り打て」。

されば「理想を追求し、度量を大きくもち、勇気をふるいおこすことが真の英雄を生み出す必須要件である。歴史を通して、人類を照らす光あるいは灯台として輝き立つ人びとはみなこのような資質のゆえに賞讃された。物質中心の考え方に立ち、懐疑的で臆病な人間は決して真の英雄にはなれない。われわれはしばしば現代人の非英雄的性格について語り、今日ではもはや真に献身的な意味での英雄など存在し得ない、と断ずることがある。そして理由としては、われわれのぜいたくな暮し向きをあげるのであるが、しかし諸君、あなたがたの生き方を非英雄的にしている原因は、けっしてあなたがたの絹やサテンの衣服あるいは豪華な邸宅や家具の類ではない。むしろそれは崇高な霊性に基づく理想、高潔な熱意、そして我を忘れて邁進する勇気の欠如に起因する。むろんこうした志気を獲得するためには、あなたがたの快適な生活を放棄する必要があるかも知れない。しかし、真に献身的な生き方を妨げているものは快適な生活条件そのものではなく、むしろ内的な心意気の欠乏である。背後に奥深く潜む原因を正視しないで外的な現象を非難しても、あまり意味はないであろう」（Phillips Brooks, *Sermons*, "The Heroism of Foreign Missions," pp. 173-74）。

霊感（インスピレーション）

人間のうちに献身的な魂の炎を燃え上らせずにはおかない霊感（inspiration）は、不可見的、超越的な次元から来る。そのような霊の領域にはいかなる制約もない。物質主義的な動機や人間的な一時の衝動には散発的な行動へと駆り立てること以上のものはない。むしろ反動が不可避的である。絶えず湧き出る霊感と献身の志は、他を征服し支配する能力ではなく、むしろ捨身になる度量と結合している。すなわち（天）上からの声、われわれの外からわれわれのうちに働きかける大きな力に自分をあけわたし、よろこんでこれに賭けてゆく志である。人生においてあまたの偉業を達成した先人たちはみな、けっして自ら人生の目標を設定したというよりは、むしろ大いなる目標を与えられ、それに捕らえられた人びとである。

キャプテン・オーツ

この世界にいわゆる英雄的な生涯を全うした男女は決して少なくない。たしかにあのスコット海将〔Captain Robert Falcon Scott, 1868-1912 英国の南極探険家〕のような人物の死は数少ない残念な事例にちがいない。彼は生き残った自分の仲間四人を伴い、絶体絶命の危険を冒して南極に到達したが、帰還の小さい基地《キャンプ》まで十一マイルの地点でついに不帰の客となった。他方、キャプテン・オーツ（Captain Oates）の場合のようなすばらしい犠牲行為の実例もけっして少なくない。すなわちこの勇壮な魂の持主は、自分が回復の見込がない凍傷を負い一行のお荷物であること、そして自分がいなければ残りの人びとの助かるチャンスが増大することをよく知っていたので静かに一言、「ちょっと外に出かける。すぐまた……」と言い残して大風雪のなかに姿を消し、ふたたび帰ることはなかった。彼のねがいはただ一つ、他の人びとに助かるチャンスを与えることであった。

スコット最後の日記

スコットの最後の日記は次のような言葉で結ばれている。「燃料は暖かい食事一回分、そして食料も二日分しか残っていない。われわれは衰弱しており、もはや書き綴ることも困難である。しかし私自身としてはこの旅をけっして後悔し悲しんではいない。この探検旅行を通して、英国人たちがよく困難に耐え、互いに助け合い、先人たちと同様、堅忍不抜の精神をもって死に立ち向かいうることが証明されたからである。……事態はわれわれに全く不利となっている。だがわれわれは不平を言う理由をもたない。むしろなお最後の一瞬まで最善をつくすことを固く決意し、ひたすら神のみ心（Providence）によりすがる」。

ここテネシー州における献身の灯がたとえ失われそうになっても、あの州会議事堂が建つ丘には絶えずたいまつに点火する炎が消えないで燃えている。それはあの若きデーヴィド・ブレィナード〔前出〕の精神である。彼は不名誉な生を拒み、むしろ名誉ある死を受け入れ、「私は、私の信条を裏切るより一千回死ぬほうを選ぶ」と言い残し、従容として天への門をくぐったのである。

この言葉には、果敢に生きそして死ぬことのできる人間の高貴な精神が充満している。彼らにとって真実を貫くことは幾百幾千の生命を得ることよりも尊く神聖なのである。われわれの時代がこういう人間を数多く生み出すなら、教会も国家も健全である。しかしもしそうでなければわれわれの民族も国家も、悲惨にも地上から消え失せ、キリスト教文明も没落するほかはないであろう。

私は、自分がしなければならないことに
敢然と立ち向う人を熱愛する。
そのような人は意気揚々たる足どりで
人生行路を元気はつらつ闊歩し、
恐れずに日毎の戦いに挑み、

たとい望みが薄くなっても、
なおゆるぎない確信に立っている。
彼は、神が神であり、つねに真実にして義なること、
神の計画がすべて人間のために立てられていることを信じて疑わない。
この世が価値ありと認めるような幸運が
自分の手でつかめぬ時には一滴の涙も流さない。
却って、愛による一片のパンは、不名誉な飽食にまさることを知り、
妬まず、人間への信頼を失わないで、
つねに最善をつくし、自分の惨めな運命を
託《かこ》つこともしない。
むしろたえず微笑を忘れず、
希望の言葉を語り、
骨折って働く一人びとりを熱心に励ます。
このような勇気ある生き方によって
自らの運命を克服する人こそ、
真に偉大と言うべきである。

ブレィナード

今から一〇〇年以上も前に遡るが、ニュー・イングランドの森で一人の青年〔ディヴィド・ブレィナード〕が跪座し熱心に祈っていた。彼はアメリカ原住民たちのために必死に祈りつづけ、純白の雪の上にひたいの汗がしたたり落ちていた。いまこの青年の生涯を垣間見るために彼の日記を開いて数節

を読んでみようと思う。「私の常食はたいていとうもろこしのかゆ、ゆでたとうもろこし、残り火で焼いたパン、そしてたまに少量の肉とバターをつけたものである。私のベッドはほとんど地面に密着して敷かれた台板にわらを積み上げたもので、私は床なしの丸太小屋を宿所にしている。私は三月の初め以来（八ヶ月間）、（馬に乗って）三千マイル以上も各地を駆けめぐってきた……しばしば森の中で道に迷い……夜は野宿し……穀物を貯蔵する小屋に忍びこんで干竿の上に寝たことも一再ならずある」。

当のブレィナードには、自分の生涯の目的に関して迷いやためらいがないだろうか。自分の選択を後悔していないであろうか。否、彼は倦むことなく働き、アメリカ原住民達に福音を説き「信仰問答」を教えた。そして彼らの間で光の天使のように活動し、キリストの名によって彼らと共に熱心に祈り、貪欲で無節操な白人たちに抗して彼ら原住民たちの主張を弁護した。白人が彼らをひどく痛めつけ搾取していたからである。ブレィナードは彼らの身体的、精神的な幸福のために精力的に働きつづけ、自分を犠牲にすることを全く厭わなかった。しかしついに力を使い果たし、彼の生命は燃えつきたようにみえた。そして苦難にみちた長い旅のすえ、彼は自分の故郷ニュー・イングランドに辿り着き、そこで天に召された。

彼は死の床にあってもなお自分の愛する原住民たちのために神に嘆願することを努め、また彼の兄弟ジョンが引き継いで使命を担う決意を表明するに至る時まで、執り成しの祈りをつづけたのである。ディヴィドの枕辺にこのジョンが立ち〔エリヤがエリシャの上にかけた預言者の使命と〕力を象徴するような外套に手をふれ〔列王上一九・一九参照〕、そこに居合わせた偉大な説教者J・エドワーズが傍らで同様に胸を躍らせ、福音的伝道への情熱に燃え志を同じくして立ち上がろうとしている情景のなかに、われわれはもう一人のお方〔生けるキリスト〕が彼らと偕に働いていることを感知する。そしてブラウニング〔Robert Browning, 1812-1889 英国 Victoria 朝の代表的詩人〕の詩の一節を想起するのである。

私がかく叫び求めるのは、
強さの中の弱さである。
肉なる私が生ける神をしたい
ひたすら探し求め
ついに神にまみえる。
サウロよ、神のみ顔は
あなたを受け入れる私の顔に似ている。
神は人のようだ。
あなたは彼を愛しかつ彼にいつまでも
愛されるであろう。
神のみ手は私の手のようだ。
み手があなたのために新しい生命の門をひらく。
視よ、そこにキリストが立ち給う。

真のリーダーシップ

〔アフリカの〕原住民の間では真のリーダーシップは果敢な英雄にまつほかはない。英雄の資格に欠かせない一つの要素は勇気であり、白人はこれなくしては軽蔑されるであろう。しかしむろん個人的な武勇よりさらに深い価値を有するのは、私利私欲を離れた公平と不退転の目的、そして人格の奥深くに秘められた絶対的な確信である。かかる確信の全身に充満せる丈夫《ますらお》のリーダーシップは、未開拓の領域を切り拓く場合でも、ミッションを創設する場合でも、あるいは教会や国家における強力な行政を促進する場合でも、いかんなく発揮される。

原住民は身体的な勇気において欠けるところはない。一人のアフリカ人猟師が日没の頃帰宅したところ、留守中に彼の小屋を豹が襲い、彼の妻を森林の中へ連れ去ったことが判明した。血のあとを追って一部食いちぎられた妻の死体のある場所に来たこの猟師は、残忍な野獣にすばやく間違いなく復しゅうすることを誓った。一旦自分の小屋に帰り、体力をつけるために自分で料理し食事をとったのち、彼はナイフとやりを研ぎ、帯をしめ、森に引き返した。棕櫚の木の枝や象が食べる草の束をおおいに使い、妻の死体を自分の胸のあたりまで持ち上げた。こうして彼は背中で木に寄りかかる格好で、長時間息をころしてじっと豹が戻ってくるのを待った。やがて豹が現われ、地面を嗅ぎながら音を立てないでそっと近づき、餌食に飛びかかってきた。猟師は野獣と一緒に地面を転がり、食うか食われるか、命がけの格闘となった。ついに猟師のナイフがぐさりとささり仇を討ったが、彼自身、横腹と肩を野獣の爪で引き裂かれ重傷を負ったのである。

このような武勇伝に感服しないものはないであろう。私にこの話をしてくれたベルギーの将校も率直に感想を述べ、このアフリカ人はきっと偉大な兵士になるだろうと語った。私はむしろ彼が立派なクリスチャンになるにちがいないと思った。原住民のかかる勇猛心はしばしば部族への忠誠あるいは時として先の事例のように家族に対する愛情を伴って発揮される。けれども、こうした美徳はまた容易に悪徳にも変わるものである。極端な形をとると激しい反目を伴う暴動や個人的な報復行為を惹き起こすことになりかねない。しかし他方、正当な動機と高貴な目的そして神への信仰に支えられるなら、先にあげた徳目の実践を通じて忍耐深い強靱な精神の人格が形成され得るであろう。現に教会や伝道地の到る所でキリストの名と力による新しい人間形成のわざがすすめられている。

イエス・キリストの献身的な生涯とその究極目的は人びとの救済であった。このことが神の意志と

ピラトの前に立つキリスト（ドーレ）

キリスト復活の勝利

計画に適う仕方で実現されるためにキリストは天から遣わされ、自らをむなしくされたのである。キリストの受肉の生を支配し、地上のつとめを鼓舞し、苦難の直中で彼を強くし、あのゲッセマネの園で、十字架上で、彼の死の苦しみを支えた力はほかならぬこの人間の救いという神ご自身の目的であった。それゆえ真の意味における寛容と平安、栄光と力はすべてキリストのものである。この消息を見事に描き出した傑作は巨匠ドーレ〔Paul Gustave Doré, 1832?-1883 フランスの画家、彫刻家〕の絵筆になる「ロマ総督ピラトの前に立つキリスト」であろう。裁判が終り、判決が下された。いまや興奮した熱狂的なユダヤ人群衆がおそろしい暴挙に出ようとしている。彼らの真中に、大きな階段を降り来るキリストの荘厳な姿がある。彼の内には、群衆とは異なる〔見えない〕別の大きな存在、ローマ帝国のそれよりもはるかに大きな神の力、そして神と偕にある信仰に根ざした平安が深く自覚されていた。これこそ真の人にして、真の神、キリストこそすべてのすべてである、という生ける証言にほかならない。われわれに生の意義と死の秘義を解き明かす主体はキリストである。キリストはまた、服従を喜びにかえ、新しい勇気と希望を与え、われわれの理想を鼓舞し、もっとも苛烈な試練のなかにあってなおわれわれを支え、苦難の経験や奉仕の喜びの深い意味を闡明する力の源にほかならない。

世界を〔キリストへ〕導くという課題はおよそ人間的基準で計られるかぎり到底実現不可能であり、どのような観点からみてもその困難を克服することはできない。非常な重荷であるゆえにもっとも堅固にして恐れを知らぬ魂の持ち主もたじろぐほどである。もしかりに粗暴で獣的な人びとの間で戦争がはじめられるということになれば、それは最も強靭な精神をさえ揺さぶるに相違ない。そしてこのたたかいが人間の霊性の領域にもちこまれるなら、それはこの世の君主によって支配される闇の権力機構との衝突・対決を意味する。弟子たちはイエスが死の蔭を歩み墓の門をくぐったとき、非常な恐れとおののきを経験し退散した。いっさいが失われたようにみえた。しかしイエスが復活したという体験によって彼らの間に新しい希望が生まれた。挫折した男たち、さげすまれた婦人たち、離散した弟子たちの群れの直中においてさえ、もはや絶望が支配することはなかった。キリストは生きておられる！　それゆえキリストと共に彼を信じる者もみな生きつづけ、贖われた世界のなかで働くことができる。そしてキリストを通して働く神の霊の力によって、たんなる征服者ではなく、真の勝利者たり得ることを彼らは体験したのである。

キリストの勝利の力の秘密は何か。もしキリストが、われわれに向かって全世界に出て行き、伝道せよと命じ、ただそれだけのことで終るのであれば、われわれの希望はまったくはかなく空しい。だがしかし、キリストは伝道を命じるだけでなく、われわれと道行を共にし、伝道途上における疲労、夜の見張りと孤独、そして使命と目標達成のための労苦などいっさいを分かち共有して下さる。「わたしは天と地の一切の権能を授かっている。だからあなたがたは行ってすべての民をわたしの弟子としなさい……わたしは世の終りまで、いつもあなたがたと共にいる」〔マタイ二八・一八以下参照〕。このようなつとめを担う使者はいつも元気に溢れ喜びに満ちているはずである。というのも「われらの救い主は、約束の言葉を通して、彼の教会の拡張だけではなく、同様に救い主自身の人格とその働きの意味を証しするように備えて下さるからである。実際このように言われる。私はあなたがたの出立のさい『エルサレムからはじめ』いつも完全にあなたがたと共にいた。だからあなたがたの到達するところ、すなわち『地の果てまで』も私はあなたがたと共にいるであろう。これこそ、次のような救い主の言葉をよく説明し裏付けるものである。『わたしが去って行くのはあなたがたのためになる。わたしが去っていかなければ、弁護者はあなたがたのところに来ないからである。わたしが行けば、弁護者(Comforter)をあなたがたのところに送る』」〔ヨハネ一六・七〕」〔A. J. Gordon, *The Holy Spirit in Missions*, p. 79〕。

マタイ二八・一八以下

ヨハネ一六・七

勇気ある英雄的な生き方を選びとりそのように働き、死んだ人びとはけっして少なくない。これからも絶えないであろう。けれどもこの世は、英雄的な人びとの生涯とその輝かしい功績によってだけではなく、ほんとうはむしろ彼らが苦難をうけ死を味わったことによってこそ豊かにされるのであり、そこに神の意志が働く。サバティエ〔前出〕は言う。「献身とは、つねに一つのこと以外はまるで目に入らない、無我夢中のあり様ではないか。畝《うね》の間のみぞを肥やすためには、アウグスティヌスが言う意味での心血と涙をともに注ぎ出すごとき辛酸をなめなくてはならない」。

R・ルルスの伝道精神

真に勇気ある献身の証しとしてライムンドウス・ルルス〔Raymond Lull, 1235-1316 スペインの神秘的思想家。三〇才頃十字架のキリストを見る神秘体験により回心。イスラム教徒への伝道に心血を注ぐ〕のそれにまさる実例は稀れであろう。彼は自分の興味や利害には全く無頓着であったが、彼が限りなく熱烈な愛をささげたキリストの意志が何であるかについて無知であってはならない、ただこの一事を肝に銘じたのである。そしてその献身の生涯を通して、彼はアフリカの北部沿岸にそって畝のみぞを耕し、自己を全く捧げ切り心血を注いで奮闘努力した結果、広大な荒地が豊かな緑地に変えられたのである。

宣教師活動にそなえるルルスの準備の段階がすでに雄々しいものであった。彼が九年間、一人のアフリカ人に助けられ黙々と実に熱心にアラビア語の習得のために苦労したことも一つの証しである。彼はまた教会に向けても勇敢にアピールした。何回となく修道院、大学、教会会議そしてローマ教皇庁にも足を運び、イスラム教徒伝道への関心を惹起すべく尽瘁したのである。反応は、冷淡に扱われるか、全く拒絶されるかのいずれかであった。しかし彼の熱意は不屈のものであり、海外に出かけることを止められると、次は直ちに母国在住のユダヤ人たちの回心のために熱心に働くというふうであった。そのさい当然のこと、ユダヤ人たちの根深い偏見にもとづく猛反対に会い、憎悪が高じて非道な審問を受けることもしばしばであったが、ルルスの熱意は純一な伝道精神に裏打ちされ、微動だにしなかった。

彼の伝道旅行は実に雄々しく果敢なものであった。単身キプロス島に渡り、シリアに上陸の後、アルメニア〔西アジア南コーカシアに位置するソ連邦共和国〕の奥地まで足をのばした。それも彼のユダヤ人伝道への弱まることのない熱意のなせるわざであった。しかし彼の献身的かつ高潔なる勇猛心がいかんなく発揮され、聖パウロの体験をわれわれに想起させるような顕著な働きは、彼のアフリカ伝道であった。ルルスはイスラム教徒たちをキリスト教信仰へと導くために何回もアフリカに出かけ、その最後は壮烈な殉教の死であった。

ジャドスン夫人

ミッションの歴史をかえりみて、ジャドスン夫人（Mrs. Adoniram Judson）が証した崇高な信仰と勇気もまた比類なきものであろう。一八二四年、ビルマと英領インド〔現在では歴史的な名称〕の間に第一次ビルマ戦争が勃発した際、ジャドスン一家は首都アヴァに居住し、戦禍を避け身をひそめていたが、虎視眈々と機会をねらっていた刑執行官がついに宣教師館の中に踏みこんできた。ジャドスン博士〔前出〕は路上に投げ出され、自分の妻の眼前で手足を縛られそのまま死刑囚の収容所に連行されたのである。足かせをかけられ、三組から五組のペアごと監房に詰めこまれたまま、ジャドスン宣教師はおよそ百人の死刑囚とともに一年七ヶ月の間獄舎生活を強いられた。そしてこの恐怖の日々を通してジャドスン夫人の驚くべき信仰と勇気が陰ることのないすばらしい光輝を放ったのである。

彼女はくる日もくる日も、必要な書類をととのえ、夫が監禁されている獄舎の環境改善のために嘆願しつづけた。しかし担当官吏は「あらゆる悪意をむき出しにした表情」で、囚人たちは言うにおよばず、彼女自身についても完全に当局の支配下にあることをくり返し強調し威嚇したのである。苦心惨憺のすえ、彼女はやっと夫の所に辿り着いたが、夫は鎖で繋がれたまま戸口まで這ってくることさえ殆ど無理な状態であった。彼女が夫とのわずかな刻を惜しんでいると、看守が来て彼女を押しのけ、

「退去しろ、さもないと引きずり出すぞ」とおどしつけたりした。女王への直訴は退けられたが、ジャドスン夫人は七ヶ月の間自分の抗議を更新しつづけ、そのためにほとんど毎日、しかも熱帯の太陽が照りつけるなかを徒歩で宮廷の誰かを訪れたのである。艱難辛苦のなかにもけっしてうろたえることなく彼女は孤軍奮闘し、ついに看守たちの信用をかち得て、獄舎にとらわれている人びとが就寝のさい使用するベッドを確保した。また繋がれている人びとに食料を差し入れ、希望というものがまったくない状況下にあった彼らを、必ず解放されるのだという希望を抱かせ、元気づけたのである。

その後、囚人たちはさらに国内の遠隔地に移されたので、ジャドスン夫人は赤子を腕に抱いてこの不幸な捕虜たちのあとを追い、小舟や荷車を乗り継ぎあるいは徒歩で、塵埃にまみれ殆ど耐えがたい酷暑のなかを旅したのである。行きついた収容所は崩れかかった古い建物で、捕虜たちは二人ずつ鎖で繋がれ、熱病におかされ、足には潰瘍ができるなど悲惨な状態であった。彼女はこの惨状をみて彼らの近くにとどまり、自分の夫や仲間の受難者たちに個人としてできるかぎりの救援活動を続ける決心をした。彼女は担当看守を説き伏せ、穀物を積上げたみすぼらしい小屋の一部を仮の住いとし、ベッドも椅子もテーブルも寝具も何もない不潔な場所で悲惨な六ヶ月間を過したのである。

その間、収容所が熱帯性赤痢に襲われたため、ジャドスン夫人は捕虜仲間と自分のために必要な食料や薬品を調達するために遠くアヴァまで荷車で引き返す長旅を強行した。あまりにやせ衰え弱り果てた状態で帰還した彼女の姿に、ベンガル人のコックは突然号泣するほどであった。この忠実な使用人は驚きと同情のあまり、身分や階級のことなど忘れ、必死でジャドスン夫人を助け、捕虜たちへの食糧品を運ぶために遠い道程を同行し、それだけでなく彼女のもとに留まり、必要ならどんな奉仕でもすることを申し出た。ところが子どもが天然痘にかかり、夫人自身も発疹チフスに冒され、何日も生命の危険な状態がつづいた。しかも彼女の苦き杯がなお足りないかのように、衰弱した子どもに与

詩五〇・一五

「仏作って魂入れず」

える滋養物は何もなく、夫はふたたび所在地不明の別の収容所に連れ去られることになったのである。しかもこのような暗澹たる日々のさなかに夫人は次のように書き記している。「わたしが生涯を通して真の意味で祈りの価値と力を感得したことあるとすれば、それはこの試練の時でした。わたしは荷馬車のベッドから立ち上がることも、夫の安全を確保するために必要な手をうつことも何一つできない状態でした。ただなし得ることは、『わたしを呼ぶがよい。苦難の日、わたしはお前を救おう。そのことによってお前はわたしの栄光を輝かすであろう』〔詩五〇・一五〕と言われた大いなる力の主によりすがり、ひたすら嘆願することでした。事実この時主はわたしに非常に力強くご自身の約束を示して下さり、わたしは自分の祈りが必ずこたえられるという確信を与えられ、全き心の平安をとりもどしたのです」。

神がこのような祈りにこたえられないはずはない。彼女の夫の所在が判明し、子どもも健康を回復した。こうして平和の再来とともに彼らは伝道地にもどり、ミッション活動を再開することができたのである。そして二年間に亙ってアメリカ本国に届くニュースを遮っていた障害のヴェールが取り除かれた結果、委細を知ったバプテスト派の諸教会は非常に驚きかつ感動し、それまでの無気力、無関心の状態から一斉に立ち上がり、献身的な宣教師たちの犠牲と苦難に倣い従う、宣教復興運動の焰が到るところで燃え上がったのである。

このような勇壮で献身的なキリスト者の努力と証しの意味についてこの世は殆ど正しい認識をもたないが、もとよりそれは伝道旅程の距離や周到な研究調査のために費やされた歳月あるいは語られた説教の数などによって測り知られるものではない。日本には「仏作って魂入れず」というたとえがある。芸術家を技術的な職人から区別するものは作品に生命の輝きを与える魂（spirit）であり、不可能を可能にするものは、抗し難い燃えるような気高い目的意識である。しかも他の人びとが達し得たところを知るためにはやはり範例が示されなくてはならない。

R・モリスン

ロバート・モリスン〔Robert Morrison, 1782-1834 イギリスのプロテスタント中国宣教師。W・ミルンとともに聖書の中国語訳を完成。中国伝道の開拓者として、その活躍は多方面にわたった〕は、殆ど人びとから隠れて十四年の歳月を費やし、おそらく世界でもっとも難解な言語の一つである中国語と取り組み、骨折りと辛苦の結果ついに辞書の編纂と聖書の翻訳を完成した。しかし彼の尽力によって、その後あらわれた宣教師や中国研究者たちによる幾多のすぐれた著述すべての基礎がおかれ、地球の総人口の三分の一に近い人びとに対する福音宣教のためにもっとも価値ある貢献が果たされたのである。

グレンフェル

グレンフェル〔George Grenfell, 1849-1906 イギリスのバプテスト教会宣教師。コンゴ河本流、支流を二万五千キロメートルにわたって調査し、二〇年にわたってバプテスト宣教会の主事をつとめた〕は中央アフリカの水路探険家として、リヴィングストン〔前出〕とスタンリー〔Henry Morton Stanley, 1840-1904 アメリカのアフリカ探検家、新聞記者。内陸部の伝道に絶大の貢献をした〕に次ぐ人物と目される。ベルギーの地理学者ワウターズ（A. J. Wauters）は、グレンフェルの四半世紀におよぶ足跡を顧みて次のように記している。「〔彼は〕平和の使者として、持前の忍耐と気転と知恵によって粗野な先住民らの信頼を獲得し、広大なコンゴ河流域を旅しながら精査し、天体観測にも似た緻密な地理的測定による重要地点の確認を行うなど大きな成功をおさめた」。

カサイ（Kasai）とサンクル（Sankwru）の両河川を除くこの巨大なコンゴ流域の殆ど全支流をグレンフェルは探索し、それまで接近不能であった何百という全く未知の部族に通ずる新しい道をひらいた。これはあらゆる危険をいとわぬ彼の果敢なたゆみない努力の賜物である。グレンフェルの手こぎボートが河馬の大群によって粉砕されそうになったり、船員たちが鰐に襲われ、数分間の激闘の末に辛くも救助されるといった災難もあった。ことにロマミ（Lomami）流域では、不意に飛来する毒矢から一行を守るためにガードが必要であった。食料は乏しく貧しかったが、彼は灼熱の炎天下、舟のへさきに立って操縦しながらしばしば片手で食事をとらねばならなかった。くる日もくる日もグレンフェルは装稜ら針盤をにらみながら船の位置を確かめ、夜毎、深更にいたるまで天体観測による方位の修正を怠ることがなかった。

英国から派遣された三人の機関士たちが置場への長旅の途上で次々と熱病に倒れ、死亡したため、グレンフェルは山越えで輸送する方法と全長七十フィートの鋼鉄船「ピース」号の使用を併行させることを企て、その結果この事業はスタンリーが同様の運搬計画に二年間当てたのに対し、わずか四ヶ月で完遂されたのである。

グレンフェルは五十才の時、すでに老人としての自分を語っている。実際彼は胃をおかされ、さまざまな熱病にかかり、体力を消耗しきっていたにもかかわらず、コンゴ流域探索の結果、発見されながら、未だ福音にふれていない無数の先住民たちの行方を重荷として一身に背負っていたのである。私はスタンレー・プールの北方およそ一六〇〇キロの地点に位するバソコ（Basoko）にある彼の墓前に立ち、グレンフェルが顔をウガンダの方角に向けて倒れたということを思い起こした。アルウィミ（Aruwimi）川に沿って宣教師の駐在地網をひろげ、バプテスト宣教師会（The Baptist Missionary Society）の働き人たちが英国国教会の同労者たちと手をたずさえ共働することが彼の長年にわたる夢であり希望であったが、この大事業は他の人びとに委ねられた。もしこの企てが実現すれば、おそらくイスラム教徒の進出を阻む一つの手立てとなるであろう。

偉大な魂が発揮するリーダーシップの中味について、そこに秘められた孤独、希望と怖れ、葛藤と信仰のすべてを誰がよく的確に言表し得るであろうか。

稀有な足跡

偉大な先達たちの残した稀有なる足跡、
それは孤独な時を刻みながら、
ただひとりで踏みしめられたみち、
過ぎし日の怖れと死と罪、奈落の底から
神の力にまで引きあげられた証しである。
それはまた、
孤独な人生行路、地上の薄暗き砂州にかかる一筋の道、
人間の魂が高く上げられ、夜空の星とともに輝き、
注ぎ出される場でもある。

献身の資質

勇壮果敢な献身の資質は、明晰で強靱な思想と内的確信の統合である。誠実な思考なき確信は力をもたないし、浅薄で言い抜けのための思弁は真実たり得ない。およそクリスチャン・ワーカーのなかで、宣教師リーダーほど思想の明晰性と確信にみちた勇気を兼ねそなえることをきびしく要請されるものはほかにない。東方の祭儀や非キリスト教的諸宗教の難解な哲学に対抗し得るものは、同類の密儀や難解な思弁ではなく、真理に基づく堂に入った福音の宣明をおいて他にない。そのような宣明は、基本的な教理の適切な把握と恐れを知らぬ罪の批判、しかも同時に生涯を貫いて罪責を負い咎に苛まれている者に対する深い同情・共感なしに生まれることはない。それゆえインドの総督が心得のなかで次のように述べる理由もまた頷ける。「東洋人をつかむ方途は唯一つ、心《ハート》を通して以外にない。〔だから先ず人びとの心をとらえよ〕」。

しかしながら、誠実な確信と同様、この世にはまた真摯な懐疑というものもある。これには耳を傾

ける必要がある。鋭い知性が提示する探究の問いは、けっして辟易して避けることなく、むしろ歓迎すべきである。質問をそらしたりあるいは冗談をとばして攻撃のほこ先を避けたりすることが、時として誠実な探究者の信仰の死活を決しかねない。キリスト教がすべての宗教にまさってその人格的性格を打ち出すのはこの点である。真摯な求道者に対して率直で堂々とした開かれた態度でのぞむことこそ相手の敬意を得るみちである。論争によって人びとが説得されることは稀れで、むしろ光を求めて格闘する魂への配慮を伴った共感・共鳴というものが相手の態度を和らげ、信頼を大きくし、ついに信仰にいたる確かな基礎を造り上げるのである。

格闘する魂への配慮

フルベッキ

インドに遣われた宣教師ダフ〔前出〕、ペルシャのマーティン〔前出〕そして日本のヴァーベック〔フルベッキ〕〔Guido Herman Fridolin Verbeck, 1830-1898 アメリカのオランダ改革派教会派遣の宣教師〕はみなダマスコ剣にも比肩すべき鋭さをもって議論をたたかわした先達であるが、しかも彼らはみな相手への深い共感を示す度量によって、キリストを拠り所とする新しいより大きな兄弟愛の輪をつくり広げた生き証人であった。

宣教師リヴィングストン

開拓者の勇壮大胆な精神は常に人びとの賞讃をかきたてる。しかもデヴィッド・リヴィングストン〔前出〕の場合にみられるごとく、この資質に加えて純粋な神の実在感と使命感が結合されると殆ど欠けなき備えとなる。彼の全身が鎮静しがたい内的な炎で燃えた。パウロのように倦まず休まず伝道者のつとめを果たし、使徒とともにかく言うことができた。「これらのもののうち何一つ私を動かすものはない。また私の生涯を私自身のために価値あるものとみなすこともない。そうでなければ私は自分の人生行路を喜びをもって終えることはないであろう」。ある時は殆ど克服し難い困難に遭遇したこともあった。彼はすでに幾度も熱病に倒れ、生命はたえず危険にさらされていた。加えて英国からの支援も思わしくなかった。この重大な時機に彼の弟チャールスは、アフリカを断念し、米国に身を落ち着けることを提案した。しかしリヴィングストンの返答によって問題は決着した。「私は身も心も宣教師である。神の独り子、このお方自身が宣教師であり、いやしの主であった」。

彼は科学的調査や探険への興味を抱いていたが、しかもそのことによって一瞬たりとも彼の生涯の唯一の大目的からわきへそれることはなかった。地理学者としての彼の活動はすべて宣教師リヴィングストンの働きのなかに統合されていた。それゆえ彼は言う。「地理学上の探険成果は、私本来の仕事の出発点にすぎない」。彼本来の仕事とは、気宇広大で清廉な伝道の企てである。地理学上の探険成果は最悪の窮乏状況のもとでの四万八千キロメートルにおよぶ徒歩旅行による。五つの大きな湖と数多くの河川、ナイアガラより勢いのある大瀑布、多数の未知の言語や何百という未記録の部族などさまざまな価値ある発見を含むものであった。

最後の数週間

リヴィングストンが生涯の最後の数週間に経験した艱難辛苦は人間の限界を超える殆ど耐え難いものであった。彼の一行は、沼や河川の多いしかも全域雨のため増水した湿地帯を通過しなくてはならなかった。衣類はずぶぬれのまま着替えもなく、何ヶ月にも及ぶ窮乏生活から全身が衰弱し切っていたために、霧雨が骨の髄まで冷やしたようであった。彼の歯はぼろぼろに欠け、両足のかいようが膿をもち、ついに肺炎を併発した。リヴィングストンの肉体はこのように冒されたが、彼の志は何ものによっても動揺させられることはなかった。三十年前、彼はミッション母体の同胞にこう言明した。「私は使命のあるところ、どこへでも喜んで出かける」。

リヴィングストンが最後の誕生日に書いた記録がある。一八七三年三月十九日、彼の死のちょうど六週間前である。「全能にして救いの源である神が、これまで私の人生行路を導き支えてくださったことに感謝したい。しかし今回の旅程は成功が期待できるであろうか。あまりに障害が多すぎる。主イエスよ、どうかサタンを私から去らしめて下さい」。さらに数日後の三月二十四日の記録。「地上には、私を絶望のゆえに諦めさせるものは何もない。むしろ私は主なる神を信じることによって励まされ、前に向って進むのである」。

赦しと希望

　勇壮な生き方を可能にするものが信仰と愛であれば、宣教師を動機づける要因も同様である。いかに奮励努力しても、正当な動機づけがなければ挫折するほかはない。ついに重荷が負いきれないものとなる。他人の評価、仕事の愉しみ、成功の妙味、これらのうちいつまでも存続するものはない。人の評価は移り変わり、火が燃え尽きるように、情熱もさめ、輝ける成功の喜びも束の間である。それゆえ、人間の新生と世界の再生にかかわる神のみわざに与かるという根本動機が強力かつ確かなものでなくてはならない。慈善の精神では不十分である。単なる同情は、感覚が麻痺すれば消え去る。厳しい顔付きと態度を伴う義務感というものも、ある程度は人間の勤めを持続させるが、これとて長い年月の間には破綻をきたす。むしろ、迫りくるイエス・キリストの愛、キリストへの信仰ゆえの赦しと希望こそ真に勇壮・大胆な生き方の源であり、われわれの志に力を与え、重荷を負いやすくし、ついに神のみ前でよみせられるわざによって、キリストの喜びが溢れるのである。

神と共に働く者

　自分のもてる能力や賜物を、自分の職業にふさわしくないものに投入するような人物は、世界的な〔使命ある〕仕事を担うに価しない者である。神の企てに参与する真に偉大な働き人の賜物や時間を金銭で買収することはできない。神はむしろ、決して金銭で買収され得ない人々を必要とされる。人間の時間も能力も忠誠心も、いっさいは神から出ている。それ故、神と共に働くものを動かすものは、サラリーや利潤や愛顧の類ではない。そのような人は、より高次の世界に生きるものであり、自分の賜物を下卑た取引の具に供することはない。この点で、彼は単なる売買人や時間給の仕事人あるいはおよそ理想を失い、取引のみに徹する職業人とも全く異質の人物である。真の人間として、自分の報酬など意に介せず、清貧にも甘んずることができる。ウイリアム・ケアリ〔前出〕と彼の同僚たちはそのような人々であった。彼らはインドですばらしい献身の生涯を生き抜き、総督や高官たちの尊敬と賞賛を得た。シドニー・スミス〔Sidoney Smith, 1771-1845 スコットランドの神学者、著述家〕のような冷笑家の活躍は一時的であるが、神にささげられた働きびとたちの労苦は、いつまでも覚えられる。人を皮肉ることは安価なわざであるが、人のために己の命を与えること、これより価尊いことはない。そしてわれわれは、使徒パウロとともに、このように証しする多くの勇壮な先達たちに囲まれている。「どんなことがこの身に起こるか、何も分りません。しかし、自分の決められた道を走りとおし、また、主イエスからいただいた、神の恵みの福音を力強く証しするという任務を果たすことができさえすれば、この命すら決して惜しいとは思いません」〔行伝二〇・二二以下〕。

真に英雄的な生き方

真の意味における英雄的な生涯は、年数ではなく、その人物の生き方によって計られる。そのような人は、自己犠牲のなかに真の喜びを見出し、神の意志を行うためには己の命さえ惜しまない。それゆえ、どれほど長く生きたかではなく、何を生きる目的としていたかが問われる。その人が、何をなしたかではなく、何をなそうとしていたか、そして他のいかなる能力にもまして、純一な愛の労苦が求められる。

四年前、私はギルバート教授とともに巨大なコンゴ流域、マタジ（Matadi）に到着した。われわれは、岸辺に繁茂する肩の高さまでのびた草むらの中に分け入り、一つの墓碑に目をとめ、急ぎ駆け寄って墓石と周囲をきれいにした。というのも、そこには、二十年前、何百万人ものアフリカ人の救霊のために若い命をささげた勇壮な証人、アラバマ出身のサムエル・J・ラプスレイ師が葬られていたからである。

先導者ラプスレイ

ルエボ（Luebo）の人々は彼のことを「先導者・開拓者」と呼んでいた。二年間、彼は原生林を駆け巡り、病める母親、苦しむ子らのために道しるべをつけ、キリストに倣い、自らの手で労し働く献身のわざによって多くの人々の心を捉えたのである。しかし当時は、二人の開拓的宣教師のうち一人が、ベルギー政府の許可を得るために、ルルア川、カサイ川を下りコンゴ河口にいたる長い危険な旅を敢行しなくてはならないという事情があった。ラプスレイは、忠実な同僚シェパードに現地ミッションの仕事を委ねて出立した。何ヶ月もの時が過ぎたある日、小山の頂から叫び声が上った。「ボートがやって来る！　先生が帰って来る！」。しかし、村人たちが大挙して川岸に駆け寄った時、悲しいニュースが伝えられた。彼らが愛してやまない「先導者」は、帰らぬ人となった。ラプスレイ師は三百マイルの困難な道のりを踏破し、極度の疲労のなかでアフリカの熱病に冒され、スタンレイ・プールに到着後、ついに天に召されたのである。

新しい光

　この損失は、現地のミッションはもとより、本国の教会にとっても取り返しのつかぬものであり、犠牲はあまりに大きかった。だがしかし、一人の先導者がその友がらのために自分の命を与えるという勇壮な死によって、多くの人々の暗い、閉ざされた、望みなき心のなかに一筋の新しい光が射し込み、やがて異教の地に住む人々が、初めて「世の光」としてのイエス・キリストの生と死、その復活の生命と力について目覚める日が訪れたのである。人々の間に、彼らの父なる神と互いの間に新しい関係を生みだす変革の力が働きはじめた。ラプスレイが宣べ伝えかつ生きた福音に根差す兄弟愛と奉仕の精神の衝迫力の下で、原生林のはざまに伝道の拠点が打ち建てられ、何百もの村落がキリストの福音を受け入れ、四百人に近い教師、伝道者が立てられ、一万人を超える忠実な信者が、彼らを暗闇から光のなかに招き入れる救いの恵みと栄光の公道に与かる大きな喜びを体験したのである。

ハニバル将軍

　目標を目指す忠実な生き方は、常に人々の賞賛の的である。そのような生き方は犠牲を伴うことが必定であるゆえに、いつの時代も、人々はかかる勇壮な精神に対して拍手をおくる。〔後のカルタゴ将軍〕ハニバル〔Hannibal, B. C. 247-183?〕は、なお幼い九才の時、ヘラクレスの柱〔ジブラルタル海峡東端の両岸にそびえる海角〕に近い神々の祭壇の前で誓いをたてた。「わたしは生涯、ローマにたいする敵意を燃やし続けるでしょう」。この目標に命を賭けたハニバルは、あらゆる困難に挑み、辛苦に耐え、〔第

殉教者H・トレイシー・ピキン

二ポエニ戦役中〕兵士たちを鼓舞してほとんど超人的な力を発揮させ、アルプスを越え、敵陣に攻め入った。

燃えるような彼の魂の炎は、失敗ではなく、ただ自らの死によってしか消えない類のものであった。

ホーレス・トレイシー・ピキンは、イェールが送り出したもっとも雄々しく高潔な人物の一人である。「彼は決して大勢に迎合したり、屈服することはなかった」。神はピキンに中国で働く幻と使命を与え、ピキンはその生涯をキリストに委ね、宣教師として献身する志を立てた。そして自己資金をすべてささげ、オハイオ・クリーヴランド、ピルグリム教会の派遣宣教師として、サラリーに見合う月極の活動費を受け取る方法をとった。

エディ氏はこう語っている。「はじめイェールには、学生ヴォランティアがピキン一人しかいなかった。しかし彼が卒業する時には、大学を代表するような有力な二十名のヴォランティア・グループが結成されていた。ピキンによってともされた宣教師魂の火はこれまで二十年の間燃えつづけ、これからも神の助けのもとで消えることはないであろう。さらにピキンが学んだユニオン神学校でも、卓越した二十名の同志が糾合され、彼がいよいよこの国を離れる際には、後にミッション・フィールドに実際献身した百人を超えるヴォランティアが生まれたのである」。

義和団事件が起こり、そのさなかの一九〇〇年、ピキンは河北省の首都保定で、ミッションの二人の婦人たちを恐ろしい私刑から守るために自分の命を捨てた。彼が妻に残したメッセージは、キリストを信じて召された殉教者の証しとしていつまでも憶えられるであろう。「神が最後まで私とともにいて下さった。み父の平安こそ私の唯一の慰めである。私達の幼い息子ホーレスを、どうか私と同様イェールに入学させ、今から二十五年のちには、中国に来て父の業を受け継ぐように促してほしい」。埋葬のため遺体が引き取られたとき、彼の両手は組み合わされないで、あたかも天を仰ぎ祈るがごとく、挙げられたままであった。

蒔かれた種

二十世紀の初頭、この身代わりの血潮によって蒔かれた種は、初代教会の場合と同様、驚くべき実りを生みだした。ピキン自身は、たんに改宗者の獲得や中国語の修得を目論んだのではない。十年余りの短い年月が過ぎ去った今日、かつてあの若き殉教者の首をトロフィー代わりに吊した都保定のアーチ門の周辺に、ピキンの死後創設された十大学から、三千人の学生たちが結集し、エディー氏をはじめキリストの証人たちが語るのを聞くために儒教の寺院を埋めつくし、呼びかけに応えて直ちに九十名の学生が立ちあがり、イエスを救い主として受け入れる決意表明を行ったのである。

祈りのたたかい

この世の拠点に立ち向かい、人々をキリストへと導くためには、より果敢な祈りが必要である。おざなりの陳腐な方途は役立たないゆえに、宣教師たちの祈りは時としてほとんどたたかいを意味する。彼らは敵対するものの力をけっして過小評価することなく、しかもこれに打ち勝つことを確信している。相手の戦術を十分考慮し、自分たちの信仰の基本線をより一層強固なものとする。コミュニケーションの道を広く開き、見えない世界の隠れた力に結果を委ね、絶えずたたかいの姿勢をくずさず、勝利した時にも地固めの努力を怠らない。

ゴードン将軍

〔アングロエジプト〕スダンにおける福音宣教のために、首府カートウムで倒れたチャールス・ゴードン将軍〔Charles George Gordon, 1833-85〕の功績も忘れることができない。令妹に書き送った手紙には彼の内面が吐露されている。ゴードンは偉大な指導者であった。が、それ以上に彼は敬虔な祈りの人であった。将軍によって派遣された急使たちが帰還した際、しばしば彼のテントの出入口前の砂上に白いハンカチーフが置かれていた。それはゴードン将軍がテントの中でいま祈っているという合図であった。だから急使たちも、荘厳な沈黙の中で彼を待つほかはなかったのである。

スコットランド、ダンフリースシアの敬虔な家庭で日毎にささげられていた執り成しの祈りの中から、三人の息子たちが世界伝道に献身した。その一人がジョン・ペイトン〔John G. Paton, 1824-1907 スコットランドの宣教師。ニュー・ヘブディーズ諸島で伝道、弟ジェイムスが自伝を出版〕であり、追想のなかでこう記している。「私たちはしばしば部屋の中から、命乞いをするような悲しい震え声が洩れるのを聞いた。そのような時は、部屋のなかの神との聖なる対話を妨げないために、ドアの前を爪先で静かに歩くように気をつけた」。彼の父が、居間と仕事場に挟まれた家拝の場所で、祈っていた。食事の後、祈りのためこの部屋にとじこもることが家長の日々の勤めであり、そこから子供らが宣教師として生涯を捧げる献身の志が燃え上がったのである。

祈りによる献身者誕生

イギリス、バーンズリの静かな家庭でも、一人の男児が、幼子サムエルと同じように主に捧げられた。両親はそのために祈りつづけた。母親は、暑い日も寒い日も、毎日六十マイル離れた祈願所に足をはこび、ついに神が応えて下さる確信を得た。或る日、彼女が祈っていた同じ時刻に息子がキリスト教に関する小冊子を手にし、これを読んで回心へと導かれ、ここに一人の世界伝道者が誕生したのである。ハドソン・テイラー〔前出〕がその人である。彼は後年、中国における救霊のために尽瘁、み霊の導きを確信することによって神のために働く労力と資金を結集し、中国内地会（The China Inland Mission）を組織した。テイラーは神に信従し、神は彼に権威ある力を与えてその業を立派に成就せしめ、今千人を超える証人たちが世界最大のミッション・フィールド、中国全土に散らされ、勇気ある信仰と祈りによって伝道に邁進している。

キリストの証人

ガリラヤ出身の柔和で心の優しいイエスは、剣を振りかざす蛮勇ではなく、勇壮な愛の業によって人々の心をとらえた。コルシカ出身のナポレオンは、セント・ヘレナ島に流刑の身となった悲嘆のなかでこう語った。「私の命令に従って、何千何万もの勇者が戦場に赴いたが、今私のために死ぬものは一人もいない。しかし、二千年近く前に生きたイエス・キリストのために、実に無数の人々が命をささげている」。スミルナのポリュカルポス〔七〇頃―一五五頃、使徒教父の一人、ローマで異端との論争後、殉教〕は、火刑用のまき束を積み上げた前で、棄教による赦免の最後の機会を与えられたが動ぜず、いまわの際にこう証した。「八十六年の間、私は主なるキリストの僕（しもべ）として生かされてきた。その間、主はただの一度も私を傷つけられることはなかった。私の救い主であり、王であるお方を私が冒涜することなどどうしてあり得ようか」。

世界の救済

世界の救済は、多くのナポレオンによってではなく、ポリュカルポスのようなキリストの証人を通して、すなわち剣ではなく、朽ちない愛によって実現される。私たちが伝える福音が世界をキリストへと導く。一人を導く福音は万人を導く。人類の過去のニーズに応えた福音は、人類の現在と将来に応える福音である。福音を求め、これによって生きることを自ら拒みながら、福音は無力であると決めつけるのは愚かなことである。何故なら、福音は人間が有頂点の時も、絶望の淵に立つ時も、それぞれのニーズに適って応える力だからである。コールリッジ〔Samuel Taylor Coleridge, 1772-1834, 英国の詩人、哲学者〕は自分の確信の根拠を常に聖書の神とその力のなかに求めた。聖書は他のいかなる書物にも見られない深みの次元における人間の自己理解を提示するからである。それゆえパウロも証言する。「わたしの主キリスト・イエスを知ることのあまりのすばらしさに、今では他の一切を損失とみています」〔フィリピ三・八〕。聖書が証しするイエス・キリストの福音は、人々の魂におよび、人類の深い渇望に応えるゆえに、世界を救済する力である。福音は歴史を貫いて生き続け、他のすべてのものが廃れても、いつまでも残る。「わたしは道であり、真理であり、命である」〔ヨハネ一四・六〕と言われたキリストご自身が福音の中核、むしろ福音そのものだからである。

ヨハネ一四・六

一八八六年、私が北京でメソジスト病院の責任を負っていた時に、長（Chang）という名の中国人牧師がいた。彼は疲れを知らぬ不屈の精神の持主で、私を個人的によく助けてくれた。しかしその後

義和団事件

私は日本に移り、数年が経過した。やがて義和団事件が起こり、ミッション関係の病院、教会、学校などは一掃されたが、これまでにすべて再建された。最近私が彼の地を訪れた際、一人の若い牧師に会った。伝道者の息子ということだったので、両親についてたずねたところ、彼はしばらくためらっていたが、やがて唇を震わせながら、父母の殉教について語りはじめた。

長牧師夫妻の殉教

彼の父は、万里の長城の西向う側に建てられた教会に仕えていたが、牧師館は、モンゴルにつづく起伏の多い高地に面していた。義和団員たちの接近が伝えられたが、牧師は教会に踏み留まっていた。しかしいずれは退去することが必定であった。彼は行先も分らぬまま自分の妻と子供らを連れて大路に出たが、たちまち熱狂的な暴徒たちの狙うところとなり、小さな家族は取り囲まれ、「イエスの信仰を捨てよ」とどう喝されたが、牧師は静かに答えて言った。「それはできません。イエス様は私のために命を捨てて下さったのです」。怒り狂った暴徒たちは彼らの鈍いナイフで牧師をなぶり殺し、彼の身体を切り刻んだ。そしてバラバラになった死体を妻に見せつけ、「イエスの教えを捨てよ。さもないと同じ目に会うぞ」と脅した。彼女は「夫は、これまで長い間ずっと同じことを私に教えてくれました。イエス様は、私にとって命にまさるお方なのです。ですから、思い通りになさって下さい」と答えた。切断された彼女の遺体が夫の亡きがらに重ねられ、幼い子供らも同様に果てた、というのである。あまりに恐ろしい話であるが、私はこれらの人々の勇壮な信仰のゆえに神に感謝したのである。

後日談

その夜、私はある宣教師の家に招かれ、食卓を囲みながらこの話をした。すると「それはすべてほんとうのことだが、あなたは後日談もききましたか」という問いが返ってきた。「このような話に後日談があるのだろうか」と私はいぶかったが、これがその内容である。私がその日会って話を聞いた牧師の令息は、家族が中国で殉教した時本国の大学に在学中で難を逃れたのであるが、伝道者となる召命を受け、自分の最初の任地について、彼の父母が命を捧げた同じ地域に遣わされることを願い出た。

そして希望した場所に派遣され、彼の伝道活動を通して、両親が流した血で手を染めた暴徒の何人かがついにキリストへと導かれたというのである。イエス・キリストの圧倒的な愛の力がこのような美しい実践、高貴な証しとなった例は世界でも稀有なことではないか。これこそ勇壮な愛の精神の発現にほかならない。「父よ、彼らをお赦しください。自分が何をしているのか知らないのです」〔ルカ二三・三四〕。

ルカ二三・三四

魂の拠りどころ

魂の偉大さは、勇壮な信仰の質によって測られる。世界をキリストへ導くためには、伝道する者が堅く信仰に立ち、その生命を福音を知らない人々の間で大胆に伝えなくてはならない。人間の自己確信や達成能力の類いではない。それらは、単なるエゴイズムや保証のない思い込みと変わらず、試練にあえばたちまち消え去るであろう。それゆえ、何よりも神の義と力、その主権と愛を信じる信仰を拠りどころとすべきである。

イエスの信仰

イエス・キリストの人格とわざの秘密は、彼の揺るがぬ不動の神信仰である。この信仰によってイエスは地上の使命を全うすることができた。人間としての自然的な力が衰えた時も、イエスが恐れないで、ただひとり死の力に立ち向かうことができたのは信仰の力による。信仰によって彼は人々の悪意にみちた憎悪のただ中でなお平安を保ち、神のミッションが必ず継承されることを確信することができた。それだけでなく、イエスの神信仰の霊的感化が弟子たちの群れを動かし、彼らをして不可能と思われる使命に挑むことを得さしめたのである。この信仰が今も生きていることは疑われないが、教会はとりわけ宣教師の働きを通して骨太な信仰と揺るがぬ希望を証しつづけるのである。

ペイトン夫妻

ジョン・ペイトン〔前出〕と彼の妻は、若い未経験の宣教師としてニュー・ヘブディーズ諸島に派遣されたが、当地のエロマンガ島では、ジョン・ウイリアムズ、ハリス両宣教師がすでに受難し、犠牲となっていた。ペイトン夫妻の最初の経験は、金切声をはりあげ、顔にこてこてと塗りたくって、悪魔のようなものすごい形相をした野蛮な人喰い族との出会いであった。すでに五人が殺され、泉の辺りに死体が置きざりになっていたため水が汚染され、茶を沸かすこともできず、代わりにココやしの実のジュースを飲み、眠られぬ一夜を過ごした。胸を張り裂くような悲鳴と泣声が村から聞えてきた。亡き夫の霊に連れ添ってあの世に旅立つために妻たちも絞め殺された。神も、罪の意識も、恥も何もない、ただ無知、頑迷、悪のみが支配し、無防備状態のなかにあらゆる悪事と殺戮が横行するさながら地獄絵のようであった。このような相手に対して一体何ができるというのであろうか。ペイトンは彼の日記の中で答えている。「神の働きが彼らの意識の中にとどかなくてはならない。アネイティウム島ではみ旨が成就したのだから、ここタンナ島でも実現可能であり、実現されなくてはならない。われらはおさえ難い望みに突き動かされ、使命に向かって心を高く上げた」。

救いの成就を待ち望む

教会は人類があがなわれる幻を抱き、全世界に福音が宣べ伝えられ救いが成就する時を待ち望む。同時に教会は歴史を振り返り、キリストのゆえに死に至るまで従順であった聖徒らや殉教者たちの名を想起することができる。いつの時代にも、主の戦士らの隊列のなかで、み国という基礎を据え、自らの血でこれを固める者、これ以上尊いものは他にない。

主に従った人々の偉大さは、武勇伝の魅惑や遠のく歳月の長さによって醸成され、測られるものではない。あらゆる時代を通して人々は神の啓示や導きを拒み、われわれもその相続人であるが、かの証人たちは、約束をはるかに待ち望みつつ、その成就を確信し生涯をこれに賭けた。彼らのすばらしい信仰が、望遠鏡で見るように天体をくまなく見渡し、肉眼ではけっして見ることのできない星間の深みのなかからこの世を照らす唯一の輝き、あけぼのの光が上ることを確信した。この人たちこそ、「信仰によって国々を征服し、正義を行い、約束されたものを手に入れ、ライオンの口をふさぎ、燃え盛る火を消し、剣の刃を逃れ、弱かったのに強いものとされ、戦いの勇者となり、敵軍を敗走させた」

〔ヘブライ一一・三三―三四〕主のつわものである。

正義の主イエスに従いゆき　血に染む御旗に続くは誰
苦き杯もまよわず受け　十字架を担いて従う者
我が主に選ばれ聖霊受け　剣も炎も獅子の牙も
恐れず逃れずたじろがずに　進みしみ弟子に続くは誰

〔讃美歌21　五三五番〕

第五講　伝道する教会

教会が伝道しないことは、教会の死を意味する。いつの時代にもよきリーダーが求められるが、神が選び出されるのはむしろ凡庸な「土の器」である。教会を神の「恵みの手段」と捉えるランバスは、ここでもウェスレーとの共通理解を示す。

真の信仰

世界をキリストのもとに導くみちは、生きて働き、絶えず成長し、対決力をそなえた真の信仰をほかにしてない。そのような信仰は、伝統や信条、儀式や社会化された宗教、あるいは教会の権威にさえも依存するものではない。それらの何れかまたは全てをもってしても信仰の確証にはならない。信仰は、目に見えないものの本質、神の言（ことば）という揺るがぬ岩を基とし、我々の魂に働きかける救い主なるキリストによって、常に力強く更新される個人の体験と不可分に結びついている。また我々の自覚の中に「人間の霊に働きかける神の生命の圧倒的な力」を注ぎ入れる聖霊の証しこそ、我らの信仰の拠りどころである。

勇気ある献身

かかる信仰から充溢する勇気ある献身こそ、海外のミッショナリーはもとより、国内の教会にとっても、今もっとも必要なものである。チャーマズ〔John Charlmers, 1825-1900 イギリスの中国宣教師、聖書の中国語訳を完成〕が言うように、「我々のキリスト教への主要な関心事は、とにかく前に向って進み行くことである」。今の時代を危うくしている原因は、神が天使を制し、むしろ人間に命じられた天来のプログラムに対し、我々が遅疑逡巡しているところにある。この世が待望し予期しているにも拘らず、もし世界的規模における福音伝道の推進が阻まれるようなことがあると、非キリスト教の国々はより大きな悪の支配にさらされ、態度のあいまいな本国の教会も無活動に起因する一種の麻痺状態に陥る結果となる。

悪の力

積極的で前向きの信仰が欠けるところには、常に軽信的な傾向がはびこる。およそ真理を信じない者、真理に従って行動しない者は、結局みずからを真実ならざるものに委ねることになる。懐疑的な時代がしばしば極端な悪業を生みだす理由もそこにある。人々の精神と心の中に悪の力が知らぬまに入りこみ、ついに支配権を握るにいたる。あの汚れた霊のたとえが適用される点はここにある。汚れた霊が人から出て行き、戻ってみると、家が空いており、掃除をして、飾りつけがしてあったので、他の七つの霊を一緒に連れてきて、中に入りこみ住み着いた〔マタイ一二・四三以下参照〕。空き家になっている！　真理も、信仰も、目的もそして新しい病根を駆逐する力も、神に従う家の主人として住居を治める崇高な志も、何もない。

神が用いる凡夫

人々を正しい方向に導くことのできるリーダーシップの持主が、いま至るところで必要とされている。しかも、神が求め、見出し、み国のために用いられるのは、凡夫である場合がもっとも多い。知恵のある者、力のある者ではなく、謙遜で、身分の低いものを神はよみし、高く挙げられる〔第一コリ一・二六以下参照〕。貧しい「土の器」〔第一コリ四・七参照〕が、破れ傷ついたままで、神から出る新しい輝きを映し、新しい霊に満たされ、尊い器に変革されるのである。このように、キリスト教においては、いつも高き者がそこに留まることを欲しないで、低きものを探し求め、むしろ低きものとして仕えることによって、その誉れが高くあげられるのである。

仰ぐべきキリスト

教会は、キリストが高く挙げられ、神の国が実現されるために固有の使命を担っている。教会の目指すところ、祈りの眼目はこのように言い表わすほかはない。教会の主なるキリストが崇められることを抜きにして、いかなる霊的成長も真の発展もない。それゆえ、キリストが正しく崇められることこそ、教会の拡充と栄光を意味するのであって、いかなるプログラム、信条、祭儀、会議、教規、あるいは教職の権威を以てしても、仰ぐべきキリストには代えられない。

教会の衰弱現象

教会は、常に信仰と勇気という内的姿勢を正さなくてはならない。新しい地平を切り拓く信仰、熟考の上、果敢に行動する勇気である。探検家たちが未踏の地に挑戦することに熱心であるなら、何故教会は、われわれがなおそのごく僅かしか触れえていない神の愛の領域に活動の輪を広げないのか。科学者たちが自然の神秘を探究しつづける以上、教会が隠された恵みの泉を求めてやまないのは当然であろう。商人は新しい市場を物色する。教会は新しい伝道地を開拓しないのか。軍国主義は人間性の破壊にのめりこむ。教会は何故、人間性の回復のみならず、悪の根源である人間の罪とたたかうことに全精力を傾注しないのか。もしも今、教会がこの世に打ち勝つことがなければ、逆に世界が教会を征服するであろう。闇の力との間に休戦はない。躊躇することは、教会が自ら災いを招き、敵対するものから辱めを受けることを意味する。教会の衰弱現象は不信心に起因する。停頓したまま兵士たちの士気を鼓舞することはできない。それゆえ、前進し、敵対するものに攻撃を開始することが必要である。

変革の課題

われわれは今、重大な課題に直面している。すなわち、個人と社会、国家と民族の再生、再建そして変革という課題である。エフライムの子孫のように、少数部族に属しながら、専制者に抵抗する勇気が果たしてわれらの内に見られるであろうか。ギデオンは三百人の兵士をもったミデアン人との戦いに勝利した。もし神が味方ならば、一人が千人を追い散らし、二人なら一万人を逃亡させることもできるであろう。戦場にナポレオンが立てば、一万人の兵士に匹敵するとも言われる。いわんやわれらの万軍の主が先頭に立たれるのであるから、もはや勝利は確実である。それゆえ、われわれではなく、われらの主が戦いの場に立たれるか否か、それが要諦である。われらの主のためであれば、いかなる犠牲も価値があり、どのような損失も無駄にはならない。

ところで、本国の教会は、これまであまりに長い間、バラ色の地平線を見つめてきた。そして、伝道行程の距離や宣教師のロマンに魅惑されすぎてきたようである。もとより、ミッションには夢があり、未開の粗野な人種の間に遣わされるという特別な召命もある。確かにそこには、人間の想像力を掻き立て、感情の火花を燃え立たせずにはおかないような魅力が秘められている。だがそれだけでは、われわれのたゆまぬ努力の根底にあるあの危急の目的を支える実質的な原動力たり得ない。人々の無関心を刺激するために新しいミッションを開設したり、あるいは多くの人材を確保するために魅惑的な成功例の情報を提供することは、昔も今もそれほど必要ではない。とりわけ、宣教師たちの英雄的な犠牲を強要したり、彼らの葬られた墓を指して教会の感傷に訴え反省を促すという方法は、一種病的な扇動に過ぎず、結局これまでも繰り返してきた、死人を生き返らす試みにも似た徒労に終るであろう。

教会は宣教師たちの服従と献身の志を必要とするが、しかもそれはあくまでも本国のキリスト者たちの信仰と志を基盤にしてのことである。教会がメッセンジャーによる自己犠牲の実践を必要としているというよりも、そのメッセンジャーが、彼を送り出す側のより大きな献身の志によって支援されることこそ肝要である。伝道地における宣教師団の信仰の祈りと力は当然ながら期待されるが、それ以上にむしろ本国における祈りと執り成しの力が結集されなくてはならない。本国の母教会の霊的生

母教会の霊的生活

活が高められることによって、はじめて伝道地の教会も霊的高揚が可能となる。それゆえ、かりにミッション・フィールドの教会のほうが霊的により高揚した場合には、母教会におけるミッションの動機や目的に関して厳正な検証が必要となる。伝道地で異教の人々のために福音宣教を努力しながら、本国の教会が衰弱し、信仰を失うようなことのないためである。

祈りの精神

教会にとって今もっとも必要なものは何か。社会的な評価についてはすでにある程度これを獲得している。人数もそろい、会員名簿は大部なものにふくれ上っている。機構・組織についても整い過ぎているほどである。財源も、必要経費や対外献金を除いてなお余裕を残している。しかし教会は、一切の力の鍵である祈りの精神を欠いている。それゆえ、祈りにおけるリーダーシップが切に求められる。祈りの力によって、教会の息子、娘たちが献身し、組織が有効に機能し、献財が活用され、更新・強化された人的、物的賜物が、間断なく神のミッションの場に送り込まれなくてはならない。

教会はまた、挙げられた至高者、しかも限りなく近くに在ますキリストの幻を抱き、主に対する不信と不忠実の罪を告白し、真理によって純化され、み霊の力を賦与されることを必要としている。そこから進んで教会は、モラルの高揚を図り、そのもてる力を十分に発揮して、この世の課題を共に担わなくてはならない。すなわち、奉仕における兄弟愛を回復し、場合によっては自分を犠牲にすることも厭わない生き方の喜びを体得することである。また、罪以外は何ものをも恐れない勇気、そして「神が支配する明日への揺るぎない希望」に基く健全な楽観主義を帯さなくてはならない。何よりも、キリストの心を知り、神の国の実現という彼の目的に我らの志を合わせ、日毎に執り成しを行い、「これみな一つとならん為なり」〔ヨハネ一七・二一〕という主イエスの祈りを実践するみちが求められている。

ヨハネ一七・二一

これらはすべて、神の国を打ち建てるというまさしく超人的な課題以外の何ものでもない。そこに

イエスの幻

は「神との交わりに生きる者たちの一致、神の意思がすべての人間を通して再生されるような世界秩序の確立」が見通されている。「かかるみ国を東と西、北と南、貿易と工業、社会事業と教育、国家と宗教、家庭、学校、教会、そしてすべての民族、人種のなかに実現するために、教会が正しく認識すべきことは、十分予見されているか否かはともかく、すべてナザレのイエスの偉大で無比なる幻のなかに包含されている」。このような神の国〔支配〕を洞察し、一定の広がりと深みを備えた新しい世界秩序を鼓舞することのできる宗教はただ一つしか存在しない。

キリスト教の生命線

「我らの主イエス・キリストの信仰が、宗教の本質を成す普遍的かつ永続的な諸要素を統合するものであるという確信が次第に深まってきているように思われる。私は今その核心部分を抽出することをあえて控えたい。本質的な内容を矮小化することがないためである。むしろここには、驚嘆すべき豊かな内容が盛られている。神の力の充満、上よりの恵みの豊かさと深さ、筆舌に尽くし難い天来の賜物、知恵と知識の宝、神の愛の深さ、高さ、長さなどいっさいが含まれる。そしてキリスト教の生命線としてのこれらの普遍的かつ永続的な諸要素の内実は、聖書証言の検証とキリスト者の生活体験の深化によっていよいよ鮮明になっている」〔Charles Cuthbert Hall, 1952-1908 アメリカの長老派牧師。一八九七年から一九〇八年までユニオン神学校の説教学教授、校長の要職にあった。*Universal Elements of the Christian Religion*, pp. 126-127〕。

愛の力

世界をキリストに導くみちは愛の力である。愛以外の力、愛以外の他の方途によってみちは拓かれない。愛はこの世における最高の賜物、最大の力だからである。われわれは、相手が好ましくないという理由で、人を拒むことがある。しかし、人はみな愛の対象であるがゆえに、互いに愛し合うべきである。人はみな救われる可能性があるゆえに、信じ合わなくてはならないのと同様である。われわれが愛し合うのは、人間互いの悲惨さのゆえであり、とりわけキリストを信じる者の兄弟愛のゆえに、

ケアーズ校長

第一ペト一・八

また神がご自身の姿に似せて人を造り、これを愛されるゆえに、何人も愛の対象から外されてはならない。

ケアーズ校長〔前出〕は「イエスは何故これほどまで人を愛されたのか」と問い、次のように答えている。「それは、人間が、全能の神にとって、この世でもっとも愛しいものであり、神の生命の輝きを映し出しているからである。人間は、神の像として愛の対象とされ、あまつさえ、父なる神の意志を具現するものとしていま生かされている。地上のイエスがあのように人々を愛しぬかれたことによって、われわれは歴史の中の人間についていま一度確信を新たにされる思いがする」。

ここには、時代を超えて人間の魂を引きつけ、捉えてきた力がある。イエスの静かにも抗し難い愛の力が、粗野な漁夫を見出し、招き、その魂を揺り動かした。屈強な身体と燃えるような激しい情念をそなえ、〔ガリラヤの〕海で網を打っていたペトロが、ポントおよびアジヤ全域に離散している異邦人たちに、次のような熱い言葉を書き送ったと言われる。「あなたがたはキリストを見たことがないのに愛し、今見なくても信じており、言葉では言い尽くせないすばらしい喜びで満ちあふれています」〔第一ペト一・八〕。

ペトロを捉えたイエスの愛こそ、天来の力、み国の奥義であり、罪ある人間を絶えず打ち負かさずにはおかない神の意志である。ここに秘められた熱愛は、神の無限の配慮を示すものであり、何人も逃れえない。それゆえ、すべての使徒のなかの聖徒と目されるヨハネが証言する。「愛することのない者は神を知りません。神は愛だからです。神は独り子を世にお遣しになりました。その方によってわたしたちが生きるようになるためです。ここに神の愛が示されました。わたしたちが神を愛したのではなく、神がわたしたちを愛して、わたしたちの罪を償ういけにえとして御子をお遣しになりました。ここに愛があります」〔第一ヨハネ四・八―一〇〕。神から出る永遠の愛の力はなんと麗しく、純一なことか。

一二世紀の歳月が流れ、長い暗黒時代が始まろうとしていた。しかしまた、至るところに新しい陽の光が射し込んでいた。ここに、もう一人の人物が登場する。彼〔ライムンドゥス・ルルス、前出〕は〔聖ヨハネが流されたという小アジヤ南西方沿岸沖の〕パトマス島からではなく、〔地中海西部のスペイン領〕マヨルカ島の出身で、はじめ騎士として教育をうけ宮廷に出入する執事、音楽家、詩人であったが、また放蕩者でもあった。ところが、この人物がおよそ三十才の頃突然、本心に立ち返る。彼は十字架にかけられたイエスが、悲しくも咎めるような眼差しでじっと自分を見つめておられることに気づき、その神秘的体験の瞬間が生涯の転機となった。いまや確信に溢れ、彼の魂を揺り動かした神の愛の大波に圧倒されて、当時も何時の時代も、おそらくもっとも困難が予想されるイスラム教徒のための宣教師として、残る生涯を捧げる決心をしたのである。

ライムンドゥス・ルルス

『観相の書』

半世紀にわたるたゆみない奉仕と献身の日々が続いた。彼の『観相の書』には次のように記されている。「磁石にふれた針が間違いなく北を指すように、主よ、あなたの僕《しもべ》が常に愛を志向し、あなたを崇め、あなたに仕えることはまことに相応しいことです。私たちはみな、あなたが、ひたすら父への愛ゆえに、あのような苦痛と艱難を耐え忍ばれたことを知っているからです」。そしてまた、面を上げて祈る時に備えてペンをとったと思わせるような筆致で書き加えている。「主よ、人はみな歳を重ね、自然の体温を失い、冷たくなって死ぬのが常であります。しかし、もしみ心ならば、あなたの僕《しもべ》をそのような仕方で死なせないで下さい。僕《しもべ》はむしろ、あなたが多くの人のあがないとしてご自身の命を捧げられたように、愛のために残る命を燃やし尽くすことを欲しているのです」。一体、このような愛を、何にたとえることができようか。かりに磁石といえば、印象が冷たく、当らない。動力といえば、物質的にすぎ、世界の心臓の鼓動といえば、あまりに人間臭が強い。やはり、キリスト、神というほかはない。神は愛だからである。

キリストの受肉の愛

ズウェーマー博士〔Samuel Marinus Zwemer, 1867-1952 米国改革派教会の宣教師。アラビア各地でイスラム教徒伝道に従事〕がこのルルスの伝記の中で述べるところは傾聴に価する。「ルルスの内的生活の秘密を解く鍵は、彼の回心の出来事の中に見出される。キリストの受肉の愛が現世の愛を圧倒し、ルルスのうちに溢れる情熱と天性の詩心がすべて十字架の前に捧げられた。彼が抱いた若き日の幻が、後の日のモットーをよく説明する。『愛さないものは、生きることができない。しかしもし、キリストの生命によって生きるならば、死ぬことはない』」。続けてズウェーマーは言う。〔イザヤの予言が証する〕苦難の僕《しもべ》の姿が、五十年に及ぶルルスの献身の生涯を導く動因となった。生ける人格としてのキリストへの愛が彼の心を満たし、その精神を鼓舞し、執筆のペンを生気づけ、ついに彼の魂は殉教の道を慕い求めるに至る。後年、キリスト教の啓示における最大の秘義であり、イスラム教徒にとっては最大のつまずきの石となった「三位一体」の教理について、彼が適切な弁証を試みようとしたとき、もう一度立ち返ったのは若き日の幻の体験であった。「三位一体に関する証言はただ一つ、聖霊によってわれらのうちに啓示された、キリストにおける神の愛、と言う以外にはない」。

アフリカの奥地で

愛は不死、不滅である。愛は荒廃した不毛の地にも芽生え、人類にとって新しい希望の拠点を造りだす。かつてわれわれが、アフリカ中心部の奥地に迷いこんだことがあった。ガイドが二日間方位を全く見失ったのである。第一日の行進は完全に円を描き、翌日の午後、われわれは出発地点に舞い戻る破目となった。六十名のキャラバン隊員はみな苛立ち、食料も底をついていた。途方に暮れた一行はそのまま夜を迎え、地面にじかに身を横たえた。翌朝、日が昇るほど前に行進が再開され、われわれは昼なおほの暗い原生林の小道を頼りに歩きつづけた。午後遅くなって、ふたたび、暗雲のごとき不安がわれわれを襲った。

たまたま出くわした猟師の話では、すぐ先に村落があるが、それは悪名高き人食い部族の根城だというのである。そこで、このまま動かないで一夜を過ごすか、前進するかの選択をめぐって議論が沸騰した。結局、飲まず食わずの隊員たちが、豹の餌食になるぐらいなら人食い人種に賭けることを求めたので、われわれは敢えて前進することを決断した。すでに夜の帳がおりていたが、一行が歩を進めると、間もなく、前方がかすかにゆらめく光に照らし出された。キャラバン隊は大胆にも、火の燃えさかる集落の中央に進み出て、食料を得るための談判が始まった。私自身は、極度の疲労のため、そばの丸太に身を横たえていた。何しろ、われわれは夜明け前に出立し、空腹をかかえたまま、夜空にふたたび星が出るまで歩きつづけたのである。ところが、この窮地にあえぐ私の前に、一人のしなやかで屈強な体格の若者が進み出て、深々と頭を下げ、「あなたが医者（Ngangabuka）なら、いますぐ来て、自分の母親を診てもらいたい」と懇願するのである。私は心を動かされたが、実のところ、自分で立ち上がって歩くこともできないほど疲れ切っていたので、少し休んでから後で必ず行くから、と断りを言った。青年はいったん引下がったが、すぐまた戻ってきて、どうしても今すぐ来てほしい、と要請した。私は、もう少し待ってほしい、しかし、一杯の湯茶が用意されるなら母親を診察しよう、と約束した。彼は重い足どりで暗闇の中に消えたが、ほどなく戻ってきて三度願い出た。その訴えがあまりに熱心なので、私は同伴者のギルバート教授に言った。「こうひっきりなしに頼みに来られてはかなわない。彼の熱心にほだされて、ともかく先に診察しよう」。

青年は私を導いてしばらく歩き、彼の小屋に招じ入れた。戸口のそばで火が焚かれ、炎のゆらめきのなかに、母親の輪郭が影絵のように浮び上がっているのが見えた。われわれは、手と膝をついて這うようにして中に入り、葦のマットの上にしゃがみこんで呻き声をあげている母親の側に寄った。診察の結果、彼女が中耳炎をわずらっていることが判った。膿瘍が破裂し穴があいており、激痛に悩まされたことが想像されたが、今は痛みよりも、むしろ耳から出てくる膿を見て、彼らは恐怖におののいている。子供のような単純さから、脳髄から膿がもれ出ていると考えたのであろう。二言、三言、心配はいらないことを告げると彼らはようやく安心した様子で、私は薬を与えて、仲間のところへ戻ったのである。そして、ギルバートに喜びを伝えた。「全能の神に感謝しよう。私は、人食い族と言われる青年の心の中に、消しがたい神の愛の炎が燃えあがるのを見た。彼の心の中には、確かに母に対する純一な愛が溢れ、私の心の中には、イエス・キリストを通してあらわされたいっそう大いなる神の愛こそ、アフリカ全土をあがなう力であることを信じる希望が溢れてきた」。

現地の同労者

外国人宣教師と現地の同労者および諸教会の関係は、最善の調整を条件とし、もっとも賢明な政治的手腕を要請するものである。外国で事業を企てるさい不可欠な要件は力の結集であるが、前進するキリスト教の外国伝道において、団結の必要度はいよいよ高くなる。一方で過度のコントロール（制御）、他方で極端な独立主義が幅をきかせると、事態は致命的で、世界的な規模での伝道を目指す教会の成長と発展は望むべくもない。

パートナーシップ

最近マドラスで開催されたインドの議会筋の決定事項が、われわれの注意をひく。これは、インド人とイギリス人という、ともに同一帝国に属し、同一の統治者に義務を負う二個の主体の理想的な関係について述べたものであるが、その内容は、外国に派遣された宣教師と現地の教会の関係にも適用されうるものである。すなわち、次のように記されている。「二つの極論、すなわち、一は分離、他は隷属という行き方は、何れも同様に不可能であり、考慮の対象にはならない。われわれが検討すべき方向、そしていま国会に上程されている案は、同等の条件に基くパートナーシップという同格・友愛の精神の確立である」。上記の提言は、われわれの使命の共同に関しても核心をつくものである。神の恵みの国における理想の関係は、すべての人間が平等で、神が万人に与えた恵み以外は、他のいかなる特権も存在しない、というものである。

次に提言したい。世界の学生たちをキリストに導くことが急務である。キリスト教の伝道方策の観点からしても、これは中心的かつ必須の課題である。事実、今日におけるもっとも創造的な福音的宣教運動は、神のみ霊の啓導のもと、健全な積極的信仰を保持し、敢えて不可能にも挑戦する若い熱心な群れの中から生れ育ってきた。ツィンツェンドルフ〔Nikolaus Ludwig Graf von Zinzendorf, 1700-60 ヘルンフート兄弟団の創始者、指導者〕と兄弟団、ジョン・ウェスレー〔前出〕とオックスフォード・ホーリー・クラブ、S・ミルズ〔Samuel Mills, 1783-1819 アメリカの宣教師、米国外国宣教会設立〕とウイリアムズ大学におけるヘイスタック・カンファレンス、そしてジョージ・ウイリアムズ〔George Williams, 1821-1905〕とY・M・C・A・（キリスト教青年会）、マウント・ハーモン〔Mount Hermon〕とノースフィールド学生会議および外国ミッションのためのヴォランティア運動、そして世界学生キリスト教連盟〔World Student Christian Federation. 一八九五年、J・R・モットらが結成したプロテスタントの学生キリスト教運動の連合体〕の結成などはこの関連で非常に大きな意義をもっている。

若い群れの挑戦

さらにまた、最近メソジズムのなかから興りつつある福音主義運動のもっとも際立った特徴に注目したい。ここでは、個人の回心のみでなく、国の内外を問わず、信徒や教職の組織体をも巻き込むような献身運動が展開される。若者たちは、世界のニーズと神の国の要請が、意味深く適切に提示されるばあい、驚くほど確信に溢れ、使命に挺身するのである。看護婦、社会福祉事業奉仕者、聖書普及員、教師、宣教師などあらゆる方面への献身を求めるキリストの呼びかけと人道上の要請が、いっそう力強く熱烈に告知されなくてはならない。

メソジズムの献身運動

応答は、このもっとも有望かつ豊かな実りが期待されるミッションの諸領域とこれにかかわる教会の祈りと信仰の深化に平行する。建徳的な聖書研究に重点を置くばあいには、教職者を募るのがよい。

教会の献財は対外救援活動に投入し、建設的なキリスト教奉仕事業のために人材を確保することが肝要であるが、彼らのリーダーシップを育成し、使命への決断を促す場は、日曜学校であり、大学である。しかしそのためには、自覚的な努力を払い、惜しみなく時間を用いることが必要であり、ことに指導者は、若者たちへの共感を抱き、彼らと経験を分かちあい、自分自身の献身の生活を基盤にしてアピールできなくてはならない。学生たちは、優柔不断で首尾一貫性のないあり方を見抜く鋭い、澄んだ目をもっている。それゆえ、誠実さや男らしさを真直に認めるのもまた、彼らなのである。

決断を促す場―日曜学校と大学

方法の問題

方法の問題も、どうでもよいことではなく、実は極めて重要なのである。学生たちの小さな祈りのグループで、先ず互いの執り成しの祈りに集中すること、また教職集団や伝道地の青年男女の中から証言者を選び、糾合することが必要である。彼らは、若い人々の問題と取組む体験をふまえて、聴衆が心を開き、神に出会うことができるように、キリストの呼びかけとミッションの意味を明らかにするのである。かかる観点から、ムーディーは、とくにエディンバラのヘンリー・ドラモンド〔Henry Drummond, 1851-1897 スコットランドの伝道者、エディンバラ・ニュー・コレッジの神学教授。ムーディーらのリバイバル運動を助け、ことにエディンバラを中心に、学生伝道で多大の感化を与える〕の指導性を高く評価している。ひとりの人間の生涯を変革し、ひいては国家の運命をも左右するような決断が、思いがけない仕方で生起する瞬間がある。

人間の品性

神は人間のもとに、救い主、イエス・キリストを遣わされた。キリストは、確かに救いの根拠である。彼は真の宗教としてのキリスト教を興し、人間に自由を得させるとともに、人間を神に結びつけた。今や、人は神を信じることによって永遠の生命という賜物を受け、キリストを通して、神による自由という特権を得る。だがしかし、神は人間に作りつけの品性を与えることをしない。それは神の欲するところではない。私は厳かに言うが、人間の品性は、よろこんで自己を無化し、献身することによって、そしてなによりも、力の源であるキリストを最後の依りどころにすることによって育てられ、練磨されるのである。

伝道地で、このような人間の健全な成熟を賢明な仕方で導くことは、宣教師の重要なつとめである。その意味でミッショナリーは他のいかなる人づくりの師匠にもまさって、深い知恵と神の恵みを必要とし、また優れた人間的手腕とキリストのような他に対する真実な共感を求められる。無論、現地のクリスチャンたちも責任を負わなくてはならない。しかし、荷が重すぎてはいけない。安全装置を設けるのもよいが、制限が加わりすぎるのも問題である。むしろ望ましいのは、父なる神への揺るがぬ信仰から自然に希望と勇気が湧き出ることであり、われらの主に対する愛ゆえの熟練した指導性が求められるのである。

キリストの忍耐と寛容

キリストは、人々に不必要な重荷を負わせることはしないで、自身が代わって負うことによって、律法を成就される。彼はつねに行為の背後に目をやり、その動機を問いただした。キリストにとっては、人が何であるかではなく、何になりたいかが問題であった。それゆえ、彼は疑い深いトマスにも、衝動的なペトロにも、忍耐と寛容をもって臨んだのである。彼は人々に専横な規則や制限を押し付けなかった。むしろ、律法の文字は人を殺し、これを生かすのは霊である、と教えた。われわれは、何世紀にもわたって、好ましくないばかりか罪悪的でさえある習慣に寛大な社会秩序の中で生きてきた人々に対しても、忍耐深くあらねばならない。イエスはけっして人間の罪を黙認はしなかった。がしかし、彼は人々を愛し、一人びとりの人格をこよなく大切にしたので、罪びとに対しても優しく呼びかけ、「私は健康な人ではなく、医者を必要とするような人のところに来たのである」と言う〔マタイ九・一三参照〕。

ここでも、文明の地から遠い辺地の教会の伝道活動の一端を、報告したいと思う。ちょうどクリスマスの翌日、われわれはサムエル・ラプスレイ号でルルア河を航行、北上していた。入りくんだむづかしいカーブを曲り、原生林を通り抜けると、河の右岸に大勢の群衆が集っているのが見えた。獅子のように豪胆で、しかも優しさと真実をかねそえたモリソン師が、われわれと共に信仰の篤い友がらのもとに帰るところであった。私自身も、八人のミッション・パーティーを伴ない二年振りに当地へ戻って来たのである。

第二回アフリカ伝道

そして今、われわれ一行を迎えてくれるのは、宣教師と助手たち、現地の教会員らで、子供達をふくめみんながハンカチや棕櫚の葉をもった手を懸命に振っている。ムディンベ（Mudimbe）伝道師やわれわれの第一回伝道旅行の忠実な同行通訳者ドゥファンダ（Dufanda）氏、そして四人の逞しい男性の顔が見えた。またウエンボ・ニイアマの槍持であるカベンガレが側に立っていたが、彼は、必ず約束を守って、二年以内に宣教師一行を伴ない村に戻ってくることをバテテラの大酋長に告げるために、五百マイルもの道程を二度も踏破したのである。

神の実在体験

　わずかの時間、厳粛な沈黙が辺りの雰囲気を制した。祈りの前の畏敬の念に満たされた静寂にも比されよう。が、次の瞬間、大勢の人々の唇にバルバ語による勝利の賛美歌「見よや、十字架の　旗たかし」〔現行賛美歌三七九番〕の歌声が高らかにのぼった。すると今度は、まったく自然に、ラプスレイ号の船上から、「元気のよい材木伐採人や機関員たちを含む六十人が、折り返しの歌詞「勇め、つわもの　いざいさめ」をもって応える。われわれは、筆舌に尽くし難い喜びと力に満たされ、溢れ出る涙を押えることができなかった。この中央アフリカの奥地にも全能の神が生きて働いておられるという圧倒的な実在体験であった。長老派の黒人や白人の同労者と熱い挨拶が交わされた。信仰による執り成し手として、メソジスト・ミッションの渡来のために、実に十年間に亙り祈りつづけてくれたのは彼らであった。彼らはまた、丘に登り、教会堂を埋めつくし、われわれが当地を離れあるいは旅行している期間、そこでたえず偉大な父なる神のみ旨について聴き、教えられていたのである。それゆえ、この信頼すべき仲間たちがみな頭を下げ、恭しく感謝を捧げる姿を見たとき、われわれはかつてエチオピアの教会が手を差しのべたことがけっして無駄ではなかったこと、そしてアフリカがいつの日か必ず〔キリストによって〕あがなわれることを信じて疑わなかったのである。

メソジスト・ミッション

それは空しい祈りの言葉に終ったであろうか。単なる夢、幻に過ぎなかったのであろうか。あの日われわれが歓待を受けてから十日も経たぬ頃、長老派教会は、現地の異教からの改宗者、ある者は奴隷の身分から解放され、ある者は人食い部族から脱け出てキリスト者となった教会員のなかから、指導的な伝道者二人とその夫人たち、加えて十五人の信徒同労者を選んで、われわれに同行させることを申し出、事実、彼らが中央アフリカ奥地のメソジスト教会の中心メンバーとなったのである。このようなことが可能となるとき、そこに神の国が近づき、キリストがわれらの直中に在すという証しがたてられる。

教会のかしらなるキリスト

教会のかしらとしてのキリストの中に霊感と力の源泉を求めないかぎり、伝道する教会は存在し得ない。かりにその源泉を教会の政治や位階制、あるいは他のいかなる人間的権威や力に求めても、教会はついに滅びるほかはない。教会が神による、神ご自身のミッションを生き、そこで成長し、その実現を喜ぶことができるためには、イエス・キリストが至高の位置を占めなくてはならない。教会は、唯一のキリストにいっさいを委ね、万人に愛を及ぼし、熱烈な伝道心に燃え、主の呼びかけに自覚的に応え、彼との交わりによって日々豊かにされ、み霊による一致、平和のきずなを固く結ばなくてはならない。

生活の中の証人

教会のメンバーは、たんなる理念の解説者、主義主張の弁護人に留まることはできない。キリスト者は、生活の中の証人とならなくてはならない。霊的な深化をめざす求道者、社会的意識を高める教育者、そしてみ国の前進のために、神の前に共同の責任を担う者としての自覚に生きることが促されている。もしこれに応え得ないならば、教会は霊的な力も指導力も失い、この世における使命達成を断念するほかはない。

「恵みの手段」

いかなる教会も、過去に依存したまま生きることはできない。むしろ常に現在の信仰と使命に生きるべきである。教会はまた、歴史的遺産のゆえをもって唯一の権利を主張することもできない。教会を生ける神の宮、キリストの霊のからだたらしめるものは、今、ここでの真理と生命、愛と奉仕のわざだからである。したがって、全世界の諸教会は、この世の法的秩序とともに、また福音の律法によって生きるのであり、各個教会もあるいは教会の連合体も、福音の真理への熱愛なくして、瞬時たりとも存続し得ないことは明らかである。教会は、神の「恵みの手段」として地上に建てられ、福音の力が結集される活動センターの役割を担っている。そして教会のあらゆる肢体が生ける神のからだの一部であるゆえに、内に秘められた生命が、現在を活かすとともに、常に将来に向けての生活を備える動力に変えられなくてはならない。

牧師と宣教師

牧師にとって、ミッションという主題を正しく理解するだけでは不十分である。むしろ、教会の存在理由は全世界に神の国を実現することであるという真理に、牧師自身が捉えられることこそ要諦である。これは単にミッションの弁証に留まらず、事態の核心に迫り、牧師のつとめのなかにミッションの主題を正しく位置づけるために不可欠の要件である。けだし、外国ミッションの問題と取り組む特権と責任はすぐれて牧師のものだからである。

宣教師としての情熱は、海外にいる牧師は無論のこと、国内の牧師にとっても同様に必要である。中立の場は存在せず、国の内外を問わず、牧師がみな伝道の第一線に立っていることに変りはない。それゆえ牧師は教会と同様、冷たいか、熱いか、何れかのあり方を選択しなくてはならない。冷たければ、主にたいして不忠実であり、冷たくもなく、熱くもない、なまぬるいあり方は、〔神に造られたものの」「根源であるかた」にふさわしくないゆえに、ついに口から吐き出されるであろう〔黙示三・一五参照〕。宣教師として外国に出かけないキリスト者は、国内に留まるそれなりの理由をあげるべきで、その主旨はそれぞれ異なると思うが、何れにせよ、本国で牧会・伝道に従事するものはみな、キリストの心を探ね求めなくてはならない。そして、世界伝道について可能なかぎり広範な理解をもち、世界のニーズに関する鋭い感覚と深い愛の精神、反対者に立ち向かう勇気、あるいは無知や偏見をただし、ミッションの意味を正しく提示する知性を身につけることが求められる。さらに、政治、行政にかかわる諸問題を適切に処理する能力、また「海外における神のみ業を遂行するために、国内で支援体制を整える」手腕なども必要である。本国で宣教師の仕事を助けるすぐれた担当秘書官たちは、殆どがいわばミッショナリー牧師（missionary pastor）であり、なかには実際海外伝道の経験をもつものもいる。

あがない主キリスト

世界をキリストへ導くためには、キリストをあがない主として、すなわち、もっとも低いものを救い上げ、それだけではなく罪深い、堕落したものをあがない、彼らを神の子らとして、またすべての人間の兄弟として、本来の正しい関係のなかに回復する力の源として証ししなくてはならない。それゆえわれわれは、人間性の第一原理として「弱く愚かな者は滅びるほかはない」と宣言するような哲学には我慢ができない。かかる考えは未開の状態の残滓であり、神の国の福音には相応しくないものとして取り除かれなくてはならない。弱者蔑視の理念は、「力の誇示、権力への意志、人間の能力などをすべて増強すること」だけを善と規定する立場と共通の根をもっている。

慰めと力としての福音

一方、われわれの福音は、絶望し打ちひしがれたものに対する慰めであり、無力なものに対しては力であり、したがって「ダメな人間、望みなき者」にとって唯一の希望に他ならない。使徒パウロが次のように記しているのは、誤った哲学を標榜するギリシャ人を目してのことであった。「わたしたちの福音に覆いが掛かっているとするなら、それは、滅びの道をたどる人々に対して覆われているのです。この世の神が信じようとはしないこの人々の心の目をくらまし、神の似姿であるキリストの栄光に関する福音の光が見えない様にしたのです」〔第二コリ四・三―四〕。

「土の器」

人間の救済は、人間に内在的な善や能力あるいはそれらのいっさいの力を誇示することによるのではない。それゆえパウロはつづけて言う。「わたしたちはこのような宝を土の器に納めています。この並外れて偉大な力が神のものであって、わたしたちから出たものでない事が明らかになるために」〔同四・七〕。キリスト教が引き上げ評価するのは、凡庸でありふれたものである。福音に触れることによって、土くれに等しいものが力に満ちあふれ、未開の地が神の現臨によって活性化される。荒地に蒔かれた種が成長して実を結び、人々を養い、未開の地に新しいエネルギーが注入されて、人々が霊と火の舌をもって語り出す、といったことが始まるのである。

公同的精神

「一つの教派が単独で世界伝道の課題を担うことはなし得ない。またもし、外国の伝道地で働く種々なる教会が互いに協力しないで、異教徒たちの前で仲間争いに陥るようなことがあれば、たんなる伝道の失敗以上の致命的な過誤を犯すことになる。伝道地においては、公同的精神《カトリック》を貫く団体のみが有用である。福音的キリスト教の教理的根拠は、すべての教派が調和的に共有できる程度に、幅のある基本的な要綱に留めるべきである。祭儀の形態、使徒的継承や歴史的監督制、教会の政治や法制などをめぐる紛争は、教養ある異教徒にとってはまったく馬鹿げたことであり、こうした無意味な論争は、本国においても、信仰のリヴァイヴァルが起こるようなときには、消滅するものである。何れにせよかかる外延的諸問題はキリスト教の本質から区別されねばならず、いかに巧みな言辞や隙のない議論をもってしても、党派的偏見から解放された健全な精神あるいはみ霊による喜びに満たされた敬虔な魂にとって、そうした問題が中心的意味をもつはずはない」(Bishop Candler, *Great Revivals*, p. 304)。

これは賢明かつ時宜に適った提唱である。われわれの課題の重大性、相互協力の必要性、そしてもし公同的精神とその公同性を保証するような幅のある福音的キリスト教の教理要綱を欠くならば、ミッションは遂行され得ないことが明瞭である。それゆえ、外延的な問題をめぐる紛争が消え失せ、本質的な事柄が取り上げられること、そしてみ霊の働きと力、すなわち水が海を覆うように、主の栄光の知識を伴ったみ霊が全地を覆い、すべてのものを統合することによって、国の内外で宗教的リヴァイヴァルが起こることを願わずにはおれない。

『国際ミッション評論』誌 International Review of Missions の編集長オールドハム氏（J. H. Oldham）は次のように記している。「われわれが、宗教改革によって解体される以前の一致に逆戻りすることはできない。それゆえ、キリスト者の自由を原理としかつこれに基くより大きな高次の一致を目指して前進するほかはない。しかしながら、この方向の中で協力を求めるさいの要諦は、キリスト者の品性である。協力の問題をめぐるあらゆる配慮や議論の背後に、これを真に高潔なものとし、細かな点についても大きな深い意味を与えるために不可欠の問いがある。すなわち、宣教師運動の指導者たちのなかに果たしてキリスト者の気高い品性が溢れているか否かという、一致運動にかかわるリアルで重大な問題である。ここでいうキリスト者の気高い品性とは、健全な政治的手腕、壮大な幻、幅広い共感そしてそれらを実現に至らせる神への信仰をすべて包含する。世界伝道のために、未だ達成されていない自由で、生きた、豊かな、そして実効のある一致が実現し、神が各人に与えた賜物が最高に活かされ、また神がご自身の教会に委託した霊的資源が、み国の速やかなる前進のために十二分に活用されねばならない」（Conference of Missionary Societies in Great Britain, June 1913）。

われわれが召されて今あるのは、み国の拡充のためである。われわれが救われたのも、そのためである。み父の愛を世に告げしらせること、それがキリストのミッションではなかったか。救い主の愛を語り告げること、それがわれわれのミッションではないか。しかるに「出で行け」という命令（マタイ二八・一九以下）に、われわれははたして忠実であっただろうか。ここに弟子たることのテストがある。全世界に出で行き、語り告げることを促してやまない愛に、われわれはどれだけ誠実であっただろうか。ここにキリスト教のテストがある。

弟子のテスト

ハン老夫人

中国北部山西省に、ハン夫人という老婦人がいた。彼女はすでに魂の改心を体験していた。彼女のすばらしい信仰と愛とクリスチャンらしい生活について疑うものはなかった。にもかかわらず、彼女のほうからは、教会員として受け入れられることを一度も願い出たことがなかったばかりか、洗礼の問題を持ち出すといかにも困惑する様子であった。このことは婦人宣教師たちにとって謎であり、ハン夫人が何故躊躇するのか、その理由がわからなかった。ついにある日、静かな語らいのなかで、老夫人が胸のうちを打ち明けた。

「もしわたくしが、イエス様のほんとうのお弟子になれて、バプテスマを受けることができたら、どんなにうれしいことかと思います」。

「では、何故志願しないのですか。あなたがそうすることを妨げるものは何もないでしょう」と宣教師は問い返した。ハン夫人は悲しげな表情で答えた。

「いいえ、わたくしにはできません。イエス様のほんとうのお弟子にどうしてなり得ましょう。わたくしは、まだイエス様のみわざを実行することができていないのですから」。

そこで、婦人宣教師はやさしくつづけて尋ねた。「どんなみわざですか。イエス様があなたのためにすべてのことをなしとげて下さったのではないのですか」。

「はい、もちろんです。わたくしはイエス様を一生懸命に愛しております。わたくしの唯一の救い主として信じています。でも、主イエス様は、弟子はみな全世界に出て行って、すべての人々に福音を宣べ伝えるように命じておられます。ああ、これがわたくしにはできないことです」。

宣教師がどう答えようかと一瞬まよっているうちに、彼女はなお語り続けた。「わたくしは、もちろんイエス様のことについて話すことが大好きです。わたくしの息子とその嫁、そして隣り近所の人々にはもれなく伝えました。夏になれば、近くの村むらにも出かけるつもりにしております。ですから、けっしてイエス様のことについて人々にお話することを拒んでいるのではございません。そうではないのです。わたくしはもはや年老いて、からだも弱り、目がかすんで字が読めなくなってしまいました。遠くへ出掛けることもできません。ですから、外国に渡って福音を宣べ伝えることは無理でございます。わたくしがもっと若い時分にあなたがおいで下さっていたら、と思います。今となっては遅すぎます。やはり、わたくしはイエス様のほんとうのお弟子になることはできないのです」（Mrs. Howard Taylor, "Pastor Hsi"）。

この素朴な一老夫人の告白を聞いて心を打たれないものはいないと思う。「主のみわざを全うせよ！」。だが果たしてわれわれはどうか。「全世界に出で行け！」という委託にもかかわらず、われわれは依然として故国に留まっている。「すべての国民に！」という伝道命令にもかかわらず、無数の人々が福音を知らないまま死んでゆく。ハン夫人は「わたくしは主イエス様の弟子にはなれません」と真直に告白したが、われわれは、弟子であることを自認しながら、その実、弟子道に従って歩んでいないのではなかろうか。

内発的な使命感

今、ミッションについての感覚が深いところから問われている。魂の奥底から、使命への情熱が充溢してこなくてはならない。教会も個人と同様、かかる内発的な使命感なしには存続しえない。そして、教会に関して言えば、与えられた課題を遂行し、時代の要請に対処するために必要な人員、財源、組織は一応整えられている。では、何が欠けているのか。神の実在体験とミッションについての深い感覚、未だ福音に触れていない地域への責任感、祈りの精神と聖霊の力である。教会がこれらの点で曖昧であれば、時機を逃し、所与の特権を失うであろう。教会が伝道を止めることは、教会の死を意味する。しかし、教会がかしらなる主に対して忠実で、そのみ旨を喜んで実践する志を堅持するなら、けっして滅びることはない。

奇跡

人々を導き、良きリーダーシップを発揮する能力の持主がいつの時代にも求められている。しかし、神が探し求め、み国の実現のために選び召されるのは、結局のところ、むしろ凡庸な人々である。知恵のあるもの、権力をもつものではなく、かえって謙虚なもの、低いものたちを主は高く引き上げられる。ひび割れし、破損した見すぼらしい「土の器」が、神のみ手に触れ、新しい輝きを放ち、新しい霊の充満した誉れある器に変えられる。これこそ奇跡と呼ばずして何であろう。もとよりわれわれは、奇跡を求めて使徒時代に戻る必要はない。すべては、われわれの現在にかかわる事柄である。現に、人間の生涯と人格そのものを変革する神の力の大きさが、国内外のミッション・フィールドの至るところで証されている。

「イエス」の名

ジェリー・マッカウレイという人物がいた。彼はキリスト者になる以前、盗人、ばくち打ち、大酒飲みであったが、ニューヨークのウォーター街ミッションを設立し、これが後に幾千、幾万もの失われた男女にとって文字通り希望の戸口となった。或るとき、彼が酔い潰れた状態から目覚めてなお床に伏せていると、突然「イエス」の名が耳に入り、その瞬間彼は元気を回復し、頑固でひねくれた心が砕かれるという体験をもったのである。「あれは一体誰の名前だったのか」とジェリーは自問した。「あの名前が大好きなのに、今では思い出せない」。それは、きらっと輝く閃光のようであった。光は一瞬にして消え去り、ふたたび暗闇が支配した。それから何ヶ月も経ち、今彼は監獄にいる。そして初めて聖書を手にとって読み、「イエス」というお方が罪人のために死んで下さったことを知り、彼は夜半まで膝まづき、必死に嘆願した。その時あの不思議な光がふたたび差しこみ、彼は叫び声を上げる。「イエス様を見つけた！　イエス様に出会った！」。このただならぬ奇声に驚いた獄吏は、さして明るくもない手提げランプで彼を照らしだし、声を掛けた。「一体何があったのか」。ジェリーは答えた。「いま、私はイエス様を見つけたのだ」。これを聞いた獄吏は「明日の朝、おまえを独房に移してやる」と言って彼の番号を控えた。しかし、実際はこの脅しを実行することを忘れたのである。

ジェリーの証し

翌朝、ジェリーは朝食の席につき、自分の左右に座ったふたりの囚人に熱いメッセージを伝えた。それは、彼にとって最初の証しの機会であった。「わたしは、イエスというお方を見た。それは、ほんとうのことなのだ」。またその日、作業場から縦列を組み、歩調を合わせて行進をしたときも、彼は自分の前後ろの仲間に、同様のメッセージを送ったのである。これが証しの第二の機会であったが、それからというものは、獄舎の中で、あらゆる時を用いてイエスのメッセージが語り伝えられたのである。新しく体験された愛の力によって、宗教的リヴァイヴァルの火が燃え上がり、その火が人から人へ、独房から独房へと飛び広がり、ついに何百人もの囚人たちが、魂の救いを得るという驚くべき奇跡が起こったのである。

日本の水先案内人

外国の伝道地に目を向けよう。キリスト者となった日本の水先案内人が、何年か前、神戸のミッション・ホームですばらしい証しをした。彼は学歴もない素朴な人物であったが、その熱意と精力的な働きにはみな感嘆していた。彼は、五年前、太平洋沿岸でキリストに出会い、一時料理人の仕事について聖書を勉強していたが、未信者で熱心な仏教徒であった母親の懇請で、やむなく郷里に帰ったのである。ところが、そこで先ず母親をキリストに導き、次いで彼の全家族が救われ、さらに同じ村で何百人もの改心者が出て、その後の瀬戸内海沿岸の伝道と教育の推進のために絶大な力となったのである。

韓国の狩人

また私が韓国に滞在中のある日、ドアをノックする音がしたので、「どなたですか」と尋ねると、「虎の狩人で、キムと申します」という答えが返ってきた。挨拶を交わすために出てゆくと、そこに半白の髪の老人が立っていた。顔から首筋にかけて真っ黒に日焼けし、肩には虎の爪でひっかかれた傷あとが見えた。彼は Hermit Kingdom の山中にある要塞で、襲いかかる虎と勇敢に闘ったのである。「キム兄弟、あなたは虎を何頭倒しましたか」と聞くと、彼は「十一頭だけです」と謙遜したが、そのうち何頭かを、信じ難いことであるが、素手で捕え、槍とナイフで殺したのである。この英雄的な奮闘によって、彼は皇帝から栄誉を受けた。それから「キム兄弟、そのバッグには何が入っているのですか」と尋ねると、一言「弾薬ですよ」と笑って答えた。ほんとうの中味は、キム兄弟の新約聖書と賛美歌であった。われわれの対話はつづく。「あなたはもう虎狩りをしないのですか」。「いいえ、やっておりません。いまわたしは、人間の漁師です」。そう言って彼は自分がどのようにイエスに見出され、育て鍛えられたかについて、美しい証しをしてくれた。彼には人間も獣も何も恐れるものがなかったが、いまやイエスに従う者となり、毎日村から村へと巡り歩き、彼が見出した救い主の愛を人々に告げ知らしているのである。

未加工のダイアモンド

これらの人々は未加工のダイアモンドのようだ。みな土の器、普通の人間である。しかし、イエスの呼び掛けを喜んで聞き、受け入れた人々である。前途が有望かどうか、それは分からない。しかし、これらの証人のなかから、世々の聖徒たち、殉教者たちが輩出したのである。彼らの善きわざが組み合わされ、その土台の上に偉大な建築師としての神が聖なる宮を建てられるのであって、イエス・キリストご自身が隅のかしら石である〔エフェソ二・二〇以下参照〕。そして信徒はみな主にあって共に建てられ、敷き石か壁かあるいは屋根か、ともかく神のすまいの一部となるのである。人間の曲った性質や醜い欲望などもやはり神の支配のもとにあるのだろうか。然り、神はしばしばわれわれが全く知らぬ間にわれわれを養い育て、不完全な人間のわざをもち上げて、これをご自身の型に従ってモザイク風に組み合わせ、思いもかけない仕方で、ご自身のすばらしいみわざを全うされるのである。

モザイク画の不完全

ワトキンソン博士の文章を引こう。「ローマを訪れる人が聖ペトロ大聖堂のドームにのぼって驚くのは、これをおおうモザイク画の出来栄えがひどくあらいことである。素材が粗大ではめこみが雑である上に、色彩やデザインの組み合わせが繊細さを欠く。ところが、おそらく三百フィート下から見上げると、これが素晴らしい芸術作品に映るのである。粗野で稚拙な描写が、見事な模様と色彩に変る。このドームの装飾は、本来、下の床から見上げることを想定してデザインされ、したがって不完全な技巧が、かえって作品の完全さを意味する。もし洗練された細かな描写であれば、逆に全くの失敗作となっていたであろう。だがこのドームは間違いなく聖堂全体の冠の輝きである。芸術家の立場からする完全の概念は、全き知識、生来の才能、そして自分の仕事における練達をすべて包含する。それゆえ、不完全も、より大きな完全の一部にすぎないのである」。

キリストなき魂

非キリスト教世界の状況を端的に言表するのは「キリスト抜き」の一語であろう。異教の影響下においては、けっきょく沈滞、暗黒、厭世主義が拭われえない。キリストなき魂は、精神的にもモラルの上でも、無感覚になり、衰弱し、ついに滅びにいたる。肢体のあらゆる部分が知らぬ間に罪に染まり、霊的死を招く。したがって、いまや生命から生命への伝授をほかにして、救いはないのである。

預言者エリシャ

この関連で、預言者エリシャがシュネムの女の子供を起き上がらせた奇跡が深い示唆を与える。この母は急いで出かけ、カルメル山で神の人に会い、子供の悲しい死を告げた。預言者はしもべゲハジに命じて言った。「腰に帯を締め、わたしの杖を手に持って行きなさい。だれかに会っても挨拶してはならない。まただれかが挨拶しても答えてはならない。お前はわたしの杖をその子供の顔の上に置きなさい」〔列王下四・二九〕。ゲハジは彼らの先に行って、杖を子供の顔の上に置いたが、何の声もなく、何の反応もなかったので、引き返してエリシャに会い、「子供はまだ目を覚ましません」と告げた。

木の杖や信仰なきしもべに何ができるというのであろうか。そのいずれにも生命がない。そこでエリシャ自身が家の中に入って戸を閉じ、主に祈った。それから彼が眠っている子供の上に伏すと、子供の身体は暖かくなり、起き上がった。これはわれわれが、死せる異教とどう関わるかについての良い実例である。人間の造った道具も霊なき告知者も、ともに死せるものに生命を伝授することはできない。異教徒の傍らにともに立つことのできるのは、生ける主の現臨と霊の力に与かる神の教会をほかにしてない。そのような教会の生命のぬくもりと力、神から出る生命の霊を注ぎ入れること以外に、死んだものを揺り動かし、起き上がらせる方途はない。それゆえ、教会は堅く信仰に立ち、生命に溢れ、人間の権威や力ではなく、生ける神の霊によって伝道する群れでなくてはならない。

新しいミッションの時代

いまわれわれは、新しいミッションの時代に際会し、最終的な検討と計画をすすめることが求められている。世界の各地で門戸が開かれ、受け入れ態勢も整いつつある。われわれはいよいよ準備を完了し、目標を見定めて、前進することが期待されている。

からし種

伝道地には生命と力に満ちた教会が建てられている。それは現地に根を下ろした、いわば土着の教会であり、からし種のように、小さな芽が成長し、今では大きな枝をはっている。古い伝道地の教会では次第に自覚が深まり、さまざまな自己表現を生み出している。信仰の種がまかれ、栽培され、すでに百年以上の時が経過した当然かつ理由のある結果と言えよう。力量のある現地のリーダーが育成され、キリスト教が次第に土着し、賛美歌や祈りも自国語で創作されている。したがってこれらの伝道地におけるキリスト教は豊かに結実し、たとえ宣教師団が撤退してももはや根こそぎにされることはない。

宣教師たちや本国の伝道局（ボード）は時として若い教会の自立的な考えや生き方に当惑をおぼえ

る。これまで長い間、彼らは現地の教会の成長と発展を祈り、自立伝道体制の確立を願いかつ推進してきた。しかるに祈りが応えられ、計画が達成されると、自立・連帯の動きに対して反発がおこり、現地教会の行政や形態が母教会のそれと異なると批判を下す。これはどういうことか。もとよりキリスト教の本質にかかわる基本線は常に正しく伝えられねばならない。しかし、教会形成や教会員の育成に関して、たとえば西欧の型をそのまま東洋の教会に移すことは賢明であろうか、またそもそもわれわれにそのような権利があるのだろうか。現地の教会が外国化するということは「本国の不完全な教会の不完全な模倣」を生みだすことにならないか。西欧化を促すことは、若い教会の肩に重いくびきを負わせ、成長を止めるとは言えないまでも、彼らの自発性を押える結果となる。健全な現地人キリスト者が自分の信仰を証言し、自らの血をもってイエスの焼き印を押したのである。そして何千何万もの人々がこれら先達たちの隊列に加わろうとしている。それゆえ、キリスト教の保持と伝達という課題は、神の霊の啓導のもと、現地のキリスト者たちに委ねるべきである。

教派間の協力体制

　このことは、世界伝道が、ミッションの現地では教会の有機的合同を要求することを必ずしも意味しない。もちろん、合同は時と場合によっては望ましいことであり、み国においては確実に実現するものである。しかし、今われわれに課せられている伝道の業を、もっとも有効に推し進め、一日も早く軌道にのせるためには、むしろ教派間の調整と実現可能な相互協力のためにこれまで以上の努力を傾注すべきである。もしこの点で実りある進展がなければ、福音に与かるものに課せられた大いなる責任にたいしてわれわれは、不真実の誹りを免れ得ないであろう。

エディンバラ会議

　エディンバラで開催された世界宣教師会議〔一九一〇年開催の同会議でランバスは第二部門議長をつとめる〕の第八部会が以下のごとき所信を公にしている。

「教会はいま、初代教会が福音の立場を力強く打ち出すことによって異教世界とたたかわなくてはならなかったように、ふたたび対決の時代に際会している。一方で教会行政の分離体制に起因する利点を評価し、他方で組織の改善や協力関係促進のための努力を奨励しながら、しかもけっきょく現今のキリスト教が、適切な統合への見通しも十全な共通の基盤も確認しえないまま、高邁遠大な課題に立ち向かわねばならないというのが実状である」。

世界各地の動き

世界各地のミッション運動のなかで、究極的な目的の一致を標榜する一方で、近い将来における神の国の前進を様々に説く諸教派の立場をそれぞれ尊重する行き方が示唆されている。

インド

インドの福音教会連盟は、地方ならびに全国の教会協議会の意思決定機関であるが、メソジスト、長老派、フレンド派、ディサイプル派その他を包含し、教憲は次のように謳っている。「連盟は、何れの教派、集団の信条にも干渉しない。加盟諸教会は互いの教規を尊重し、他教派のメンバーが交わりや聖餐に参加することを歓迎する。連盟結成の目的は、あがない主が祈られたごとく、彼の弟子たちの一致をより一層推進することであり、その実現のために絶えず一致の原理を主張し、その実践を促すのである」。この運動の重要性はいかに強調してもしすぎることはない。何故ならここでは、インドの福音伝道のために、教化活動、財政、現地の関係官庁および教派間の協力など、ともかくすべての調整と統合が目指されるからである。

アーサー・J・ブラウン博士〔Arthur Judson Brown, 1856-1945 アメリカ長老派教会宣教師、外国伝道局主事。特にアジアの教育伝道に関心をもち、積極的な提言を行なった〕は、「一致と伝道」と題する時宜に適った講演のなかで、フィリピンの宣教師団の動きに言及し、彼らが連盟のこのようなさまざまな困難を前提した上で、しかもここに、諸教会の現有勢力を一つの協力体制に統合してゆく努力の必然性と英知の結集を洞察し評価している。

フィリピン

フィリピンの福音主義教会連合は、その設立の目的について、「フィリピン諸島のすべての福音主義教会がその伝道活動において国際礼譲を重んじ、有効な成果を上げることができるように」と述べている。また教憲のなかには、他の諸規定と並んで、領域の分担に関して次のように記されている。「現在、フィリピン諸島で数個の福音的宣教師団が伝道を始めているが、人々への教化活動はむしろ責任領域を分担することによってより円滑に遂行でき、同じ地域を複数の宣教師団が担当するばあいに生じる労力、時間、経費等の無駄を省き、不必要な摩擦も避けることができる。したがって、以下のごとく定める。現在一定の地域を代表する教派のミッションは、それぞれ責任範囲を明確にした上であらためて伝道圏を決定し、他教派と協定を結ぶ。ただしこの協定は、三年毎に開催される福音主義教会連合の定期総会で改定されうるものとする」（A. J. Brown, *Unity and Mission*, pp. 148-149）。

世界をキリストへ導くためには、われわれの教派的な相違を強調することではなく、むしろわれわれが福音主義教会に属するものとして共有するもっとも基本的な真理を前面に押し出すことこそ肝要である。その真理とは、われわれの信仰の初めであり終りである、われわれの唯一の主イエス・キリストご自身の決定的な意味にかかわり、何ものによっても代替不可能なものである。伝道活動は、国の内外を問わず、強要された一致によって前進するものではない。また同時に、われわれが分かれ争っているかぎり、異教に対してキリストの勝利を得ることはできない。隊列が整えられなくてはならない。すべてを統合する究極の目的、そして教会のからだに生命を与える唯一の霊、すなわちご自身について「わたしは地上から上げられるとき、すべての人を自分のもとへ引き寄せよう」（ヨハネ一二・三二）と言われた方の霊がある。ここにいつまでも変らない強調点がある。キリストこそ、神の国の実現のためにわれわれが傾注すべきいっさいの努力の可能根拠だからである。

神はその力をイエスのうちに働かせて、彼を「すべての支配、権威、勢力、主権の上に置き、今の世ばかりでなく、来るべき世にも唱えられるあらゆる名の上に置かれました。神はまた、すべてのものをキリストの足もとに従わせ、キリストをすべてのものの上にある頭として教会にお与えになりました。教会はキリストの体であり、すべてにおいてすべてを満たしている方の満ちておられる場です」〔エフェソ一・二二―二三〕。

このイエスが、かく祈られた。「あなたがくださった栄光を、わたしは彼等に与えました。わたしたちが一つであるように、彼らも一つになるためです」〔ヨハネ一七・二二〕。われわれもまた世々の使徒たちとともに膝を屈め、み父を仰いで祈りを合わせようではないか。

エフェソ三・二〇以下

「わたしたちの内に働く御力によって、わたしたちが求めたり思ったりすることすべてを、はるかに超えてかなえることのおできになる方に、教会により、また、キリスト・イエスによって栄光が世々限りなくありますように、アーメン」〔エフェソ三・二〇―二一〕。

第六講　キリストの主権

キリスト教は教理ではなく、真理である。倫理綱領ではなく、福音である。宗教一般を超えて、キリストである。しかもランバスは、この最終章でドグマとしてのキリスト論ではなく、イエス・キリストの人格と働き自体が秘める生命と力を伝達することに集中する。

統治者キリスト

天界において、太陽が一つの中軸となり、その周囲を他の惑星集団が運行するように、人類と他の諸々の生命体が棲息するこの地球と宇宙全体の中心に、キリストが統治者として現臨する。自然の大宇宙には、熱を帯び発光するあらゆる天体が飛び交い、主権と権能を備えた超自然的存在が働き、地には人間、天にはみ使の大群が共に住み、凝集し、理に適った一つの目的をもつ統体が成立しているが、これを保持し意味あらしめるために至高者の支配と力が求められる。見通しのきかない権力者ではなく、統治力と権威ある人格である。み子、イエス・キリストは、そのような統治者として世に遣わされた。すなわち、神はみ子を「万物の相続者と定め、また御子によって世界を創造されました。御子は、神の栄光の反映であり、神の本質の完全な現れであって、万物を御自分の力ある言葉によって支えておられますが、人々の罪を清められた後、天の高いところにおられる大いなる方の右の座にお着きになりました。御子は、天使たちより優れた者となられました。天使たちの名より優れた名を受け継がれたからです」〔ヘブライ一・二―四〕。そして、人間でもなく、天使でもなく、み子についてこう言われる。「神よ、あなたの玉座は永遠に続き、また、公正の笏が御国の笏である」〔同一・八〕。

至高者としてのキリストは、至上の福音によって証言される。キリストの救済の福音は、原理において、恵みにおいて全世界に及ぶひろがりをもち、人間の信仰を促し覚醒してやまない力、また人間の希求に対する応答を意味する。この福音はまた、神の意志として、教会に使命を与え、キリストの弟子たちに、出て行ってすべての国民に彼の福音を宣べ伝える務めを命じる〔マタイ二八・一九―二〇参照〕。キリストのようにへりくだって人々と共に歩んだ方はかつてなかったし、同時にまた地上に現われたもののうちキリストに勝って力強い存在も見出されない。彼は、他に仕えるために己れを空しくし、しかも神のみ子として、自然も超自然も、人間も天使もあらゆるものが、すべて神の意志に従うように、と命じた。彼は、私たちが命の冠を得るために十字架を負い、私たちが神の子らと呼ばれるために、すべてのもののために自ら死を引き受けられた。それゆえに、キリストはいまや世界の唯一の希望と力の源となられたのである。

唯一の希望

ロウマーニズ

国会議事堂の上空にそびえるワシントンの記念碑が、視界から下方へ遠のくにしたがって一層高く聳えるように、ガリラヤの人〔ナザレのイエス〕は、この世への来臨以来、人間の歴史が幾世紀もの時を刻むなかで人類に対する意義をいよいよ増大している。ロウマーニズ〔George John Romanes, 1848-94 英国の生物学者。ダーウィンの進化論を支持。無神論者からキリスト教徒に転ず〕はその著『宗教論』（*Thoughts on Religion*, 1895）の中で次のように述べている。「ひとりの人間が人類の歴史に及ぼした影響を評価するとすれば、世俗的観点からしても、キリストの生涯に比肩しうるような偉大な人物はかつて存在しなかったことが疑われない」。

ソクラテスについては、彼があくまでもひとりの人間として死んだと言われるが、イエスの死は神の死を映しだすものと伝えられる〔マルコ一五・三三―四一参照〕。もとより、イエスはいかに死ぬかではなく、むしろいかに生きるべきかを人々に教えるために到来したのであるが、世の罪をあがなう犠牲の供えものとしての彼の死は、彼をしてただちに人間の範疇をこえて高く引き上げる当のものであった。キリストの愛の使信を地の果てまで宣べ伝えるために自分の命を捧げることは、あるいは不可能な犠牲ではないであろう。だが、イエスがよみがえらされたのは、むしろ人々にいかにして献身的な生涯を生きぬくべきかを教えるためであり、それは命を捨てることよりはるかに困難な課題なのである。イエスが与える動機、提示する諸原理、そして彼が言明する教理、それらはすべて人間に可能なもっとも豊かで実りある人生を目指し促すものである。

豊かな生命

この世のもっとも偉大な教師としてキリストが教える真理は、豊かな生命を生み育てる原種である。したがって、これらの真理の種を遠く離れた人々のところに運び、聖霊の生ける啓導のもとで誠実に種を蒔くことによって、人々の生活の中にみ霊の実を生み出すことが期待されるのである。み霊の実は、愛、喜び、平和であって〔ガラ五・二二参照〕、それらは、人々が自らの野望をキリストのゆえにひとたび捨て去ることによって打ちたてることのできる霊的支配の原理または可能根拠である。

人間イエス

イエスを人間として見るばあい、その生涯と人格の特質について、研究者たちはどのような理解を示すであろうか。

ルナン

ルナン〔Joseph Ernest Renan, 1823-1892 フランスのオリエント史学者。『イエス伝』*Vie de Jésus*, 1863, は大きな反響を呼んだ〕の言説を引こう。

「全歴史は、彼（イエス）なくして不可解なものである。……彼は人類の未来の信仰の対象を創造し、その信仰の出発点を定めたのである。……この比類なき人格に対して、世界の良心は、神の子という称号を与えたが、それはまったく正当なことであった。……神の子らのこの偉大な家族の第一位に、われわれはイエスをあげなければならない。……人間の思いの内にかつて芽生えた最高の神の実在感は、イエスのそれであった。……高貴なる始祖よ、今は汝の栄光のうちに憩え。汝のわざは成就し、汝の神性は確立された。……汝は人類の礎石となるゆえに、この世界から汝の名を取り去ることは、世界を根底まで粉砕することを意味するであろう。汝と神の間には、もはやいかなる区別もない。死の完全な征服者よ、幾世紀にも亙って汝をあがめ礼拝する者たちが、汝の設けたすばらしい道をたどって従い行くであろう汝のみ国を所有せよ。……未来の意外な出来事がどのようなものであろうと、イエスはけっして凌駕されることはない。彼の信仰は絶えず若返り、彼の生涯の歩みは、いつまでも涙を誘うであろう。彼の苦難は高貴な心を揺り動かし、あらゆる時代が、人の子らのうちイエスほど偉大な者は他に生まれなかったことを宣明するであろう」。

キリスト教の恒久性と普遍性

キリスト教は、その恒久性と力動性を本質的な内容としてそなえ、かつ無比なる普遍性を約束する宗教である。二千年の間、様々な危機的試練をくぐりぬけ、人類社会の隅々までキリスト教は宣べ伝えられたが、しかも長い時の流れの中でその力を失うことはなかった。地上の国家、制度、文明等は、あるいは衰退し消滅することもあろう。だが、キリスト教はたえずその生命と啓示と力の神的根源に立ち返ることによって、質的な若さと勢いを更新しつづける。恒久性と普遍性の秘密がここにある。預言者は呼ばわる。「人は皆、草のようで、その華やかさはすべて、草の花のようだ」「肉なる者は皆、草に等しい。草は枯れ、花はしぼむが、わたしたちの神の言葉はとこしえに立つ」〔イザヤ四〇・六・八、第一ペトロ一・二四参照〕。

万民のための宗教

キリスト教は上に述べた意味において、諸宗教の一つというよりは唯一の宗教である。特定の国家、民族ではなく、すべての国民のための宗教である。西の宗教でも、東の宗教でもない。世界万人に啓示された普遍的宗教である。旧約の詩人は、子に対する主（ヤハウェ）の約束についてかく言う。「求めよ。わたしは国々をお前の嗣業とし、地の果てまで、お前の領土とする」（詩二・八）。そして、キリスト自身が福音の無限の広さ深さについて告知される。「神は、その独り子をお与えになったほどに、世を愛された。独り子を信じる者が一人も滅びないで、永遠の命を得るためである」（ヨハネ三・一六）。異邦人のための偉大な使徒（パウロ）もまたこの国家、民族的感情を超越した世界主義を常に念頭におき、ローマの人々に書き送っている。「わたしは福音を恥としない。福音は、ユダヤ人をはじめ、ギリシャ人にも、信じる者すべてに救いをもたらす神の力だからです」（ロマ一・一六）。

福音の絶対的自由

イエス・キリストの福音の栄光は、常にその絶対的自由のなかに見出される。福音は、その進展を妨げる階級的境界をすべて取り払い、社会の最下層の人々にも、最上層の人々にも分け隔てなく呼び掛ける。そして、先買権で縄張り区域を買収し、扉を閉ざすようなことはしない。むしろ万人に対してその特権を開放し、槍を握るローマの兵士にも、王笏《しゃく》をもつ支配者にも、あるいは豪壮なイタリア風の別邸を所有する誇り高き富豪にも、そして剣闘技場に追いやられる運命の奴隷にも、まったく同様に神の恩恵を告知することをはばからない。使徒（パウロ）が言うごとく、「高い所にいるものも、低い所にいるものも、他のどんな被造物も、わたしたちの主キリスト・イエスによって示された神の愛から、わたしたちを引き離すことはできないのです」（ロマ八・三九）。

宗教の実力

キリスト教は、最悪の状態にある人間を探し求め、彼を最高の状態へと引き上げる。これこそキリスト教本来の課題であり、その使命の輝きにほかならない。山脈の規模が、そのもっとも深い渓谷と最高の嶺の間の距離で測定されるとすれば、宗教の実力は、どん底に落ち込んだ人間をこの上ない高貴な人格と生涯へと変革する力によって測られるべきである。このような観点から判断すると、キリスト教はその再創造と革新という使命、そして旺盛な活力の充溢において無比なる位置を占めると思われる。福音は、まず人間の罪を葬り去り、しかもそののち彼のうちにみ霊を注ぎ入れる。ひとたび空しくされた生命が、霊の充満せる生命に変えられ、不完全なキリスト者が、神の恩恵とその力によって神の国に与かる完全な者とされるのである。

キリストの愛

宣教師の使信は、まず当人自身がキリストの愛によって迫られ、押し出されることなくして、けっして力強く伝達され得ない。また彼が、人間に対する愛に溢れていないかぎり、福音のメッセージが内包する力と危急性を正しく認識することもなし得ない。失われたものに対する真の意味における同情、すべての人に対して喜んですべての人のようになる善意は、ただひとりキリストによって生み出される。真理は、それが人々にとって力をもつためには、簡明かつ真卒に語られなくてはならない。そして真理が注ぎ込まれた愛、あるいは愛として発現する真理の受肉が証されなくてはならない。今の時代のニーズに対する究極の解答は何か。それは真理のための真理の愛でも、あるいは、命のための命の愛でもない。そうではなくて、どこまでも人間のための真理への愛と献身、これこそ要諦である。キリストは、命と同様真理を重んじたが、しかもたんに真理のために死なれたのではない。彼は、罪ある人間が、そのとがから解放され、あがなわれ、今からのち、ひたすら他に仕える生涯に入ることができるように、自分の命を渡されたのである。

究極の答え

イエス・キリストは、聖霊によって至高者とされた生ける神の子であり〔ロマ一・三―四参照〕、われわれの時代のニーズに対する至高かつ究極の答えなのである。それゆえ、すべての者の命は、キリストの命と結ばれ、あらゆる信仰はキリストに向うことを求められている。キリストによるみ父の啓示こそ世界と歴史における唯一の真理であり、キリストの愛は、もっとも大いなる力の源、その生涯と働きは、聖化され、献身を志す人間の可能性の最高の証示である。

世界の諸宗教は、それぞれのルーツを遠い過去に埋めている。しかもそれらの源泉がもはや枯渇し、不毛となっているにもかかわらず、キリスト教が同様の運命に陥らない一つの保証がある。それは、生けるキリストである。キリストは、人間的な営みの直中で、あらゆる時代をこえる神の相続人として彼の教えを強化するために、絶えずそれらを更新して止まない。さもなければ、彼に従う者たちにまったく望みはないであろう。しかし、生けるキリストゆえに、彼らは信仰に基く健全な楽天主義の恩恵に浴し、人生の苛烈な試練に、今もこれからも耐えぬくであろう。

「偉大な信仰の役割は、完全な人々を見出すことではなく、そういう人々を造りだすことである」と言われるところは正しい。人間形成という厳粛な営みにとって、信仰が重大な要素であることはむろん否めないが、しかも完全な人間を造りあげるためには、偉大な信仰をこえてなお必要なものがある。キリスト教の統体が、失われた人々、罪責にさいなまれた人々を追い求め、彼らの古き人格を変革し、証しのわざを委託し、ついに光の国を興すにいたる。しかも、そのいっさいの働きの主体は、けっきょくキリストご自身に帰せられる。キリストという核心、推進力、すなわち倫理的次元と霊的次元を統合するこの無比なる人格を抜きにして、そもそもキリスト教は成り立たないのである。

キリストのイメージ

「キリスト教の真理についてのもっとも素晴らしい、犯すべからざる証示は、われらの主イエス・キリストご自身である。われわれが想起すべきは、この不思議な人格としての崇高なキリストとみ父の栄光の輝きが醸し出す比類なき荘厳さ、崇高な資質、彼による神の教え、すなわちキリストの本質を映し出すイメージである。われわれは、主（ヤハウェ）のみ座の側に輝き立つセラピム（三対の翼を備えた天使）や主のみ旨をあらわすべく急ぎ行くみ使いの長たちのようではなく、むしろ『万人の上に立つ至高者』『いとうるわしき者』としてのキリストを慕い求める」（The Rev. M. S. Baldwin, Bishop of Huron, *Student Volunteer Convention*, 1898）。

キリストの主権

われわれは、キリストの主権を主張する。何故なら、われわれの生涯も奉仕も、良き実を結ぶことのできる力も、すべてはキリストを源泉とし、一つとして彼によらないものはないからである。しかも一方で、われわれがまったく彼に依存すると同時に、他方でキリストが、不思議にもわれわれに依存し、期待されるのである。わたしは、控え目に、慎んで言うのであるが、キリスト自身がそのように教えている。彼はぶどうの木、私たちはその枝である〔ヨハネ一五・五参照〕。キリストご自身が隅のかしら石、私たちはその上に組み合わされた建物である〔エフェソ二・二一以下参照〕。また教会はキリストをかしらとする〔コロサイ一・一八他〕彼のからだであり、私たちは、彼の手、彼の足として〔第一コリント一二章参照〕、キリストご自身を世界に宣明し、彼のメッセージを、失われた人々に伝えるべく活かされ、用いられるのである。死ぬべき有限な人間にとって、神のみ子の出現、開示、顕現という出来事に参与することにまさってすばらしい、天来の感興を催させる（インスパイアリングな）体験はほかにないであろう。キリストは、私たちの仲保者として大祭司の位置につき、人間は、イエス・キリストを通して今やはばかることなく恵みの座に来たり、み霊に満たされ、押し出されて、キリストを隣人たちに証しする生涯に入り、勇躍出てゆくのである。それだけではない。そのような人は、キリストに似るものとなる成長の過程で、栄光に輝く顕現としてのひとりの小さなキリストになるのである。

小さなキリストになる

人間という器

　イエスは、失われた人々を探し求め、この世を救うために来臨した。彼は福音を世にもたらす方途として、人間という器を選んだ。もとより、天使を選ぶこともなし得たであろうが、神の計画はそうではなかった。人間のほうがその任により相応しい。何故なら、イエス自ら人となられたからである。人間は天使と異なり、弱さと罪を担い、そのとがに苦しみながら、しかもキリスト来臨の目的とあがないのわざの栄光に与かる相続人とされるのである。このような使命を与えられた者は、キリストに倣い、彼に似るものとならなくてはならない。現に、人は己を空しくし、他に仕える献身を通してキリストに似るものとされ、すべてを結びあわせる愛の力と情熱によって、この世に勝利するのである。

唯一の師であるキリストが、大いなる真理を逆説的に語り、呼びかける。「自分の命を救いたいと思う者は、それを失うが、わたしのために命を失う者はそれを得る」〔マタイ一六・二五〕。この原理は、他の人々の救いのために献身する私たちの歩みにも当てはまる。十字架の道を選ぶことによって、私たち自身が命にいたり、同じ仕方で他の人々を、われらの主との生命的交わりのなかに招き入れることができるのである。主イエスの献身の精神は、その献身の生涯によって世に証しされるほかはない。

キリストとの自己同化

私たちの生の直中で担われたキリストの苦難が不思議な仕方で「キリストの救いのわざと不可分に結合」している。もっとも豊かな奉仕のいとなみが、しばしばもっとも深い苦難の体験を通して実現することを私たちは知っている。これこそ真の意味におけるキリストとの自己同化ではないか。使徒は、事態をすべて根本から理解し、謙虚な思いで主との恵みの交わりを受け入れ、証言する。「今やわたしは、あなたがたのために苦しむことを喜びとし、キリストの体である教会のために、キリストの苦しみの欠けたところを身をもって満たしています」〔コロサイ一・二四参照〕。「だれかが弱っているなら、わたしは弱らないでいられるでしょうか。だれかがつまずくなら、わたしが心を燃やさないでいられるでしょうか」〔第二コリント一一・二九〕。「わたしは、イエスの焼き印を身に受けているのです」〔ガラテヤ六・一七〕。

義和団事件

義和団事件の後間もないころ、ハーラン・P・ビーチ博士〔Harlan Page Beach, 1854-1933 アメリカのプロテスタント中国宣教師。一九〇六年からイェール大学神学部教授〕が、ある日曜日、北中国を訪れた。ちょうど主の聖餐式を中心とする礼拝で、中国人の長老たちによって配餐がなされたが、そのなかにひどく両手の不恰好な人がいた。聖餐のパンが裂かれ、この中国の兄弟がそれを差し出したとき、博士は思わず知らず身震いした。その手があまりに醜かったためである。何故このように傷ついた不自由な障害者を分餐の補助者とすることを容認したのであろうか。

礼拝後、質問が出され、返答があった。この人物は立派な信仰者と見なされ、主権者キリストへの生きた信仰の証人である。義和団員たちが彼を苛烈な試練にあわせ、主イエスを否定することを強要したとき、彼は断固として拒んだ。そのため、彼の痛めつけられた身体は拷問台の上で止むことなく鞭打たれ、彼の両手は縄で締め上げられ、骨が砕け、回復は不可能と思われた。しかし、彼の信仰があらゆる十字架の敵を越えて勝利した。人々は、彼の肉体を滅ぼすことはできても、彼のキリストを廃位させることはできなかったのである。

ここに、一人の謙虚な中国の兄弟がいる。彼は福音を伝播した西欧のキリスト教思想や活動の中心から遠く離れて立つ。確かに彼は単純に、ただひたすらイエスを信じる者であるにすぎない。しかし、あの日曜日以来、ビーチ博士の目には、この兄弟の手の傷あとがいかに光輝いて映ったことであろうか。一万人もの人々が、その信仰の故に死んだ。だがこの兄弟は、あえて苦難を受けるために生きぬき、苦難を友とし、主イエスの焼き印を彼の身に帯びている。そしてこのような苦難の共同を通して、まさしくキリストの卓越性が証示されるのである。

主イエスの焼き印

伝道地の原住クリスチャンの信仰はその素朴さゆえに、美しい。彼は、芸術や文学にあらわれたキリスト、歴史と神学の主題としてのキリストを殆どあるいは全く知らない。だが、何にもまして中心的かつ決定的な事がらは、彼がキリスト、生ける神の子としてのイエスを知っているということ、そのイエスを信じ、彼のために死ぬことも辞さない、そしてどこまでも彼の主権を求めてやまないことである。これらはすべてキリスト教の真実を証しするものであるが、羊皮紙に書きつけられた、あるいは石に彫られた信条や告白定式の類ではない。燃える思いで綴られた生きた証文、あるいは弓の弦から放たれた矢のごとく、一直線に飛び行くメッセンジャーにたとえることができよう。そのような矢は、人の手ではなく、神の意志によって放たれるものであり、この中国の兄弟にとって、神に用いられることは、戦場でもっとも武勲のある英国軍人に授けられるヴィクトリア勲章にもまさる大きな栄誉なのである。それはまた、神に対して、自身をよろこんで僕（しもべ）として明け渡すことであり、その結果、たとい同胞が南米に向う苦力（クーリー）〔中国の自由労働者〕運搬船のなかに閉じ込められていても、彼らと同行し、あるいは鉱坑で働く仲間に加わり、そこで彼らを、主であり師であるキリスト〔ヨハネ一三・一三参照〕へと導き入れることができるのである。

主であり師であるキリスト

キリストの人格

それゆえ、われわれが世界伝道によって人々の前に証したいと切に希うのは、歴史のキリストでも、神学のキリストでもない。イエス・キリストの人格である。キリストはご自身を開示し、われわれを彼の生命に与からしめ、われわれが彼とのリアルないのちの関係に入ることを欲しておられる。学校で修める神学への道もこのイエスによって拓かれる。歴史のキリストを通して神学のキリストに向い、さらに両者が統合のセンスによって、キリストの人格的働きとして正当に認識されるのである。このキリストは、あくまで個人の魂に迫り来るゆえに、呼び掛けられたものはみな、他ならぬこのわたしの罪を赦し、わたしの生涯を更新し、わたしを大いなる愛によって押し出すお方、それは生けるキリストである、と証言するにいたる。

キリストと聖霊による神証示

神の国とは、したがってわれわれが自らのうちに、イエス・キリストにおいて自己啓示された神の意志とその働きの事実を受容することのほかではない。あらゆる宗教的指導者のなかで、ひとりキリストのみが、神をして「真に信頼し、理解し、信じるべきリアルな存在」すなわち生ける人格的な、聖なる父として明示する。キリストは、ご自身の肉体によって、また聖霊の働きを通して父なる神を証しすることにより、み子としてのわざを全うしたのである。

イエス・キリストの逆説

「イエス・キリストの名は、歴史上もっとも輝かしい出来事と同時にもっとも深遠な逆説〔両者は不可分であるが〕と結びついている。それゆえ、イエスの歴史に関するもっとも平凡な叙述にも、他のいかなる叙事詩も及ばぬ驚くべき豊かさが秘められている。彼は、当時蔑まれ憎まれていた民の子として、卑しく生れ、貧困の中で育ち、学問を修めることも、人生の幸運を掴むこともなく、孤独に耐え、生涯を通してただ一度、短い運命的な一時期を除いては人々から尊敬されることもなく、むしろ富める者の反感をかい、宗教的指導者たち、学者たちから排撃され、祭司らの迫害をうけ、十字架刑を宣告され、名もない短い生涯を終えた。卑しい身分ゆえに、その死は、人々に顧みられることもない不名誉な横死と見なされた。だがしかし、まさしくその受難と十字架のゆえに、彼は、かつていかなる君主もきわめたことのない王位、いかなる皇帝も行使したことのない支配権を与えられたのである」（Fairbairn, *The Place of Christ in Modern Theology*, pp. 6, 7）。

ヴァルネク〔前出〕は、未開人たちの間に浸透している精霊崇拝（アニミズム）に関する研究のなかで、「根本的な人間の不安が到るところに見出され」、しかも人生の深遠な問題についての答えはいつも「不可解のまま」である、と言う。また、スリナム〔南米北東岸の旧オランダ領植民地〕のある異教徒が「あなたがたは真理に仕えているが、私たちは虚偽に隷属しており、しかも虚偽が常に猛威をふるっている」事実を是認した、とも記している。虚偽という祭壇に真理が犠牲となると、信仰の破綻とその結果としての不安が不可避的となる。異教の宗教生活は、欺瞞的な雰囲気に覆われ、宗教的虚偽に長けた人間は、ただちに偽りの宗教の信奉者となり、道徳的退廃と霊的破局をもたらす。

偽りの宗教

精霊崇拝

真理の喪失は、道徳律全体の転倒と神からの疎隔の増大を惹起する。「陰気な謹厳と悲壮な哀感」が精霊崇拝を貫流し、「熱帯の輝きもアニミストの宗教生活を明るくすることはできない」とヴァルネクは言う。「精霊崇拝者たちは、暗く、硬い、気の滅入るような想念をいだいている。親しい神々は遠く彼方に退き、無数の恐るべき諸霊が跋扈し、その脅威は耐え難く、しかも運命は冷酷で、人々の魂も無情なものとなっている」（Warneck, *The Living Christ and Dying Heathenism*, p. 81）。わたし自身、中央アフリカ、ことに北部コンゴの村々を隅なく旅して、その間、時折子供たちのはしゃぎ声を聞く以外、笑声というものを全く耳にしなかったことに気づいたのである。暗雲と死の蔭が夜の帳のように覆い、地獄の沙汰も金次第といった悲劇的な人生観を植え付ける宿命論の呪縛から人間を解放するものは何もない。この世の悪の諸霊から抜け出る自由も、来たるべき世の新しい命にたいする希望も何もない。

ミッションの力の源泉

このような窮境を突き抜け、人間に将来の新生の希望を与えるためには、強大で超人的な力が必要である。生命と力に充ち溢れたキリスト教のみがよくその任に応えるであろう。いま教会のミッションの企てが着実に世界を導いている。方策・技術(machanics)ではなく、その力の源泉(dynamics)ゆえである。キリスト教はたんに倫理的ではなく、霊的であり、世界と宇宙の根源的な力であるが、しかもそれは、すぐれて人格的、生命的な力であり、万人に向けられている。その具現者こそイエスであり、彼はすべての罪人を招く生ける救い主、み父のもとで万人のために立つ仲保者、そして聖霊として現臨する人格である。聖霊なるキリスト・イエスは、父と子をともに明示し、神がわれらと共に、すなわち、恵みの約束を受け入れる神の子らと共にあることを確証する。彼は直接的に、内在的に、いつまでも変わることなく働き、現臨する。この生ける人格を受容し、彼を正しく認識し体験することこそ、福音の真髄であり、ミッション活動の目指すところである。

第一テサ一・五

世界をキリストへ導くためには、いっさいの主権がキリストに帰され、キリストの福音が、使徒パウロの次のような精神に基づいて宣べ伝えられなくてはならない。彼はテサロニケの教会の人々に宛てて書いている。「わたしたちの福音があなたがたに伝えられたのは、ただ言葉だけによらず、力と、聖霊と、強い確信によったからです」〔第一テサロニケ一・五〕。

個人的な神の実在感覚を別にすれば、道徳的確信に勝って人間を強く立たしめるものは他にない。そして、メッセージへの確信とその担い手を派遣した神の意志への自覚が統合されると、聖霊による

フィリップス・ブルックス

確証がいよいよ堅くなる。人々は絶えず神を探究してきた。しかし、たとえば「インド諸島あるいはアフリカ土着の宗教のなかで、ご自身を人間に明示する神を正しく理解した例はなかった」と言われる。キリスト教の場合は、神の自己啓示という理解が一貫しており、イエス・キリストにおいてその究極的な実現をみるのである。今日のもっともすぐれた説教者の一人であるフィリップス・ブルックス（Philips Brooks 1835-1893 アメリカ聖公会マサチューセッツ主教。説教者として名声を博す）の以下の言辞は、信仰の確信と個人のキリスト体験の成長の過程を見事に言い表わしている。「あらゆる体験を通して、いよいよキリストの生涯が私たちの歩みの上に圧倒的な仕方で迫り、私たちは彼との交わりに入れられる。決して一瞬の閃光のごとく、あるいは発作的で急激な出来事として体験されるものではない。変わることのないキリストと共なる生活のなかで、徐々に、間断なく成就される。そして、このキリストとの交わりにおける不断の成長のなかで、私たちの内と外なる歴史、状況の変化、思想の変遷などいっさいが意味と価値を獲得するのである。かかる交わりと成長が、私にとっていかに人格的な生命と意味をもつものであるかについては、到底筆舌につくし難い。確かにキリストがここに在す。キリストが私を知り、私がキリストを知る。これはたんなる誇張や言葉のあやではない。この世でもっともリアルなことであり、しかも日毎に鮮やかになる。これからなお年月を経るほどに、このキリストとの交わりが一層深められるのだと思うと、つきぬ喜びが溢れてくる」（Phillips Brooks, *Sermons*, pp. 193-194）。

再献身の必要

キリスト教は、世界に対し常に新しい高潔な理想を提唱してきた。それがキリスト教の使命でもある。そのような理想は人間によって支配されるものではなく、かえって人間が理想によって捉えられるのである。それゆえわれわれは、絶えずわれわれの理想の前に再献身する必要がある。人間は弱い存在であり、忠誠心にも、鋼の金属疲労と同様、持ちこたえられる限度がある。しかも人間性の最後の砦に向けられる攻撃は激烈で、殊に疲労と苦痛によって活力が低下し、抵抗力が失われると、攻撃の手はいっそう勢いを得る。このような時、人はおそらく自分の高潔な召命にはふさわしくない行動にでることもあろう。したがって、われわれの高き理想を低くし、我々の召命と働きを安価なものに引き下げる真の意味における危機がある。

サタンとのたたかい

サタンが最初の激しい攻撃をイエスに加えたのも、やはり活力の減退した時であった。まずイエスをとりまく境遇が厳しい状況を示唆する。断食の後の空腹が肉体を蝕み、一方に孤独感を伴う重苦しい雰囲気、他方に暗黒の力による圧迫感がイエスを襲い、しかもその時、彼の側にはあの眠りこける三人の弟子たちさえいなかった。だがしかし、イエスは彼の生涯の目的の再確認と神への忠誠の更新によってサタンとのたたかいの場に臨み、信仰の盾をとり、み霊の剣をかざして雄々しく立った。イエスはヨハネから洗礼を受けた時、神の理想が彼の全生涯を高く引き上げたのである。彼は万軍の主（ヤハウェ）のみ霊によってみ翼に乗り、悪霊と戦い、これに打ち勝った。彼が、肉と悪の力に勝利したのは、ただこのみ霊の力による。悪魔はイエスを離れ去り、み使いたちがみもとに来て彼に仕えた〔マタイ三・一三―四・一一参照〕。

K・マッケンジー

天津におけるマッケンジー博士（Kenneth Mackenzie）の働きは、神の理想とキリストへの忠誠を全うした高貴な実例である。彼とキング博士が、リー夫人の病状回復に助力し成功したことが、この主要都市圏のナンバー2の地位にある Li Hung Chang 氏からの魅惑的な申し出のきっかけとなった。中国の最高位にある一人、長（Chang）氏が、宣教師の医療活動に対して好意的な態度をとり、寛大な友情、王室の寵愛を披歴し、その影響は測り知れないほど大きいと思われただけに、この申し出は非常に魅惑的であった。加えてこの時、マッケンジー家には悲しくも寂しい深刻な試練があった。彼の妻が心身の不調を訴え、治療のため英国に帰国しなくてはならなかったのである。こうした事情のゆえに、高官からのこのすばらしく有利な配慮はいっそう大きな誘惑に相違なかった。もしかりに、彼がこの申し出を受けていたとしたら、あるいは強大な個人的影響力と医療活動の拡張は実現したかも知れない。が、その代償として、彼はおそらく彼の生涯の中心目標とともに、およそ本質的に価値あるものをすべて失うことになったであろう。

マッケンジー師は、不屈の意志をもって、病人を癒し、福音を宣教する献身の人生航路を生きぬいた。このように、安価な人生を拒絶し、むしろ絶えず高次の目的意識を抱き、一つの目標を目指して走る人生を根本で支えた力は何か。それは、日毎の祈りの深化によって更新される彼の信仰と洞察力であった。彼の寝室は、信仰書の並ぶ図書室であり、壁には見えざる実在の神を証する先達たちの肖像が掛かっていた。密室に退いて、あるいは高官を招いた聴衆を前にして、病院のチャペルで、貧しい病人の枕辺で、彼は静かに、しかし全身全霊をもって神の臨在を証したのである。彼こそ、一方で最高の科学、学問に従事し、しかも他方で人間の最も内奥の問題にかかわることのできた類稀れな人物であった。情熱の唯一の源をキリストに帰し、ひたすら人々を健全な生涯に導くことを使命とした。召される最後の年、彼がその魂をイエス・キリストのもとに導いた人々の数は、ミッション全体の改心者総数を上回った、とも言われる。また、病床にある一人の貧しい中国の農民が臨終の際、真夜中であったが、叫び声をあげ、「わたしはまだ死ねない。わたしは、あのお医者様にお別れを申し上げるまでは、どうしても死ねないのです。私をイエス様のところへ導いて下さったのはあの方だからです」と語ったという逸話も残されている。死期の迫ったいまわの時、病室に横たわる老人の側に、最愛の医者が、疲れた身体を厭わず親しく寄り添う有様は、天のみ使いが地に下り、明けのきら星が歌声を合わす光景を思わせる。

一体何が起こったのか。天の都が地に移ったというのであろうか。父なる神が変容し、このように神々しい仕方で人間への務めを果されるのか。否、神自身変わることはない。むしろ、神は絶えずこの世を追い求め、愛してやまない。「この世が変わったのである。もはやかつての世と同じではなく、イエスが離去した後、この世は不断に変革されている。大気は天来の香りで充満し、神聖な意識、超越的な次元への思いが〔神の〕息としてわれわれに吹き込まれる。たとい暗黒の時代が到来し、歴史が逆戻りして、教会が地球の全土で滅び去るようなことがあっても、あるいは不信が蔓延し、あまつさえ偽りの信心が真理をはずかしめることがあっても、なおここには、以前には無かったもの、不滅の何かがある。それゆえ、われわれの確信は揺るがない。キリストと彼の永遠の生命は、この世の存在の根拠として終りの時まで生き続けるであろう。キリスト教は、よりすぐれた教理ではなく、むしろ唯一無比なる人格の来臨を意味する。そのような神的人格がひとたび人間の生と歴史の直中に到来したかぎり、もはや彼をわれわれから引き離し、ついに追放することなどできるはずもない。真の福音であるイエスの生ける人格をこの世から取り去ることは、夜空に輝くきら星の一つを取り出し、その光を消すことによって天体の明光を暗くすることよりも遥かに難しい。……イエスを通して唯一の希望が現われ、そのあがないの業によって、この世は清められたのである。『視よ、世の罪を除く神の小羊！』〔ヨハネ一・二九〕。まことの光があって世に来た。地には平和が告げ知らされ、獄屋の壁は取り払われた。いざわれら立ち上り、出で行かん」（Horace Bushnell, 前出）。

ホーレス・ブッシュネル

われわれの人格概念、その尊厳と力とは、み子イエス・キリストを通して現わされた父なる神の知識の深化とともに成長する。すなわち、人格の有限性の概念が無限なるものを包摂し、われわれのうちに、人間の魂の無限の価値に対する新しい認識をもたらし、どんな代価を払っても失われた人々を尋ね求める目覚めた熱心な志を喚起するのである。このように豊かに拡充された人格概念こそ、偉大

豊かに拡充された人格概念

使徒パウロ

な使徒的宣教師を支配した力であり、それは彼がキリストを知ったことによる。パウロがキリストを知るにいたったことは、彼の人生にとってけっして周辺的なことではなく、まさに決定的な出来事であった。キリストの出来事が、〔人間の〕霊的尊厳の中核、宇宙の根源を意味するゆえに、宣教活動の霊的源泉はキリストである、と言われる。パウロは幻に不従順ではなかったが、彼がキリストを知ったのは、ただ天の幻を見たことによるのではない。彼は深い使命感に生き、「わたしは、ギリシャ人にも、他の異邦人にも義務がある」と力強く宣言したが、それも彼自身の確信から出たものではない。また、使徒職について、他の誰にもまさって誇ることができたが、しかも彼はたんに神の信任状を携えた宣教者として遣わされたのではない。そうではなく、キリストご自身が一切の源泉であった。パウロはこのキリストに無条件に自らをあけ渡し、彼の内に、他の人々に宣べ伝えずにはおれない燃えるような願望を起させた霊の賜物は、キリストご自身に帰せられる。キリストの生をわが生とする生き方が至高の目標となり、そこから幻の意味を解釈し、メッセージを実践し、使徒職を宣言するとともに、彼自身も参入したこの高次の人格の働きについて、すべての人々に伝達する責任があるという告白をなすにいたるのである。

ソバーン監督

ニュー・オーリンズで開催された宣教師会議で、ソバーン監督〔Bishop James Mills Thoburn 1836-1922 アメリカのメソジスト監督教会宣教師。一八八八年同教会最初のインドとマレーシア教区の宣教監督となる〕が訴えた言葉を引こう。「神のみ霊の最初の偉大な働きは、彼を信じる者たちに、キリストを明示することであった。イエス・キリストはきょうもこの世界のただなかに生きておられる。もし神が、パウロの場合に限って特別にみ子を現わすことを良しとされたと考えるなら、それは誤解である。私はいま、私やこの世の他の誰についてよりも、あのイエス・キリストのことを遥かによく知っている人々に語っているのである。皆さんの中のある人々は私の言うことを十分理解されていると思う。今日、キリスト教会が学び、体得しなくてはならない大いなる真理は、キリストが彼を信じる者にご自身を現わし、しかもそれだけではなく、世の終りまで彼らと共におられるということである。それゆえ、あなたがたは、今宵もまたキリストに語りかけることができるのである。『彼は答えられるであろうか』と問われるかも知れない。必ず応えられる。ある時は生活の中の摂理的な導きを通して、またある時はみ言葉によって、さらにご自身の愛にみちた静かな呼びかけによって、そしてしばしば信じる者だけが理解できるみ霊の啓導によって、キリストは必ず応えられる。だが、もし私が、この世のすべてを超越し、しかも私が尋ね、見出し、今宵眠る前に、呼び求めることのできる唯一の支配者を知らなかったとしたら、私の福音は無きに等しいものと思われるであろう」（Thoburn, *Missionary Issues of the Twentieth Century*, p.52）。

この陳述のなかに何か目新しいことが含まれているであろうか。長年に亙りベテラン宣教師として活躍したソバーン監督は、あの「わたしにつながっていなさい。そうすれば、わたしはあなたがたとつながっていよう」〔ヨハネ一五・四〕と言われたイエス・キリストとの自覚的な交わりの生活によって、心安らかな、確信に溢れた日々を体験していた。たまたまボンベイからロンドンに向う途次のある日、同じ船に乗り合わせた不信心を公言する一人の船客が監督に近づき、問いかけた。「あなたは宣教師だそうですね」。彼が、「その通りです。わたしは、インドで四〇年間、イエス・キリストの福音を宣べ伝えるべく努力しています」と答えると、この懐疑論者は、すかさず「あなたのキリストは死んだ。死んだキリストがインドを救うことなどあり得ない」と切り返してきた。監督は静かに語りかけた。「友よ。おっしゃることは分かります。しかし、キリストは死んでしまわれたのではありません。生きておられるのです。現に、今朝もわたしは、船室でキリストにお会いしました」。不信の船客は驚いて彼の顔を見つめ、二度と口答えすることはなかった。ほんとうにキリストを知り、そのキリストを、半世紀近くに亙っていまも生きて働く救い主として信じ、宣べ伝えてきたこの証人を前にして、懐疑論者もさすがに抗弁はできなかったのであろう。かかる確信、かかる確証こそ圧倒的な衝迫力をもつ。けだし、異教や不信に対するキリスト教の究極的にして十全な答えというものは、キリスト自身の生ける人格と主権を体験することの他にはないからである。

キリストの人格的事実

ケアーズ校長〔前出〕が、「新約聖書の中心的秘義は、キリストの歴史的事実（historical fact）である」と言うところは正しい。だが、それにもかかわらず、体験によって解釈され、意味深く受容されるキリストの人格的事実（personal fact）こそキリスト教の中心的要諦である。むしろ、一切がこれによって定まり、とりわけ救われなくてはならないこの世に対して重大な使命を担う教会にとって、キリストの人格こそすべてのすべてである。国の内外を問わず、ミッションの心臓には実験的宗教がある。すなわち、人格的な救済者に対する力強い救いの信仰が脈打ち、救い主は、史実の証明によってではなく、ご自身の人格的働きによって、まさに「いまここで、生けるみ手をもって人々にふれ、み力をもって人格の深みの次元に分け入る」仕方で救いの業を全うするのである。

キリスト教の生命と真実

キリスト教は教理ではなく、真理である。倫理綱領ではなく、福音である。神学の体系ではなく、生命である。宗教一般を超えて、キリストご自身である。確かに啓示された教理を盛るが、しかもそれ以上である。キリスト教の倫理は比類なきものであるが、しかもその根源はいかなる倫理もとどかぬ深みに到る。あらゆる神学的な枠組みや中味を備えるが、神学が氾濫し、生活は不毛のままという場合もある。キリスト教は生命と真実の宗教であるが、しかもその内実はイエス・キリストのゆえにして何もない。キリストを抜きにすれば、いっさいが崩れ去る。ただひとりキリストのゆえに、信仰が確証される。人類の希望はこのキリストにかかっている。世界にキリスト教を伝えるということは、受肉のキリストを人々に証し、彼らがキリストのうちに、キリストが彼らのうちに生きることをひたすら祈り求めることである。
キリスト教が個人の人格とその重要性を強調することについては疑われないにもかかわらず、キリストにおける神の救済の計画は、個々人のレヴェルをはるかに凌駕するものである。イエス・キリストの来臨は、個々の人間のみならず、全人類の救済のためであった。「教会で神の全き栄光が現わされる」のは、個と全体の相関関係においてである。何人も単独で、あるいは個々ばらばらの状態で神の充満に達することはあり得ないであろう。神の啓示の完全な輝きを映し出すためには、全人類が呼び出されなくてはならない。互いが孤立し、分かれたままでは、神の栄光をあいまいに部分的にしか現わすことができない。……それゆえ、使徒パウロは命じて言う。「だから、神の栄光のためにキリストがあなたがたを受け入れてくださったように、あなたがたも互いに相手を受けいれなさい」〔ロマ一五・七〕(G. G. Findlay, *The Expositor's Bible: Epistle to the Ephesians*)。

ロマ一五・七

すべて信じるものが、いま立つ恩恵に入れられているのは、イエス・キリストによる。イエス・キリストによって始められ、み霊によって助けられ、使徒たちによって進められてきたミッショナリー運動の広さ、豊かさの源泉がここにある。そこには、国家や人種に関するいかなる制約も禁止もない。キリストがわたしたちを彼との交わりのなかに受けいれて下さったように、わたしたちも代々の輝かしい聖徒たちの遺産を継承し、霊的な兄弟の交わりの輪を広げてゆくのである。

ミッショナリー運動の源泉

イザヤは予言者の幻を抱き、主(ヤハウェ)に代って宣明し、イスラエルと全世界の上にのぞむ新しい曙の光、インマヌエル〔「神われらと共にいます」の意〕と名づけられる栄光のみ子の来臨を告げた〔イザヤ七・一四参照〕。この神の現臨、そしてキリストにおけるその実現こそ、過去と現在の人間の歴史を通して最も驚くべき事実である。キリストは、過去何世紀にも亙って、人々が暗闇の中を模索する間、常にインマヌエルとして導き手となり、また人々がより偉大な生涯の出発点に立ち、あるいは

イザヤの預言

新しい時代の光、天来の希望を喜ぶときも、何時も変わることはなかった。それゆえ、イザヤの予言後七百年を経て、福音書記者がその視線をメシヤ（救い主）に注ぐとき、かの予言者の言葉をあらためて引用したとしても不思議ではない。「闇の中を歩む民は大いなる光を見、死の陰の地に住む者の上に光が輝やいた」〔イザヤ九・二、マタイ四・一六〕。

救済の保証

　ここでのわれわれの関心は、はたしてイザヤの予言が彼の同時代の範囲に限定されるものか、あるいはメシヤの来臨を包含するまで拡大し解釈さるべきかを問うことではない。むしろわれわれは、ここに言明されている国民の長い間の渇望の実現、全世界が待望した救いの完成、個人の人格に関する新しい強調、律法ではなく愛を中核とする霊のみ国の幻、人間の深い罪そして神の苦難の意味、「究極的な救済の保証」について重大な関心を抱くのである。

イザヤ九・六—七

　「ひとりのみどりごがわたしたちのために生れた」と預言者は言う。「ひとりの男の子がわたしたちに与えられた。権威が彼の肩にある。その名は、『驚くべき指導者、力ある神、永遠の父、平和の君』と唱えられる。ダビデの王座とその王国に権威は増し、平和は絶えることがない。王国は正義と恵みの業によって今もそしてとこしえに、立てられ支えられる。万軍の主の熱意がこれを成し遂げる」〔イザヤ九・六—七〕。

アダム・スミス

　この熱意とは〔主の〕「面目と情愛の結合」であり、父なる神は、多く求めるが、また求める以上のものを賦与される。ジョージ・アダム・スミスの言葉を引こう。「神の愛の充溢は、必ず力強く動きだす。すなわち神は、感謝を表わさないような民に対しても、自ら意志し、可能なことをすべて実現し、悩みの時に彼らを訪れ、あまつさえ、彼らを恵みと栄光という思いがけない神の摂理へと、前に向って押し出すのである。神のみ霊が、失われたものを切に探し求め、自暴自棄になっているものに語りかけ、反逆人に対しても、予言者に対しても、同じように新しい愛の啓示をもって、突如到来するのである」。こうして、諸国民の願望は「人の子」を通して言表され、神の恵みと真実はみ子のうちに受肉したのである。

今の時代に対するリーダーシップは、イエス・キリストを正しく知っている人々のものでなくてはならない。これが第一の要件である。神のみ子を信じる救いという決定的な個人の経験は、他の何ものによっても償われ得ない。キリストの神を知ることは、彼の目的を正しく理解し、その摂理を認め、計画を遂行し、み旨に従う仕え人となるために、彼の霊によって満たされることを意味する。

リーダーシップの要件

人々が大勢集まる大会や会議なども確かに重要ではあるが、われわれが神の意志を知り、これを実践するのはそれらの行事によってではなく、二人また三人が「キリストの名によって」集まるところをおいて他にない〔マタ一八・二〇参照〕。父なる神に仕えるわれわれの心を照らし、目的を強固にする主体はキリストである。キリストはご自身のからだを捧げ、苦い杯を飲むことによってみ父のみ心を行い、そのみ業を全うされた。彼はただひとりでこの苦難の道を歩み、人々に生きる真の道を宣べ伝えた。それだけではなくキリストご自身が生ける道となって、神と人とに仕える王道がここにあることを証示したのである。

マタイ一八・二〇

世界を正しく導くために、キリストと共に、喜んで「祈りの学校」に参入し、み霊の啓導を受け、執り成しを行うものが必要である。隠された生命の泉に至る道は、執り成しのわざをおいて他にない。人間の心を神の恵みに対して明け開き、われわれの最愛の息子、娘らを神の働きのために選び分かつこと、われわれの学校や大学をキリスト教活動を活性化するセンターとなし、キリスト教の至宝を祭壇に奉献し、教会をキリスト教の前進基地にすること、そして見えない世界の霊の力を発現せしめ、未だ福音にふれたことのない無数の人々がその働きに与かるようになることもすべて同様である。いったいこれらのことは実現可能であろうか。然り、可能である。神には何でも不可能なことはないか

「祈りの学校」

らである。およそ伝道（ミッション）の大きな企ては、労働や礼拝の精進のみならず断食、孤独そして闇が支配するあらゆる領域の力とのたたかい、人々の魂に対する責任の分担、さらにこの世のさまざまな重荷を担い、すべての諸教会への配慮を怠らないこと、たといどのような犠牲を払っても喜んでそれらを引受け、指導性を発揮することのできる人々によってはじめて推進可能である。

幻を見る能力

真の意味におけるリーダーシップは、幻を見る能力にたけることを求められる。神の国の実現に参与する祈りと計画は、広い視野と遠大な展望を必要とする。しかるに、しばしば地方根性や偏見がはびこり、霊的な領域においても、精神の偏狭性のゆえに、潜在的な力を十分発揮しえない事情があり、この傾向とは対決しなくてはならない。カーライルが言うように、たとい私たちが部分的なことにしか関わっていなくても、絶えず全体を見る能力を開発することが肝要である。神は、時間と空間という制約によって自らの意志を妨げられることはない。神は歴史と時代を貫き、人間が設けた地理的な境界線を超えて働きつづける。それゆえ、あの異邦人への使徒パウロのような働きびとが求められる。彼は、地の果てにまで及ぶ世界伝道圏の幻を夢見、人間が聞いて判る福音の言葉によって人々をキリストへ導く志を抱き、常にみ子のリーダーシップに謙虚に従う姿勢を崩さなかった。

父と子と人間

伝道者はみな同様にイエスに従うものである。み子なるイエスは、受肉の出来事を通して、人格的でリアルな神の働きを明らかにし、神が律法であるとともに愛であり、審判者であるとともに憐れみの主であること、それゆえまことの父として、子供らに権威をもって臨み、また慈愛にみちた配慮を与える方であることを人々に証示した。イエス・キリストは、その人格と地上の全生涯、全活動を通して、父なる神のみ旨に従い、み子とされ、また人々に対する優しい愛と誠実なかかわりによって彼らの真の兄弟となられた。神が、イエス・キリストにおけるほど完全に人間と自己同化されたことはかつてなかった。神と人間の関係が、父性と子性のそれとして見事に証示されたのも、イエス・キリストを通してであった。イエスはまた人類の唯一の兄弟として、兄弟愛の内実を驚くべき広さと豊かさにおいて実践し、耐え忍ぶ者の重荷を共に担い、弱いものに力を与え、失われたものたちを永遠の生命に与からしめるために、自らを卑しくされたのである。

マタイ五・四八

人間が完全なものとされることによって、神に栄光が帰せられる。ここにキリスト教の真髄がある。神の創造の業の頂点として人は造られたが、彼らの罪悪の業の頂点として、人は滅ぼされた。だが視よ、キリストが来臨し、汚れた滅びの子らを、豊かな、全き生命へと造りかえ、よみがえらせて、言われる。「あなたがたの天の父が完全であられるように、あなたがたも完全な者となりなさい」〔マタイ五・四八〕。これこそ神の正しい方向を求める歩みであり、このようにみ父に従うことによってわれわれの力が次第に充溢し、われわれに対する神のみ旨が成就されると言えないであろうか。エフェソ人への祈りの中で、使徒が繰り返し言うところも同じである。「人の知識をはるかに超えるこの愛を知るようになり、そしてついには、神の満ちあふれる豊かさのすべてにあずかり、それによって満たされるように」〔エフェソ三・一九〕。空しい生命が充実し、不完全な者が成熟し、貧しく傷ついた者が豊かになるという、神に賭ける者が見出す新しい生の可能性への希求である。

大波のように

大海原の大波小波が大陸の岸辺に打ち寄せ、入江や湾に流れ込み、小船や大きな定期船が自由に運行するように、神の愛という豊かな大波が、人間の生のあらゆる領域に迫り来て、一人びとりを捉え、心を高く引き揚げる結果、そこに神と人との生きた交わりの世界が明け開かれ、人がまた互いの心を通わせ合うことによって、ついに自らの使命を知るに至るのである。

第一コリ二・九

神は人間のために最善をつくし、心血を注がれる。それこそみ旨であり、神の最善は私たちの理解力を遥かに超えるものである。「目が見もせず、耳が聞きもせず、人の心に思い浮かびもしなかったこと」〔第一コリ二・九〕と言われる所以である。神は、キリストによってその業を始め、人の心奥深く潜む罪を赦し、致命的な人間の習性を打ち砕き、むしろ萎えた能力を拡充し、汚れた幻を聖くし、ご自身の創造的な力、すなわち大いなる魂の建築師としての働きによって、人間のモラルを変革し、ついに人間のからだそのものを聖霊が宿るうるわしい「神の宮」と同定されるに至る。

キリスト者の問題

今の時代、ある人々はキリスト教が衰退し、もはや力をもたないと言う。が、果たしてそうであろうか。キリストご自身の福音の生命と力が消滅することはけっしてない。衰退現象がみられるとすれば、それはわれわれキリスト者の問題である。われわれの信仰が時として衰弱する。それはわれわれ自身の破綻であり、神からも人からも見捨てられることを意味するであろう。「塩に塩気が失くなればその塩は何によって塩味が付けられよう。もはや何の役にも立たず、外に投げ捨てられ、人々に踏みつけられるだけである」〔マタイ五・一三参照〕。だが、キリスト教が消滅することはあり得ない。その源泉として、生けるキリストがたてられているからである。

生けるキリストの有無

世界をキリストへと導く方途は何か。われわれの文明や物的資源によってではない。制度や理念、あるいは信条、リーダーシップによるのでもない。それこそイエス・キリスト自身、彼の福音を正しく伝えることを他にしてない。われわれの福音ではなく、キリストの福音、われわれの力ではなく、神の力がいっさいの可能根拠である。キリスト教国といわれるアメリカと非キリスト教国の最後の相違は、われわれの文明、個人の生活と経験の中に生きているキリストの有無である。キリストの心を心とするかぎり、われわれは確かにキリスト教の生命線に繋がれている。しかしもし、われわれの民族とキリストご自身の関わりが稀薄になれば、キリスト教の生命線は他に移行し、われわれの誇りとする文明や資源、制度や信条、そしてリーダーシップの一切をもってしても、神無き民の生命の枯渇から、われわれを救い出すことはないであろう。何れにせよ、われわれには権利を過度に主張する危険がある。一体キリスト教にとって、地理的限定あるいはクリスチャンが集結するセンターなどを設定することができるのであろうか。むしろ、生けるキリストが働き、一人でも真のキリスト者がいれば、そこにキリスト教が生きていると言うべきであろう。キリストの愛を喜び祝うために、人間の手で造られた寺院や宮殿は不要である。むしろキリストは、この世のもっとも謙虚で、貧しい者の心のなかに生きておられる。バーネット監督のところに一人の老婦人が来て、堅くなった一片のパンを差出し、言った。「わたしには、この一片のパンとキリスト以外、何物も必要ではありません」。

キリストの卓越性

キリストの卓越性と普遍性に関する美わしい証しが、チリーとアルゼンチンの両国によって立てられた。ちょうど、アンデス山脈の頂上、この二つの共和国の境界線上に見事な「平和の君」の像が建立されたのである。コロンビア地区の行政官、ヘンリー・B・F・マックファーランド閣下は、南アメリカ諸国が、戦艦を売却し、むしろ武装解除することを提唱し、この立像に言及した。「世界平和の輝かしい幻の実現は、キリストご自身に帰せられなくてはならない。キリストこそ、国々の間に、そして個々人の間に真の平和を造り出す唯一の源である。それ故、われわれはみな、国際的な親交の深まりとそこから造り出される国際平和、すなわち、すべての人々が善意の全身に充満せる人となるような世界平和の促進のために、ひたすらキリストにより頼むのである」。

世界平和の希望

世界平和の希望が、いよいよイエス・キリストに集中する。もしキリストから離れるなら、平和は名ばかりの虚構となり、ただユートピアを夢見ることになる。平和の希望を確かなものとなし、これを鼓舞し、強力に動機づける主体は、キリストご自身である。鋼の帯輪で諸国を縛り付け、一つにまとめるようなことは無益である。人間をみな兄弟姉妹として真に結び合わせる力は、愛のきずな以外にはない。それ故、みかげ石よりも堅固な、キリスト者の愛と正義を基底として、はじめて平和への努力が持続され得るのである。

イエス・キリストの福音は、その深い喜びの力のゆえに世界を導く。神が人間の世界に来臨されるという告知は、天使の歌声を以て始まるが〔ルカ二・一四参照〕、この報知全体の終結部は、神に招かれる人間に向けられた、み霊と花嫁の栄光に満ちた賛歌によって閉じられる。「渇いている者は来るがよい。命の水が欲しい者は価なしに飲むがよい」〔黙示録二二・一七〕。

黙示二二・一七

イエスご自身が、無比なる喜びの源泉であった。彼は一面、悲しみの人として苦悩を生き抜いた。だがしかし、その生の根底には、苦悩より深い平安があり、その調和が失われることはなかった。カルヴァリの十字架を前にして、彼はなお「今はあなたがたも悲しんでいる。しかしわたしは再びあなたがたと会い、あなたがたは心から喜ぶことになる。その喜びをあなたがたから奪い去る者はいない」〔ヨハネ一六・二二〕と呼びかけることができた。ここにキリスト教の基底としてのイエスの生涯を貫く真の健全性がみられる。異常な内省心理、性格変革のための不自然な強要など一切みられない。絶えず変らない真率なあり方を通して、全く正常な宗教的生活が成就する。人類世界が、文明社会であれ、

愛と献身と喜び

未開地であれ、ともかく愛と献身と喜びが、真の意味におけるキリスト者の生活の中では互いに不可分に結び合わされ、決して分離され得ないこと、そしてそれらが真実であるゆえに自然であり、また自然であるゆえに真実であることを正しく認識するならば、その時こそ、人々の心は、至高者なるキリストに対して喜びに溢れた忠誠を開陳することができるであろう。ヘンリー・ドラモンド〔前出〕の伝記作者がこのように書いている。「おそらく、ドラモンドが彼の同時代の人々に果たしたもっとも顕著な貢献は、彼らに全く非人為的なキリスト教を提示したことであろう」。

イエスの真実

イエスが地上の働きを通して人々の心を捉え、ことに子供らを呼び寄せることができたのは、結局のところ、彼の自然な振る舞いと万人に対する他者中心の関心による、と言えないであろうか。それ以外にない。見せかけの虚偽や気取り、いっさいの自己顕示が退けられ、誠実で、常に我を忘れた他者中心の生き方が貫かれた。今日、宣教師が異教の世界であるいは未開の地においても、人々の心を

打つ働きをなしうるために必要不可欠なのは、この誠実で清冽な生き方そのものである。ことに未開地の人々は、もっとも鋭い観察者である。彼らは、相手の心の奥深い動機を素早く見抜き、それが健全であれば、驚くほど素直に信頼を寄せるが、逆に偽りがあれば、絶対に心を開くことはない。生の根本動機が愛であれば、その生涯は必ず多くの人々の魂を揺り動かす。ドラモンドについてまたムーディーが次のように述べている。「ある人々はしばしば第一コリント一三章（愛の賛歌）を渉猟する。しかし、ヘンリードラモンドは、愛を生き抜いた。絶えず愛の祝福を分かち、その教えを身をもって証した。……私たちが一緒にいる時、彼はキリストに倣う生き方を通して、しばしば私に苛烈な呼びかけをこころみた」。このことは、彼の生涯そのものが愛の賛歌であり、あらゆる奉仕と献身に備える喜びが全身に充溢していたことを示す。

霊的な力

今は、世界に開かれたキリスト教本来の力をさらに拡充すべき時代である。だが、前進のためのラッパを鳴らすだけでは不十分である。むしろ、まず深い霊的な力が求められねばならない。これなくして、いかなる前進もありえない。戦場では、後方ではなく、最前線に立つ隊長の存在が求められ、彼の号令の声のみでなく、その精神が全部隊に浸透することが要諦である。キリスト者の伝道戦線においても事態は同様である。働き人たちを、献身の志を欠いたまま、準備も訓練もなしに派遣することは、前線に虚弱な兵隊を配属することを意味し、事態を危うくする。

スティーヴンソンの寓話

スティーヴンソン〔Robert Louis Stevenson, 1850-1894 スコットランド生れの英国作家。代表作に『宝島』一八八三、『ジキル氏とハイド氏』一八八六など〕がかく語る。「なま身の人間がハッとさせられるような一つの寓話がある。ある修道僧が森のなかを歩いていたところ、突然小鳥が囀りはじめたので、しばし聞き惚れた。何時が経って、修道院に戻ってみると、門の前には見知らぬ人が立っていた。彼の知らぬ間に、五十年という長い歳月が飛び去り、そのために、仲間のうち彼を覚えているものはたったひとりしか残って居なかったのである」。

この寓話についてスティーヴンソン自身が一言コメントを加えている。「およそ単に機械的でない人生は、すべて二本の糸によって織りなされる。一は、かの小鳥を探し求めることであり、他は、その囀りに聞き入ることである」と。だが、彼は人生を織りなすもう一本の糸を加えて然るべきではなかったであろうか。すなわち自分が聞き惚れたものを「他の人々に語り告げること」の喜びである。そして、たとえ意識されていないにせよ、おそらくここにスティーヴンソン自身の力の秘密が隠されていたと言い得よう。彼は自分の魂を揺さぶったもの、全身で感得したものをそのまま、非常な喜びに溢れ、真心をこめて語り伝えた故に、世界中の人々が友愛について新しい意味を見出したのである。

またフォスディック博士〔Harry Emerson Fosdick, 1878-1969 バプテスト派の実践神学者。ニューヨーク、リヴァサイド教会牧師となりアメリカの代表的説教者〕の言うところはこうである。「詩人が、ひとたびイエスの喜びに溢れた神理解によって心の炎を燃やされると、ブラウニング〔Robert Browning, 1811-1892 英国ヴィクトリア朝の代表的詩人の一人〕がその作品『サウロ』によってこころみているごとく、喜んで自分の友を助けようと願う生き証人を描き出し、しかもこのような人間の愛の描写が、ついに神に向けられた賛歌となる。

我もし愛するもののゆえに苦難を受けなば、
必ずや、汝これを引き受け給う！
かくて、筆舌に尽くし難き、無比なる究極の栄光は、
ひとり汝にのみ帰せられる。
けだし汝の愛は、完全にして無限であるゆえに、
被造物が一歩なりとも立ち入る余地を残さない！

かかる神観こそ、世界に対するイエスの独自の貢献であり、その歓喜の性格は他に比ぶべくもない。人間の陰憂な精神がこのような歓喜に満ちた神理解を保持し、いわんや創出することはあり得ないからである。そして、このイエスの唯一の神観から、当然ながら無限の希望が生み出される」（E. H. Fosdick, *The Manhood of the Master*, p. 13）。

使徒的教会

使徒的教会におけるイエス・キリストの位置づけについては、各地に離散している寄留者たちにあてた「ペトロの手紙」のなかに、すばらしい例証が見出される。著者は自らイエス・キリストの使徒として、キリストを魂の「牧者」また「監督」と呼んでいる〔第一ペト二・一五参照〕。

また、イエス・キリストを死人のなかから復活させることによって、人間に生き生きとした希望を与えたゆえに、神をほめ讃えるとともに、人々の信仰が、イエス・キリストが現われるとき、称賛と光栄と誉れとをもたらすことを願い、かつ読者に対し、彼がひとたびは無知のゆえに拒んだがいまは心底から忠実に従い行く苦難とあがないの主を想起せしめている。この至高者キリストへの愛が、涌き出る泉のごとく美しくも豊かに証しされる。「あなたがたは、キリストを見たことがないのに愛し、今見なくても信じており、言葉では言い尽せないすばらしい喜びに満ちあふれています。それは、あなたがたが信仰の実りとして魂の救いを受けているからです。……それは、すべての事において、イエス・キリストを通して、神が栄光をお受けになるためです。栄光と力とが世々限りなく神にありますように、アーメン」〔第一ペト一・八以下、四・一一〕。

第一ペト四・一一

一方、使徒パウロは、フィリピの教会に対して、彼の心情を自由に吐露し、その信仰と思想の中心内容を伝えている。彼は、自分が監禁されているときも、福音を弁明し立証するときも、教会の人々を共に恵みに与かるものとしていつも心に留めていた、と言う〔フィリピ一・七参照〕。そして、キリス

フィリピ一・九—一一

ト・イエスの愛の心で、願いかつ祈る。「知る力と見抜く力とを身につけて、あなたがたの愛がますます豊かになり、本当に重要なことを見分けられるように。そしてキリストの日に備えて、清い者、とがめられるところのない者となり、イエス・キリストによって与えられる義の実をあふれるほどに受けて、神の栄光と誉れとをたたえることができるように」〔同一・九―一一〕。

キリスト讃歌

また、彼の入獄によって彼がキリストの福音に聴く確信を得たことを喜び、このことが人々の執り成しの祈りと、イエス・キリストの霊の助けによって彼の救いとなることを信じて疑わない。次いで、彼の信仰と希望を吐露し、それは「どんなことにも恥をかかず、これまでのように今も、生きるにも死ぬにも、わたしの身によってキリストが公然とあがめられるようにと切に願い希望しています」〔同一・二〇〕と言う。さらに、パウロは神のみ子を正視し、死に至るまで、それも十字架の死に至るまで従順であられたキリストを讃えうたう。「このため、神はキリストを高く上げ、あらゆる名にまさる名をお与えになりました。こうして天上のもの、地上のもの、地下のものがすべて、イエスの御名にひざまずき、すべての舌が『イエス・キリストは主である』と公に宣べて、父である神をたたえるのです」〔同二・九―一一〕。

キリスト教の救済の力

ウエストコット〔Brooke Foss Westcott, 1925-1901 イギリスの新約学者。ケンブリジ大学神学教授、海外伝道の唱導者〕の次の言葉を熟考することによって、その真実を首肯することができるであろう。「キリスト教の無比なる独自性は、その救済の力が普遍的で、純一なるところに見出される」。ここにキリスト教と他の諸宗教の相違が認められる。キリスト教の救済の力は、人間のあらゆるニーズとすべての時を包含し、人種、民族、地域、階級をこえて万人に及ぶ。しかもそこに混じりけがない。何故なら、その救済の力は、抽象的な観念や理想、あるいは制度や信条ではなく、ただひとりキリストご自身のうちに見出されるものだからである。イエスなきキリスト教は存在しない。キリストなるイエスを取り除くことは、信仰と倫理そして霊的力の一切を根こそぎにすることである。それゆえ、およそ人間の欺瞞性や職業意識、あくことなき自己主張などを覆い隠すために利用されるような似非「キリスト教」は全くその名に価しない。

さらに言うならば、世界がいま必要とし求めているのは復活のキリスト、生けるキリストである。復活のキリストこそ、すべてのすべてである。このキリストなき自然は目的なき無機資源にすぎず、人生は不可解なもの、死も無意味な消滅でしかない。それゆえ、この世界と宇宙から、キリスト、それも生けるキリストを引き離すならば、信仰は萎え、希望は消え失せ、人類の未来は悲惨な暗黒のなかにのみ込まれるほかはない。

死者の復活などはない、と言う者がいるかもしれない。しかし、もしキリストが復活しなかったとしたら、われわれは死せるキリストを信じていることになる。いま一度パウロの告白を聞こう。彼は、かつてはキリストに敵対し、その信仰を否定したのみならず、公然とキリスト信者を迫害し、教会とその主を滅ぼし倒そうとしていたのであるが、そのパウロが今やこのように告白する。「キリストが復活しなかったのなら、わたしたちの宣教は無駄であるし、あなたがたの信仰も無駄です。更に、わたしたちは神の偽証人とさえ見なされます。なぜなら、もし、本当に死者が復活しないなら、復活しなかったはずのキリストを神が復活させたと言って、神に反して証しをしたことになるからです。そしてキリストが復活しなかったのならあなたがたの信仰はむなしく、あなたがたは今もなお罪の中にあることになります。そうだとすると、キリストを信じて眠りについた人々も滅んでしまったわけです。この世の生活でキリストに望みをかけているだけだとすれば、わたしたちはすべての人の中で最も惨めな者です。しかし、実際、キリストは死者の中から復活し、眠りについた人たちの初穂となられました」〔第一コリ一五・一四―二〇参照〕。

二、三年前、私はロンドンのある美術館で、ロシアの画家たちの作品コレクションを一晩ゆっくり鑑賞する機会を得たが、そこで、旧満州の大平原を描いた一枚の絵に惹きつけられた。日露戦争〔一九〇四―五年〕の激戦地跡の草むらの中に、ひっそりと十字架が建っている。その前に、おそらくモスクワからやって来たと思われるロシアの母娘がひざまずき、傍らには、逞しい身体つきの息子が頭を垂れて立っている。ただそれだけの題材であるが、生い茂った草むらの間に鮮血のように真っ赤な芥子の花が咲きほこり、葬られた兵士たちの墓地の後方に緑葉を保つときわ木が植えられている情景が、見るものの心に沁み入る。一方に、人間の悲劇と死！　だが、それにも拘らず、死に勝利するしるし、すなわち復活の光が射している！　Ecce Homo（『この人を見よ』）の作者の言うごとく、「人間のいっさいの悲しみは、いばらの冠をかぶったキリストのみ傷によっていやされ、その自己無化はすべて彼の十字架によって包まれる」。

「この人を見よ」

　われわれがみなキリストを信じるなら、満州のみならず、全世界が十字架を刻む葬りの墓で覆われるであろう。もしキリストがわれわれのもとに来臨されなかったとしたなら、すなわち、ローマの権力と圧政、自然の運命と死をも克服する超越的な力としてのキリストの働きがなければ、アリマタヤのヨセフが用意し、イエスを葬ったあの石の墓〔ヨハネ一九・三八以下参照〕は、まさしく人間の空しい望みなき墓場以外の何ものでもないであろう。しかし、いにしえよりヨブが証しするごとく、「わたしを知っている。わたしを贖う方は生きておられ、ついには塵の上に立たれるであろう」〔ヨブ一九・二五〕。あまつさえ、われわれには生ける主〔キリスト〕の信仰が与えられている。すなわち、栄光の主ご自身がこう言われる。「わたしは復活であり、命である。わたしを信ずる者は死んでも生きる」〔ヨハネ一一・二五〕。このイエス・キリストこそ世界の原動力である。それゆえ、今この時代の直中で、キリストの血潮によってあがなわれ、聖なるものとされたわれわれが、勝利の主を仰ぎつつ前進しよう

ヨハネ一一・二五

とするとき、イスラエルの偉大な信仰の詩人たちがうたった勝利の賛歌が、われわれにとってもまた新しい応答頌歌とならないであろうか。

「門よ、汝らのこうべをあげよ、とこしえの戸よ、あがれ、
　栄光の王、いりたまわん。
この栄光の王は誰なるか、
　万軍の主、これぞ栄光の王なる」〔詩二四・九―一〇〕。

訳者あとがき

ウォルター・R・ランバス（Walter Russel Lambuth, 1854-1921）は、関西学院が創立された二年後、一八九一（明治二十四）年一月に離日。結局、日本滞在は四年余りという短期間であった。アメリカに帰国後、南メソジスト監督教会ミッション・ボードの機関紙 *Review of Missions* の編集長、同総主事など要職を歴任、一九一〇年には監督（ビショップ）に推挙された。これはメソジスト教会最高の職位であるが、ランバスはとくにミッショナリー・ビショップとして、中国、日本、韓国などアジア（六回）をはじめブラジル（六回）、アフリカ（二回）、メキシコ（十六回）、キューバ（十八回）、そしてベルギー、ポーランド、チェコ、フランスなどヨーロッパ、さらにシベリアへと倦むことなく伝道に邁進し、六十六年の生涯を、文字通りキリストの「使徒」（遣わされる者）、グローバル・サーヴァント・リーダーとして生き抜いた。

一九一四年、第二回アフリカ伝道から帰国したランバスは、若き日に神学と医学を修めた母校、ヴァンダビルト大学（テネシー州ナッシュビル）の招請を受け、コール・レクチャー（The Cole Lectures 一八九〇年、コール家寄付の特別基金によって設置された冠講座。これまでノーベル平和賞を受けたJ・R・モット、著名な神学者R・ブルトマン、P・ティリッヒ、H・R・ニーバーなども招かれている）の講師として後輩の学生たちを前にして六回に亙る連続講演を行った。翌年その内容をまとめて出版されたのが本書で、ランバスの主要著作の一つと目される。原著の表題は *Winning the World for Christ-A Study in Dynamics*（Cokesbury Press, Nashville-New York, 1915）であるが、訳では全巻を貫くメッセージの内容に照らして「資料」版の『世界をキリストへ』を改め、『キリストに従う道』とした。副題にある「ダイナミックス」という用語は、今日社会学や教育学のテクニカル・タームとしても用いられるが、本書はむしろすぐれて神学的な内容と展望をもつ著作である。第一講は「神の国」という標題の下に、イエス・キリストの福音の立場から、救済史、神、人間、倫理、ミッションの諸問題を総論的に取り扱っている。次いで個別的に、教義学のテーマに即して言えば、第二講聖霊論、第三講祈祷論、第四講ミッション論、第五講教会論、第六講キリスト論という構成で、「ミッションの神学」として体系立った論述というより、むしろ「ミッションのための神学」ともいうべき弁証的内容を盛っている。

ランバスは、アメリカ南部出身のパイオニアー・ミッショナリーである。しかし、その神学思想には、ファンダメンタルな保守主義に固執する傾向はなく、却って健全なリベラリズムが窺知される。このことを示唆するランバスの陳述を引いてみよう。

「われわれは……偏狭な信条（creed）の立場を超えて広い普遍性（catholicity）の立場を志向する……が、しかもそのさい決して真理の本質を見失わないことが要請されている……一方で善なるものを生み出す諸力が個人の生活を変革し、国家の進路を新しい形態、新しい秩序へと方向づけている。が他方で、悪に向けられた諸力が、われわれの社会と文明自体の根底を脅かしている。人類は、一方で覚醒され、他方で震撼せしめられている。それゆえいまわれわれは、時代の認識と使命（ミッション）の自覚によって立ち上がり、新しい行動に一歩ふみ出すことを促されるのである」（傍点訳者）。

「朽ちゆく有限な人間にとって、神の子の……顕現という出来事に参与することにまさるすばらしい、インスパイアリングな体験はほかにないであろう。キリストは、私たちの仲保者として大祭司の位置につき、人間は……今やはばかることなく恵みの座に来たり、み霊に満たされ、押し出されて、キリストを証しする生涯に入り、勇躍出でゆくのである。それだけではない。そのような人は、キリストに似るものとなる成長の過程で……ひとりの小さなキリストになる……」（同）。

このような立言が、われわれに対し、前方に向って絶えざる奮闘を促す聖書的リアリズムを指示していること、さらに言えば、ランバスの信仰と思想のなかに、メソジスト運動の指導者ジョン・ウェスレーの「聖霊による聖化の神学」と米国土着の福音的自由主義（Evangelical Liberalism）の統合を是認することもできるであろう。もとより、ランバスの神学思想を究明するためには、より精緻なテキストの検討が必要である。筆者は別にウェスレイアンとしてのランバスを評価する論考をこころみた（拙稿「コール・レクチャーにおけるランバスの神学思想　1—5」『キリスト教主義教育』No.11、12、13、15、16所載）。関心のある方は併読頂ければ幸いである。

ここで凡例に類することを二、三付言しておきたい。

（1）聖書の引用箇所は原著に見られないが、読者の便宜をはかり割注〔　〕で示し、訳文は原則として『新共同訳』に拠った。

（2）本文中に出てくる人名などについても同じく最小限の割注をつけ加えた。

（3）原著の注は（　）に入れて付した。

おわりに、学院創立百周年の折りに本書の翻訳を勧め、「序」をお寄せ頂いた元キリスト教主義教育研究室長　小林信雄名誉教授、また今般ランバス生誕一五〇周年記念改訂版のために「刊行に寄せて」をお書き下さった畑道也院長、そして休日を返上して校正入力や解説、小見出しのほかランバスの主要著作目録、略年譜の作成などを助けて下さった「キリスト教と文化研究センター」の大野一恵氏、また出版に当たって温かい助言や配慮を頂いた大学出版会の山本栄一理事長、編集部田中直哉氏、以上列記の方々に心から感謝申し上げたい。公務多忙にかまけて訳文脱稿が大幅に遅れ、関係者にご迷惑をかけたが、拙訳書がこれまで既に翻訳出版された「ランバス資料」（I-III,V）、そして邦訳出版が待たれたウィリアム・W・ピンソン著、半田一吉訳『ウォルター・ラッセル・ランバス—PROPHET AND

PIONEER―』（関西学院大学出版会、二〇〇四年）、さらに三田征彦編『ランバス物語―愛と祈りと奉仕に生きて―関西学院の源流―』（興正社、二〇〇四年）と併せて活用され、関西学院創立者の生き方と精神を、混迷を深める今の時代に甦らせる一助になればと切に願うものである。

二〇〇四年七月

山内一郎

ウォルター・R・ランバス主要著作

ランバス自身による主要著作として、本書（コールレクチャー）に加え、単行本および冊子刊行物、あるいは出版予定原稿と目されるArticle collectionを含め、以下十六点をあげる。

1　*J.W. Lambuth, 1829-1892, Thirty-eight year's, an active missionary,* Board of Missions, M.E. Church, South, 1893

2　*Sketch of James William Lambuth,* Creegan C.C., 1895

3　*In Memoriam, Mrs. J.W. Lambuth,*（From *Woman's work in the Far East*）1904, M.E.C.S

以上三点はランバスの手になる父ジェームス・W・ランバス（一八三〇～一八九二年）、母メアリー・I・ランバス（一八三二～一九〇四年）の略伝と追憶。ミッショナリー列伝としての価値も認められる。なおJ・W・L・については別にJ.C.C. Newton and others, *In Memoriam-James William Lambuth, D.D., Veteran Missionary of China, Founder of the Southern Methodist Mission of Japan,* 1892, 77pp. が出版されている。

4　*Problems of the Hour, Nashville Methodist Training School for Workers,* 1906, 47pp.

ランバスは、一九〇五（明治三八）年、ナッシュヴィルに信徒奉仕者の養成訓練機関Nashville Training School for

Workersを設立したが、その趣旨を述べた冊子。後にこのInstituteがScarritt College（創立一八九二年）と合併、したがって、ランバスはScarritt Founderrの一人としても挙げられ、第三代院長J・C・C・ニュートンが、帰国（一九二三年）後、晩年に至るまでやはりScarrittの教壇に立った。

5 *The Doctrine and Discipline of the Methodist Church of Japan*, ed. by W.R. Lambuth, Tokyo Methodist Publishing House, 1907, 260pp.
ランバスは、米国南メソジスト監督教会伝道局総主事として、いわゆる三派合同の推進をはかり、日本メソジスト教会の『教憲教規』英語版の編集を担当した。また、*Richmond Christian Advocate* Vol. XIX No. 45, 1921によれば、ランバスが新約聖書の漢訳（Shanghai Dialect）の完成に多大の貢献を果したこと、さらに中国語のキリスト教新聞の編集に携ったことも知られている。

6 *Side Lights on the Orient for Young Readers*, Nashville, Publishing House of the M.E. Church, South, 1908, 169pp.
宣教師として世界の各地を歩き伝道した体験をもとに、ランバスが若い世代の読者のために著したユニークな旅行印象記。目次から推して、インド、ハワイ、中国、朝鮮、アフリカ、日本関係のArticlesの一部が素材として用いられた可能性が高い。本書の意図は、世界の人々のさまざまな困窮の実態（ニーズ）を読者に伝え、かつクリスチャンが愛と奉仕の精神を発動して、何をなすべきかを訴えるところにある。

7 *Articles on China*, Methodist Publishing House, ca.1919　保田正義訳「中国―一つの解釈」『学院キリスト教教育史資料』Ⅲ、関西学院キリスト教主義教育研究室、三一―五四ページ、一九八〇

8 *Articles on Japan*, Methodist Publishing House, 1907-1919　半田一吉訳「日本雑記」『学院キリスト教教育史資料』

Ⅲ、五五—一二〇ページ、一九八〇

9 *Articles on India and the Hawaiian Islands*, ca, 1907　半田一吉訳「ハワイ及びインド篇」『学院キリスト教教育史資料』Ⅴ、六〇—一一七ページ、一九八四

10 *Articles on South America and Mexico*, 1913　保田正義訳「ブラジル・メキシコ・アフリカ」『学院キリスト教教育史資料』Ⅵ、三一—五八ページ、一九八五

11 *Articles on Africa*, 1911-1914　中西良夫訳「アフリカ伝道への祈りと足跡」『学院キリスト教教育史資料』Ⅸ、一一—一二九ページ、一九九〇（祥文社版）

12 *Articles on Korea*, 1919-1920　宮田満雄訳「朝鮮雑記」『学院キリスト教教育史資料』Ⅴ、三—六八ページ、一九八四

これら六点は何れも小林信雄名誉教授が一九七七（昭和五二）年米国ナッシュヴィルのMPH（Methodist Publishing House）で発見された未刊原稿を、半田、保田、宮田、中西各教授が判読困難なドラフト・コピーから苦労して訳出されたもので、それぞれの内容については『年報』№11、12号掲載の各訳者による解説を参照されたい。文筆の才能に恵まれたランバスは、一八九二（明治二五）年以後、Board of Mission の機関誌 *Methodist Review of Missions* の主筆をつとめ、さらに一六年に亙る伝道局総主事時代を通して、あるいは一九一〇（明治四三）年ビショップ就任後も数多くのメソジスト・ジャーナルに健筆をふるった。地域ごとに集められたこれら折々の紀行レポートは、単なる読み物のレベルを超えた実践的ミッション論をなし、六六年の生涯を世界伝道に賭けた「世界市民（world citizen）にしてキリス

トの使徒（christian apostle）」たるランバスの面目躍如たるものがある。

13　*Medical Missions: The Twofold Task*, Nashville, Board of Missions, M.E.Church, South, 1920, 262pp.
医療伝道の意義について体系的に論述したランバスのもう一冊の主著とも言うべきもの。副題の二重の課題とは、人間のからだと魂、世俗的と宗教的のアスペクトを正しく統合する方向を示唆している。内容として、医療伝道の課題（目的）と範囲、ミッショナリー自身の問題、ミッショナリーの養成と訓練、奉仕活動の手段、女性の働き、現代社会の挑戦、ミッションを支える最後の力等の項目が見られ、巻末には種々の関係資料が附録として掲載されている。J・C・C・ニュートンが本書の Book Review を *Japan Evangelist*（Nov. 10, 1920）に寄稿している。

14　*Lambuth-Bennett, Book of Remembrance*, ed. by Mary Christine DeBardeleben, 1922.
編者デバーデルベンによるランバスとベネット（Bell Harris Bennett, Scarritt College の創始者）の瞑想的短文集。万人のための「日毎の糧」として一年三六五日を通して用いられることを意図した信仰の伴侶。神の国、祈りなど項目別に編まれたメディテーションの七、八割を占めるランバスの文章は、大部分が本書（コール・レクチャー *Winning the World for Christ*, 1915）から採られたもの。

15　*Rev. Charles Taylor: Founder of the China Mission of the Methodist Episcopal Church, South*, Nashville, Board of Missions, MEC, South, n.d. 36pp.
南メソジスト監督教会中国ミッションの設立者、チャールズ・テイラー宣教師の生涯と働きを綴ったものだが、執筆年代不詳。

16　*China Famine Conditions Which I Have Just Seen*, The American Committee for China Famine Fund, Bible House, New York, (pamph), 1922, 14pp.

中国から帰国直後の一九二一（大正一〇）年一月一九日、ランバスが Long Island, Garden City で行った first-hand の飢饉状況報告。著者没後、ニューヨークの聖書協会から出版された。

以上列記の単行本、パンフレットのほか、雑誌論文、エッセー約六〇篇、『アフリカ伝道への祈りと足跡』（中西訳）の原資料と目される Diary（1911-1914）など学院キリスト教主義教育研究室の『年報』№15（一九八七）および№17（一九九〇）所収の Bibliography (1) (2) に筆者が収録したランバス関係文献は、一次史料約三〇〇点、翻訳を含む二次史料二〇一点、その総数は五〇〇点を超える。ようやく今、学院創立者の実像に迫り、その信仰と思想を解明する本格的な研究に必要な基礎資料が整えられた感がある。

ウォルター・R・ランバス略年譜

一八五四年	（〇歳）	父J・W・ランバス、妻メアリーと共に、中国伝道のため五月六日ニューヨーク出帆。四ヶ月後の九月十八日中国到着。その二カ月後の十一月十日、上海でW・R・ランバス誕生。
一八五七年	（三歳）	妹ジャネット誕生。
一八五九年	（五歳）	母メアリー、妹ジャネットと共にアメリカへ帰国。
一八六一年	（七歳）	両親と一緒に、故郷のミシシッピー州マディソンのパールリバーに帰る。
一八六三年	（九歳）	ジャネット猩紅熱のため召天。パールリバー・チャーチに眠る。妹ノラ誕生。
一八六四年	（十歳）	一家四人そろって、再びパールリバーから中国へ出発。
一八六七年	（十三歳）	弟ロバート・ウィリアム誕生。
一八六九年	（十五歳）	眼病と咽喉の治療のため、単身上海からアメリカへ向かう。しかし、激しい船酔いのため横浜で下船。初めて見た日本で約一ヶ月半の休養後、商船グレート・リパブリック号にてアメリカへ。同年九月、テネシー州レバノンのハイスクールに入学。
一八七二年	（十八歳）	バージニア州アビンドン近郊のエモリー・アンド・ヘンリー・カレッジに入学。学内に学生ＹＭＣＡを立ちあげ、初代会長を務める。
一八七五年	（二十一歳）	エモリー・アンド・ヘンリー・カレッジを数々のメダルを受け卒業（B.A.）。さらにナッシュビル・ヴァンダビルト大学に進学し、神学および医学を修める。
一八七六年	（二十二歳）	米国南メソジスト監督教会テネシー年会に属し、ウッドバイン教会（ナッシュビル近郊）の初代牧師（Student Pastor）に任命される。
一八七七年	（二十三歳）	按手礼を受ける。ヴァンダビルト大学をトップで卒業後（B.D., B.M.）、デイジー・ケリーとマッケンドリー教会で結婚。秋に新妻と共にサンフランシスコから中国へ出発し、上海到着後、早速南翔で医療活動を開始。

一八七九年	（二十五歳）	長男デヴィッド誕生。
一八八〇年	（二十六歳）	デイジー夫人健康悪化のため、ウォルターの両親と共に帰国。
一八八一年	（二十七歳）	重病のマックレイン夫人に付添いアメリカへ一時帰国。その間に、W・H・パーク（後の義弟）と共にニューヨーク・ベルビュー大学病院で東洋の疾患を研究。
一八八二年	（二十八歳）	M. D. の学位を受領後さらに英国にわたり、ロンドン、エディンバラ大学などで最新の医学研究に従事した後、再び中国上海に到着。蘇州に診療所を開設し、パークと共に本格的な医療伝道を開始。
一八八三年	（二十九歳）	デイジー夫人と長男の健康回復のため長崎で静養。妹ノラとパークも同行。
一八八四年	（三十歳）	長男の病状悪化のため、蘇州の医療伝道をパークに託し、ウォルター一家は北京に移り、病院（後のロックフェラー病院）開設に尽力。
一八八五年	（三十一歳）	長女メアリー・クリーヴランド誕生。北京に中国最初のYMCA設立。中国宣教部アレン総理宛、父ウィリアムと連名で辞任願いを提出。
一八八六年	（三十二歳）	米国南メソジスト監督教会日本宣教部ならびに南美以神戸中央（現栄光）教会の開設とともに同教会初代牧師ならびにウィルソン監督によって総理に任命される。中国年会に出席のため一旦上海に戻り、十一月二十四日家族と共に北京より神戸に到着。ただちに居留地四十七番の住居の一部に読書室（現パルモア学院、啓明学院の前身）を開き、伝道・教育活動を開始。
一八八七年	（三十三歳）	ランバス一家山二番館に転居。父ウィリアム、ゲーンス宣教師と共に広島英和女学校の英語授業を助け、現広島女学院の基礎固めに尽力。
一八八八年	（三十四歳）	青少年のための普通教育を授ける昼間学校と伝道者養成の神学校（関西学院）設立を計画、直ちに準備に入る。母メアリー、現聖和大学前身の一つ神戸婦人伝道学校（後にランバス女学院と改称）を開設。第二回日本宣教部会で学校設立を正式に提議、六〇〇〇ドルの基金要請を決議。南美以神戸中央（現栄光）教会献堂式。
一八八九年	（三十五歳）	次男ウォルター・ウィリアム誕生。校舎、附属建物着工。関西学院憲法制定。初代院長に就任し、学

		院を神学部および普通部の二部とする。九月二十八日県知事認可。十月十日開校式、翌十一日授業開始。ランバスと五人の教員、十九人の学生・生徒でのスタートであった。この年の暮れ、大分リヴァイヴァル起こる。
一八九〇年	（三十六歳）	第二校舎着工。普通学部でギリシャ語（特）担当。
一八九一年	（三十七歳）	デイジー夫人の健康上の理由と休養のため一時の予定でアメリカに帰るが、南メソジスト外国伝道局主事に就任。以後メソジスト・レビューの主筆、伝道局副総主事などを歴任。ランドルフ・メーコン大学より名誉神学博士（D.D.）の学位を受ける。
一八九二年	（三十八歳）	父ウィリアム、肺炎のため神戸で召天。神戸外国人墓地に眠る。Methodist Review of Missions の主筆を務める。エモリー・アンド・ヘンリー大学より名誉神学博士（D.D.）の学位を受ける。
一八九三年	（三十九歳）	エキュメニカル宣教師会議に出席。その後同会議に十九回参加し、指導力を発揮する。
一八九四年	（四十歳）	伝道局総主事に選任、南メソジスト監督教会の海外ミッションを統括する任務に就く（一九一〇年までの十六年間在任）。財政の建て直しとブラジル伝道に着手（以後六回伝道）。
一八九八年	（四十四歳）	キューバ伝道に挺身（以後十八回伝道）。
一九〇二年	（四十八歳）	ウェンライトと共にヴァージニア州リッチモンドのジョン・ブランチ氏を訪れ、関西学院チャペル建築資金の寄付を得る。
一九〇四年	（五十歳）	母メアリー、中国蘇州で召天。上海に眠る。
一九〇五年	（五十一歳）	Nashville Training School for Workers（後の Scarrit College の前身の一つ）を設立。ヴァンダビルト大学在学中の次男ウォルター、スポーツ事故のため召天。
一九〇六年	（五十二歳）	伝道局総主事に再選される。
一九〇七年	（五十三歳）	南メソジスト全権代表として来日。三派合同日本メソジスト教会成立に貢献。神戸、広島を問安。
一九一〇年	（五十六歳）	メソジスト年次総会（於ナッシュビル）で教会最高位のビショップ（監督）に選任される。最初の任務はブラジル伝道の継続と中央アフリカ開拓伝道。エディンバラで開催の世界宣教師会議第二部門議

		長を務める。スコットランドから南米に向かう。カナダメソジスト教会、関西学院の経営に加わる。
一九一一年	（五十七歳）	ジョン・ウェスレー・ギルバート（後のペイン大学最初の黒人教授）と共に第一回アフリカ伝道。
一九一三年	（五十九歳）	基金と働き人確保のためアフリカから一旦帰国。ブラジルで二つの年会を主宰した後、第二回アフリカ伝道に出発。
一九一四年	（六十歳）	コンゴ・ミッションセンター開設後、第二回アフリカ伝道から帰国し、母校ヴァンダビルト大学第十二回コール・レクチャーを行う。メキシコ伝道を開始（十六回）。
一九一五年	（六十一歳）	第一次大戦中を通して世界ＹＭＣＡ運動や赤十字を支援。コール・レクチャー *Winning the World for Christ* をコークスベリー社から出版。
一九一六年	（六十二歳）	東コロンビア年会主宰。
一九一八年	（六十四歳）	年次総会で戦争問題委員会委員長に選任され、ヨーロッパに向け出発。パリに同委員会本部を置く。
一九一九年	（六十五歳）	外国伝道局にシベリア及び満州伝道担当部門を設置。中国、朝鮮、日本を含む東洋地区伝道の担当監督となる。第三十三回日本宣教部年会主宰のため来日。軽井沢、東京を経て、神戸パルモア学院で歓迎会、神戸中央教会主日礼拝で説教。関西学院チャペルで講話。
一九二〇年	（六十六歳）	ウィルソン大統領の特命により、中国大陸を北上し飢饉災害地帯を視察、救援運動に従事。蘇州病院問安、シベリア伝道を開始。宣教師会議のため来日。*Medical Missions- The Twofold Task* を Board of Missions, MECS から出版。
一九二一年	（六十六歳）	シベリア、中国、韓国を経て日本へ。宣教師会議の三日目に発病し、横浜ジェネラル（現山手）病院で前立腺肥大治療の手術。心臓病を併発し、九月二十六日召天。十月三日、関西学院で告別式。上海の外国人居留地墓地の母の傍に眠る。
一九二三年		デイジー夫人、カリフォルニア・オークデールで召天。ナッシュビル近郊に眠る。

（略年譜作成協力・学院史編纂室　池田裕子）

訳者略歴

山内 一郎（やまうち・いちろう）

1935 年　名古屋市に生まれる。
1959 年　関西学院大学大学院神学研究科修了。
1965 年　デューク大学（M. Th）エルランゲン大学留学。
1975 年　関西学院大学神学部教授。
1978 年　チューリッヒ大学在外研究。
1993 年　ヴァンダビルト大学在外研究。
1997 年　関西学院大学神学部長。
2001 年　名誉神学博士（D. D.）。
1998 年　関西学院院長。
現在、学校法人関西学院理事長、関西学院大学名誉教授。

著　書　『神学とキリスト教教育』（日本基督教団出版局、1973 年）
『新共同訳新約聖書略解』（共著、日本基督教団出版局、2000 年）
『メソジズムの源流』（キリスト新聞社、2003 年）、他

ヴァンダビルト大学　コール・レクチャー
キリストに従う道
―― ミッションの動態 ――

2004 年 11 月 10 日初版第一刷発行

著　者　ウォルター・R・ランバス
訳　者　山内 一郎
発　行　学校法人関西学院
〒 662-8501 兵庫県西宮市上ケ原一番町 1-155
発　売　関西学院大学出版会
電　話　0798-53-5233
印　刷　協和印刷株式会社

Printed in Japan by Kwansei Gakuin University Press
ISBN:4-907654-64-2

http://www.kwansei.ac.jp/press